Chögyam Trungpa
Dorje Drádul de Mukpo

# EL SOL DEL GRAN ESTE

## La sabiduría de Shambhala

Edición preparada por Carolyn Rose Gimian

Traducción del inglés de Alfonso Taboada,
con la colaboración de Cecilia Amador

editorial Kairós

Numancia, 117-121
08029 Barcelona
www.editorialkairos.com

Título original: GREAT EASTERN SUN



Primera edición: Febrero 2002

I.S.B.N.: 84-7245-528-9
Depósito legal: B-05.326/2002

Fotocomposición: Beluga y Mleka, s.c.p. Córcega 267. 08008 Barcelona
Impresión y encuadernación: Romanyà-Valls. Verdaguer, 1. 08786 Capellades

# A GÉSAR DE LING

*Armadura ornamentada con filigranas de oro,*
*grandioso caballo adornado con silla de madera de sándalo:*
*te los ofrezco, gran general guerrero;*
*subyuga ahora a los bárbaros insurrectos.*

*Tu dignidad, ¡oh guerrero!,*
*es como el rayo en las nubes de lluvia.*
*Tu sonrisa, ¡oh guerrero!,*
*es como la luna llena.*
*Tu poder invencible*
*es como un tigre abalanzándose.*
*Rodeado de tropas,*
*eres como un yak salvaje.*
*Convertirse en tu enemigo*
*es como meterse en las fauces del cocodrilo:*
*¡Oh guerrero, heredero ancestral,*
*protégeme!*

# SUMARIO

# EL SOL DEL GRAN ESTE

# PREÁMBULO

En nombre de mi difunto esposo, Chögyam Trungpa Rínpoche, y de la familia Mukpo, estoy muy contenta de contribuir con este preámbulo a *El Sol del gran Este*. Trungpa Rínpoche, cuyo título de Shambhala era Dorje Drádul de Mukpo, ejemplificó de verdad lo que es una persona de Shambhala. Aunque se educara dentro de la estricta tradición monástica del Tíbet, tenía una gran amplitud de miras. Era capaz de apreciar la sacralidad fundamental de su vida y de las de personas de muy diversas tradiciones. Él no sólo siguió el camino budista, sino que también exploró muchos aspectos diferentes de la vida, de ahí su interés en las artes visuales, la poesía, etc. Fue capaz de ver más allá de su propia tradición y de observar cómo los principios de Shambhala podrían afectar las vidas de seres humanos con otras afiliaciones religiosas o sin afiliación religiosa alguna. Esto ejemplifica lo compasivo que era.

Habría sido muy importante para mi esposo saber que estas enseñanzas, que transmitió a sus estudiantes durante su vida, se presentan ahora en un libro al que muchísimas personas pueden tener acceso. Espero que estos principios puedan aplicarse en cualquier camino por el que la gente transite, ya que pueden contribuir a enriquecer su vida y proporcionarle un rumbo. Es posible que algunas personas ya incorporen de modo natural muchos de estos principios; este libro les ayudará a disponer de un formato o estructura dentro de la que podrán vivir sus vidas.

En las enseñanzas de Shambhala, hablamos a menudo de El Sol del gran Este. El sol se está siempre elevando, lo que significa que los seres humanos tienen siempre el potencial para descubrir su propia bondad y la sacralidad del mundo. Hemos por tanto titulado a este libro *El Sol del gran Este*. Espero que su lectura ayude a mucha gente, incluyendo a quienes estén ya en la senda del guerrero, a que la visión de El Sol del gran Este esté mucho más presente en sus vidas.

El mismo Trungpa Rínpoche basó su vida en estos principios, lo que le permitió ser capaz de enriquecer las vidas de los demás. Espero que otras personas puedan hacer suyos estos principios para que, a su vez, sean capaces de enriquecer las vidas de aquellos con los que se relacionan. Podría decirse que se trata de una actitud de *bodhisattva* en la tradición de Shambhala; ésta fue ciertamente la actitud de mi esposo durante toda su vida.

DIANA JUDITH MUKPO
Providence, Rhode Island
17 de Octubre de 1998

# PREFACIO

Este volumen es una continuación y un complemento a *Shambhala: la senda sagrada del guerrero*. Ese primer volumen fue como una guía turística de Shambhala o un mapa de carreteras de la senda del guerrero. *El Sol del gran Este* trata de la transmisión, así como de personificar y manifestar. En ese sentido, no se ocupa de *aquel entonces*, sino del *ahora*. Este libro intenta a su modo traspasar o transmitir sabiduría. Aunque hacer eso sea más bien algo dificultoso, se expresa con sencillez.

*El Sol del gran Este* se divide en un prólogo y cinco partes tituladas "profundo", "brillante", "justo", "poderoso" y "omnivictorioso". Estas cinco partes corresponden a las cinco características de algo llamado *ashé absoluto.* La palabra *ashé* no se menciona en el manuscrito, pero se encontrará en los apuntes del autor para las conferencias en las que se basa este libro, al final del mismo. En las enseñanzas de Shambhala, el principio del *ashé* representa la fuerza vital o energía básica que subyace e infiltra toda vida y actividad humanas. Los lectores y lectoras pueden proseguir su estudio del principio del *ashé* por medio del programa del Aprendizaje Shambhala.*

* Para informarse acerca del programa de Aprendizaje Shambhala, véase el final del libro. Para informarse acerca de la historia y la estructura del mismo, así como de su relación con el material en este libro, véase por favor el Ultílogo.

Aunque la estructura de este libro sea intencionada, no tiene que ser leído de principio a fin. El material de los primeros capítulos requiere un mayor esfuerzo lógico; el material posterior es más ambiental y, en ocasiones, más festivo. En cierto modo, la estructura del libro es como una flor que va desplegando sus pétalos. Si se lee de principio a fin, se comienza en los pétalos exteriores y se desciende en espiral hacia un centro vacío; pero también se puede empezar por la mitad o por cualquier otra parte.

El material en las dos últimas partes del libro, "poderoso" y "omnivictorioso", se presenta como una serie de charlas a las que el lector, o lectora, puede asistir. Estos capítulos pueden considerarse como meditaciones y quizás se quieran leer de ese modo para ver si eso es efectivo.

Al presentar las enseñanzas de Shambhala al mundo occidental, Chögyam Trungpa no solo trazó el mapa de un nuevo territorio, sino que también adoptó un nuevo nombre: Dorje Drádul de Mukpo. Firmó el prólogo de *Shambhala: la senda sagrada del guerrero* con este nombre. *Mukpo* es su nombre de familia; *Dorje Drádul* significa "guerrero adamantino o indestructible". En este libro, nos referimos a él frecuentemente como el Dorje Drádul.*

Creo que los meditadores principiantes y aquellos que nunca han practicado la meditación encontrarán este libro accesible. Espero que también sea del interés de practicantes más avanzados. A muchos lectores y lectoras les satisfará meramente lo que sacan de la lectura del libro, otros podrán ver en la meditación sentada una disciplina que les gustaría comenzar a practicar. Hay muchos instructores cualificados y cierto nú-

* En la tradición budista tibetana, no es poco frecuente que tanto maestros como estudiantes reciban nombres nuevos o títulos que tienen que ver con votos religiosos que han hecho o prácticas en las que son iniciados. Al igual que el autor usa su nombre de Shambhala en este libro, he firmado también este prefacio y el ultílogo tanto con mi nombre occidental como con mi nombre de Shambhala.

mero de organizaciones que ofrecen una introducción a la práctica budista y a la práctica de meditación de la atención plena.* En el primer libro, *Shambhala: la senda sagrada del guerrero*, se ofrece una descripción práctica detallada de la meditación en el capítulo titulado *Descubrir la bondad fundamental*. En el presente volumen, se usa un enfoque polivalente para presentar los pormenores de la práctica de meditación sentada. La práctica impregna el contenido de muchos capítulos, aunque no se dé una instrucción como tal.

En lugar de definir un término a conciencia la primera vez que se usa, he decidido dejar que la definición y comprensión de los términos evolucionen a lo largo del libro.** El ultílogo incluye información acerca de las fuentes usadas en este libro y el modo en que se preparó el material, lo que puede ayudar a entender lo que estamos diciendo. He dejado que los términos se repitan muchas veces, por considerar que así se conserva el estilo original en que el autor presentó este material. Al igual que ese misterioso punto primordial que sale a relucir una y otra vez en este libro, la sabiduría es siempre fresca, nunca es redundante.

Espero que, teniendo esto presente, las lectoras y lectores disfruten y exploren la repetición de conceptos y definiciones en este libro. Piénsese, si se desea, que es como si estuviéramos probando una docena de manzanas de diferentes variedades en el curso del otoño. Cada vez que se muerde una manzana, se experimenta la igualdad –lo *manzanero*– de la fruta, así como el sabor concreto de la variedad: Starking, Reineta o Golden. O quizá leamos este libro como quien bebe a sorbos

* El Aprendizaje Shambhala ofrece la práctica de meditación y las enseñanzas del guerrero de Shambhala en muchos lugares de Norteamérica, Sudamérica, Europa, Australia, África y partes de Asia. Para informarse acerca del Aprendizaje Shambhala, véase la sección Recursos al final del libro.

** La gran mayoría de nombres propios y términos extranjeros que aparecen en cursiva y no están explicados en el texto se pueden encontrar en el Glosario. *(N. del T.)*

un buen whisky de malta pura o un té verde excelente, o disfruta de un curry picante. Todos los sorbos o bocados son iguales, pero a la vez diferentes porque se va profundizando en la mezcla de sabores.

Con la música pasa algo parecido. La repetición con variaciones es obvia en muchas formas musicales, desde la música tradicional –tales como el *gamelon* de Indonesia, el *gagaku* del Japón, o la música de violín de Escocia o de Cape Breton– hasta las complejidades del jazz moderno. Una fuga de Bach y una sinfonía de Beethoven también repiten sus temas una miríada de veces y las canciones tienen estribillos que se repiten una y otra vez.

De hecho, puede ser una ayuda pensar en los capítulos de este libro como una sucesión de canciones de amor. Raramente hay información nueva en una canción de amor. Lo que la hace interesante es la *manera* en que expresa la más básica de las emociones humanas. La vida de Chögyam Trungpa Rínpoche fue una canción de amor dedicada a los seres sensibles.* Es un privilegio haber sido capaz de preparar la edición de algunos de sus versos.

Espero que disfruten de estas canciones de bondad fundamental.

DORJE YUTRI, CAROLYN ROSE GIMIAN
27 de Junio de 1998
Halifax, Nueva Escocia, Canadá

* Este término se refiere en el budismo a cualquier ser que tiene mente y por ello puede percibir. *(N. del T.)*

# EL SOL DEL GRAN ESTE

PRÓLOGO

# EL REINO, EL CAPULLO Y EL SOL DEL GRAN ESTE

*El Aprendizaje Shambhala se basa en cultivar la cordialidad y la autenticidad, para así poder ayudarnos a nosotros mismos e incrementar la ternura en nuestros corazones. Dejamos para siempre de envolvernos en el saco de dormir, en nuestro capullo. Sentimos responsabilidad por nosotros mismos y nos sentimos bien siendo responsables. Estamos agradecidos también porque, como seres humanos, podemos realmente trabajar por los demás. Ya era hora de que hiciéramos algo que beneficie al mundo. Es la ocasión propicia, el momento oportuno, para introducir este aprendizaje.*

Empujados por la supervivencia y molestos por las exigencias de la vida, vivimos en un mundo completamente sofocante a causa del aferramiento a nuestra existencia, a nuestro estilo de vida y al trabajo. A lo largo de este siglo y, como mínimo, durante los últimos miles de años, la gente ha intentado resolver nuestros problemas por todos los medios. A lo largo de la historia, de hecho, han aparecido grandes profetas, profesores, maestros, gurus, yoguis y santos de todo tipo que intentaron resolver los problemas de la vida. Su mensaje ha sido muy claro: «Intentad hacer el bien. Sed cordiales con vosotros mismos, con los vecinos, padres, parientes, cónyuges, con todo el mundo. Si os portáis bien con los demás, aliviaréis su ansiedad. Tendréis entonces unos excelentes vecinos, excelentes parientes, una esposa o esposo excelente, un mundo excelente»; esto se ha repetido miles de veces. Nuestras vidas se ven enriquecidas por multitud de escrituras sagradas, que incluyen las de las antiguas tradiciones del taoísmo, los Vedas, los *sutras*, *tantras* y *shastras** –textos sagrados de todas las clases–. Las librerías actuales y las bibliotecas están repletas de estos escritos que intentan llegar a nosotros. Algunos se empeñan tanto en ayudar que incluso dejan la Biblia de Gedeón en las habitaciones de los hoteles.**

Muchos de esos maestros y santos pertenecen a una tradición teísta. Es decir, veneran al único Dios y son por tanto monoteístas; o bien nos presentan palabras sagradas del politeísmo de otras tradiciones. Por otro lado, el budismo es una disciplina espiritual no teísta cuya formulación no depende de la veneración y que no considera que el mundo es la creación de alguien. Según las enseñanzas budistas, no existió un gran artífice que diseñó el mundo, sino que este mundo se crea u ocurre puramente como producto de nuestra propia existencia. Existimos, y por lo tanto hemos diseñado este mundo nuestro. Existen también otras escuelas de pensamiento totalmente diferentes, basadas en descubrimientos científicos, que afirman

* Los *sutras* son discursos del Buda. Los *tantras* son textos budistas del *tantra* atribuidos al Buda en su manifestación última o *dharmakaya*. Los *shastras* son comentarios filosóficos sobre los *sutras*.

** En 1899, laicos de varias confesiones crearon la Sociedad de Gedeón –antiguo juez israelita–, que se dedicó a colocar biblias en los hoteles. *(N. del T.)*

que todo es un proceso evolutivo. Tenemos las teorías darvinistas que explican cómo los seres humanos llegaron a existir a partir del mono o de un pez.

Existen muchas nociones conflictivas acerca de los orígenes de la existencia. Pero tanto si seguimos el teísmo, el no teísmo o el método científico, este mundo concreto –este mundo creado que tenemos– *está* ahí. Quizá sea importantísimo para los teólogos, o los científicos, descubrir por qué estamos aquí o cómo llegamos a estar aquí; sin embargo, desde la perspectiva de la visión de Shambhala, el tema principal no es *por qué* estoy yo aquí o *por qué* estás tú aquí, *por qué* se lleva una camisa blanca o roja, el pelo largo o corto. De lo que se trata realmente es de preguntarnos: «Y ya que estamos aquí, ¿cómo vamos a vivir a partir de ahora?». Puede que tengamos mucho tiempo por delante, puede que no. La temporalidad está siempre presente. Es posible que dejemos de existir de repente, que al salir de la habitación en que nos encontramos ahora mismo nos ocurra algo y sobrevenga la muerte. La vida y la muerte nos guardan muchas incógnitas. Es posible que uno tenga que enfrentarse a problemas físicos y enfermedades de todo tipo, quizás tenga cáncer. Con eso y todo, hay que vivir de ahora en adelante.

Las enseñanzas de Shambhala tratan básicamente de hacernos ver que no hay una ayuda externa que nos salve del terror y de los horrores de la vida. El mejor de los doctores o de los medicamentos o la mejor de las tecnologías no pueden protegernos de nuestra vida. Los mejores asesores, los mejores créditos y las mejores pólizas de seguros no pueden salvarnos. Tarde o temprano, uno tiene que darse cuenta de que es *uno mismo* quien ha de hacer algo en vez de depender de la tecnología, la ayuda económica, el ingenio o las buenas intenciones del tipo que sean; nada de eso nos salvará. Esto puede parecer una triste verdad, pero es la verdad real. A menudo, en la tradición budista, se conoce como la verdad *vajra* a la verdad adamantina que uno no puede evitar ni destruir. Es imposible evitar nuestras vidas. Tenemos que encararlas, seamos jóvenes o mayores, ricos o pobres. Ocurra lo que ocurra, no podemos salvarnos de nuestras propias vidas, es imposible. Tenemos que encarar esa verdad eventual, que no es siquiera una verdad eventual sino la verdad *real* de nuestras vidas. Estamos aquí y tenemos, por tanto, que aprender a seguir adelante con nuestras vidas.

Esta verdad es lo que llamamos sabiduría de Shambhala. La introducción de dicha sabiduría en la cultura de Norteamérica es un hito histórico. Sin embargo, mi propósito no es convertirles con mis palabras. Se trata más bien de que cuanta más comprensión tengamos, más nos daremos cuenta de nuestra responsabilidad personal. De modo que me dirijo a ustedes no solo desde el punto de vista del trompetista o emisor, sino también desde el punto de vista del oyente o receptor. En vez de observar el trompetista, lo que importa es escuchar la música que sale de la trompeta.

## *El reino*

Según la tradición, el reino de Shambhala existió en el Asia Central. En dicho reino se enseñó la sabiduría que nos ocupa y se creó una sociedad excelente, en la que la conducta y el comportamiento de los ciudadanos se basaban en reducir la ansiedad. Esencialmente, la ansiedad proviene de no encarar la situación presente en la que nos encontramos. El reino de Shambhala y sus ciudadanos, los súbditos de Shambhala, fueron capaces de encarar su realidad. Podría decirse que el reino de Shambhala fue un reino tan mítico, o tan real, como creamos que la Atlántida o el Cielo lo puedan ser. Se dice que el reino tenía avances tecnológicos y que sus ciudadanos poseían una gran inteligencia. La espiritualidad estaba seglarizada, en el sentido de que las situaciones de la vida cotidiana se manejaban correctamente. La vida como tal no se basaba en la adoración de una deidad o en una práctica religiosa vigorosa; más bien, ese mundo maravilloso de Shambhala se basaba en una relación auténtica con la vida, con el cuerpo, la comida, la casa, el matrimonio, la respiración, el entorno y el medio ambiente.

Según las leyendas, el ideal y las enseñanzas de Shambhala cobraron vida en ese reino del Asia Central. De un modo más profundo, podría decirse que tal situación de cordura surge de la conexión con nuestra propia inteligencia. Por lo tanto, el reino de Shambhala existe en su corazón en este preciso momento. Usted es un ciudadano de Shambhala y forma parte de ese reino, sin lugar a dudas. No estamos intentando hacer un mito realidad, lo que sería una equivocación. En realidad, he escrito incluso un libro con el propósito de clarificar esto, titulado *El mito de la libertad.** Por otro lado, como seres humanos, poseemos efectivamente las facultades sensoriales: podemos ver, podemos oír, sentir y pensar. Por ello, podemos hacer algo para que el reino de Shambhala surja una vez más.

En esta ocasión no tiene que ser un reino del Asia Central. No estamos diciendo que haya que ir allí a excavar tumbas y buscar ruinas para encontrar los restos de la verdad de Shambhala, no nos referimos a llevar a cabo una investigación arqueológica. Aunque, por otro lado, *podríamos* estar hablando de cierta clase de investigación arqueológica, que consistiría en excavar en nuestras mentes y en nuestras vidas, que han sido sepultadas bajo capas y capas de detritus. Tenemos que redescubrir algo en nuestras vidas. ¿Es esto posible? Lo es, es muy posible. ¿Qué pasos deberíamos tomar en esa dirección?

Desde el mismo día en que nacimos, nunca nos hemos mirado realmente a nosotros mismos, a nuestra vida y a nuestras experiencias de la vida; nunca hemos sentido realmente que podríamos crear un mundo bueno, decente. Es posible, por supuesto, que hayamos probado de todo; quizás nos hayamos manifestado en la calle en nombre de la felicidad de la humanidad, quizás nos hayamos quejado del sistema político actual o haya-

* Publicado en la editorial Kairós, 1998. *(N. del T.)*

mos escrito nuevas ideas y manifiestos para impedir esto y lo de más allá: aquel dolor, este dolor, esta confusión, aquella confusión. Es posible que incluso nos hayamos sentido como héroes y se podría decir también que lo hemos hecho lo mejor posible. Sin embargo, ¿hemos encontrado alguna paz o descanso reales? No se ha creado un mundo real y digno.

Estamos frecuentemente tan enfadados y resentidos que nos quejamos a causa de nuestra agresividad. En vez de pelo corto, lo queremos largo. En vez de pelo largo, nos lo cortamos. En vez de abrigo y corbata, queremos ponernos unos vaqueros y una camiseta. En vez de esto, hacemos aquello; en vez de aquello, hacemos esto. Intentamos conseguir la libertad y cumplir el ideal de la sociedad humana fácilmente. En vez de mantequilla de cacahuete, probamos comer arroz integral. En vez de aquello, probamos esto; en vez de esto, probamos aquello. Aquello, esto, esto, aquello. Hemos probado tantas cosas. Especialmente en los Estados Unidos, la gente ha intentado *tan* penosamente restablecer un mundo bueno. Aprecio esa integridad, que es tan implacable en cierto sentido, y tan buena.

Sin embargo, la premisa del aprendizaje de Shambhala es que, en vez de intentar tan penosamente eliminar los problemas, uno debería restablecer o plantar algo positivo. De lo que se trata es de que no hace falta ducharse tantas veces para quitarse la suciedad. La cuestión real es qué ropas ponerse tras la ducha y cómo perfumar y embellecer el cuerpo. Una ducha es suficiente, te limpia. Pero si uno sigue después dándose más duchas, se queda soso, demasiado limpio. Seguro, no hay ya suciedad, pero ¿y qué? No hay calidez ni dignidad. ¿Es que no podemos hacer algo más para llevar la autenticidad y la bondad a la sociedad?

## *El capullo*

El objetivo del aprendizaje de Shambhala es salir del capullo, esa vergüenza y agresión en la que nos hemos envuelto.

Cuando tenemos más agresividad nos sentimos más fortificados, nos sentimos bien porque tenemos más de que hablar, nos creemos los más grandes autores de la queja como medio de expresión y escribimos poesía quejumbrosa. En vez de quejarnos constantemente, ¿no podríamos hacer algo positivo que beneficie al mundo? Cuanto más nos quejemos, más plataformas de hormigón colocaremos sobre la tierra. Cuanto menos nos quejemos, más posibilidades habrá de arar la tierra y plantar las semillas. Deberíamos sentir que podemos hacer algo positivo por el mundo, en vez de cubrirlo con nuestra agresión y nuestras quejas.

El método empleado en el aprendizaje de Shambhala consiste en hacer algo muy concreto, muy básico y bien definido, y comenzar por el principio. En la tradición de Shambhala hablamos de ser un guerrero o guerrera. Me gustaría dejar bien claro que, en este caso, no es alguien que hace la guerra. Un guerrero de Shambhala es alguien lo suficientemente valiente como para no ceder ante la agresión y las contradicciones que existen en la sociedad. Un guerrero o guerrera, *pawo* en tibetano, es una persona valiente, una persona auténtica capaz de salir del capullo, ese capullo tan cómodo en el que está intentando dormir.

Cuando uno está metido en su capullo, se queja de vez en cuando gritando: «¡Dejadme en paz! ¡Largo! ¡Quiero ser quien soy!». El capullo está hecho de una agresión tremenda que se origina al pelear contra nuestro entorno, con la educación que nos dieron nuestros padres, con el colegio y contra todo tipo de educación. Uno no necesita realmente pelear con su capullo, puede levantar la cabeza y simplemente echar un *pequeño* vistazo fuera de él. A veces, cuando uno saca la cabeza por primera vez para echar un vistazo, encuentra el aire un poquito fresco, frío, pero agradable a pesar de todo. Es el mejor aire fresco de la primavera o del otoño y, ¿por qué no?, el mejor aire fresco del invierno o del verano. De modo que cuando se estira el cuello fuera del capullo por primera vez, a uno le gusta a pesar de la incomodidad del ambiente, lo encuentra agradable. Después, tras esa mirada rápida, se hace lo suficientemente valiente como para salir fuera del capullo, se sienta entonces encima del capullo y mira a su alrededor, al mundo, estira los brazos y empieza a desarrollar el porte de cabeza y hombros. El entorno es amistoso, se llama planeta Tierra, o bien Boston o Nueva York; es su mundo.

El cuello y las caderas no están tan rígidos, de modo que uno puede girarse y mirar alrededor. El entorno no es tan malo como uno había pensado. Todavía sentado sobre el capullo se levanta un poquito más, después se pone de rodillas y finalmente de pie sobre el capullo. Cuando mira a su alrededor descubre que el capullo ya no es útil, no tiene que creerse la lógica de los que anuncian que si la casa no está bien aislada uno va a morir. El material aislante del capullo no es realmente necesario, es solo un pequeño molde impuesto por la confusión y la propia paranoia colectiva imaginaria, cuya función es impedir la relación con el mundo exterior.

Después extiende una pierna, más bien tímidamente, para tocar el suelo que rodea al capullo. Tradicionalmente, la pierna derecha va primero. Uno se pregunta dónde se posará el pie. Nunca antes las plantas de los pies han tocado la tierra de su planeta, que cuando se toca por primera vez parece muy áspero; está compuesto de tierra. Pero pronto descubre la inteligencia que le permitirá *caminar* sobre la tierra y empieza a pensar que puede realizar este proceso. Se da cuenta de que ha heredado este planeta Tierra hace mucho tiempo, que es parte de la herencia familiar.

Suspira con alivio, quizá sólo levemente, extiende la pierna izquierda y toca el suelo al otro lado del capullo. Cuando toca el suelo por segunda vez, descubre con sorpresa que la Tierra es buena, suave y mucho menos áspera. Empieza a sentir la suavidad, el afecto y la cordialidad. Siente que hasta puede enamorarse en este su planeta Tierra. Uno *puede* enamorarse, siente una pasión verdadera y muy positiva.

En ese momento decide dejar atrás su viejo y querido capullo y levantarse sin tener contacto alguno con él, de modo que se yergue sobre sus dos pies y da un paseo fuera del capullo. Cada paso es áspero y suave, áspero y suave: áspero porque la exploración es todavía un desafío y suave porque no aparece nada intentando matarlo o devorarlo a uno; no es necesario defenderse luchando contra atracadores o bestias salvajes inesperadas. El mundo alrededor es tan bello y agradable que uno sabe que puede erguirse como un guerrero o guerrera, como una persona poderosa. Empieza a sentir que el mundo va a dejarle hacer cosas en él, y no solo eso, siente que el mundo es maravilloso. Con sorpresa, descubre multitudes de ex encapullados por doquier.

Como ex encapullados, sentimos que podemos ser gente digna y maravillosa. No tenemos que rechazar nada en absoluto. Cuando salimos fuera de nuestros capullos, vemos que la bondad y el agradecimiento surgen en nosotros todo el tiempo. Cuando estamos de pie sobre la tierra, descubrimos que el mundo no está especialmente deprimido. Por otro lado, hay una necesidad tremenda de esforzarse. Al levantarnos y caminar por ahí, después de haber salido finalmente de nuestros capullos, vemos que hay otros cientos de miles que todavía están medio sofocados en sus capullos. De modo que nos sentimos muy conmovidos y tristes, extremadamente tristes.

Desde el punto de vista del diccionario, "tristeza" tiene connotaciones negativas. Si uno está triste, se siente desafortunado o mal; o está triste porque no tiene suficiente dinero o ninguna seguridad. Sin embargo, desde el punto de vista de Shambhala, la tristeza es también una fuente de inspiración. Uno está triste y con el corazón vacío, pero siente también algo positivo porque esta tristeza supone la apreciación de los demás. A uno le gustaría decirles a aquellos que todavía están presos en sus capullos que, si salieran de él, también sentirían esa tristeza auténtica. Esta noción de corazón vacío conforma el principio del guerrero con el corazón partido. Como ex encapullado, uno siente que es maravilloso que haya habido gente en el pasado que salió de su capullo y desea poder contar a los encapullados la historia de los guerreros del Sol del gran Este y del reino de Shambhala. Todos los guerreros del pasado tuvieron que dejar sus capullos. Uno desearía que los encapullados supieran esto y le gustaría decirles que no están solos, que hay otros cientos de miles que ya han hecho este recorrido.

Una vez que aparece esta tristeza, también surge cierta dignidad o arrogancia positiva dentro de uno, bastante diferente por cierto de la arrogancia negativa común y corriente. Uno puede poner de manifiesto con dignidad ante el mundo degradado que intentar evitar la muerte durmiendo en un capullo no es la manera de hacer las cosas. El mundo degradado en el que la gente duerme en su capullo intentando evitar el dolor de la muerte se llama el mundo del sol poniente. En ese mundo, la gente busca en el atardecer una señal que le asegure una próxima noche apacible. Pero esa noche apacible no llega nunca, es siempre oscura como un hoyo. Aquellos que salen del capullo se conocen como la gente del Sol del gran Este. No se ciegan al abrir los ojos ni se avergüenzan de cultivar un buen porte de cabeza y hombros y salir de sus capullos. Esas personas comienzan a respirar el aire matinal fresco, están siempre radiantes y hermosas.

En la práctica de meditación sentada, que forma parte del aprendizaje de Shambhala, damos mucha importancia a la buena postura. La postura es importante no solo en la práctica sentada, sino en cualquier cosa que hagamos. Tanto si estamos hablando con un cliente o con nuestra pareja, como si estamos hablando con la mascota o con nosotros mismos (lo que en efecto ocurre a veces), tener un buen porte de cabeza y hombros manifiesta el hecho de haber dejado el capullo. Una de las razones por las que la gente canta en la ducha es que la caída del agua la fuerza a estar de pie y tener un buen porte de cabeza y hombros; empieza a sentirse limpia, de modo que comienza a cantar o a tararear. Esto no es ficción, es cierto: cuando el agua cae sobre los hombros, la cabeza y la cara, tenemos la sensación de estar en contacto con el cielo.

## *Ayudar a los demás*

El aprendizaje de Shambhala se basa en cultivar la cordialidad y la autenticidad, para así poder ayudarnos a nosotros mismos e incrementar la ternura en nuestros corazones. Dejamos para siempre de envolvernos en el saco de dormir, en nuestro capullo. Sentimos responsabilidad por nosotros mismos y nos sentimos bien siendo responsables. Estamos agradecidos también porque, como seres humanos, podemos realmente trabajar por los demás. Ya era hora de que hiciéramos algo que beneficie al mundo. Es la ocasión propicia, el momento oportuno, para introducir este aprendizaje.

La fijación del ego se pone de manifiesto en la expresión *yo soy*. Después sigue la conclusión: «Yo soy... feliz» o «yo soy... desgraciado». Hay un primer pensamiento (yo), un segundo pensamiento (soy) y, por último, el tercer pensamiento es la conclusión: «Yo soy *feliz*», «yo soy *desgraciado*», «me siento *fatal*», «me siento *bien*»; da igual el pensamiento que sea. La idea shambhaliana de la responsabilidad es dejar el *soy*, decir simplemente: «Yo feliz», «Yo desgraciado». Sé que tenemos aquí un pequeño problema lingüístico, pero espero que se pueda entender lo que estoy diciendo. Se trata de ser responsable ante los demás, sin confirmarse a sí mismo.

Para decirlo en otros términos ligeramente diferentes. Supongamos que alguien se llama Sandra. Tenemos a "Sandra" y tenemos "el mundo". No se necesita un verbo entre los dos como confirmación, sino simplemente ser amable con los demás. Sandra debería ser auténtica. Cuando Sandra es ella misma, cuando es genuina, puede ayudar mucho a los demás. Quizá no tenga formación en primeros auxilios, pero Sandra puede poner una tirita o curita en el dedo de alguien, Sandra ya no tiene miedo de ayudar, es muy amable y está en lo que está. Cuando se comienza a ayudar a los demás, se han levantado la cabeza y los hombros y se está saliendo del capullo. El aprendizaje de Shambhala no trata de producir gente falsa, sino que trata de hacer de las personas seres auténticos que puedan ayudar a los demás.

Estar en el capullo es casi como ser un niño en la matriz, un niño al que no le apetece nada salir. Incluso después de haber nacido, no le hace gracia que le enseñen a controlar los esfínteres. Preferiría quedarse en sus pañales y tener algo que le envuelve el culo constantemente. Pero llega el momento en que le quitan los pañales, no hay otra alternativa. Uno ha nacido y controla los esfínteres, así que no puede quedarse para siempre envuelto en pañales. De hecho es posible llegar a sentirse bastante libre sin ese pañal que siempre envuelve el trasero, se puede ir por ahí con bastante libertad; puede que uno llegue a sentirse muy bien al liberarse de la tiranía impuesta por los padres y la vida en casa.

Sin embargo, todavía no queremos *realmente* desarrollar la disciplina. De modo que comenzamos a crear esta cosita, este capullito. Nos quedamos envueltos en un montón de cosas diferentes. Cuando estamos en el capullo, no queremos sentarnos derechos y comer con buenos modales de mesa. No nos apetece realmente vestirnos con elegancia ni queremos someternos a disciplina alguna que requiera tan solo tres minutos de silencio. Eso se debe en parte a haber sido educados en Norteamérica, donde todo está pensado para que los niños puedan entretenerse solos. El entretenimiento es la base de la educación. Si pudiéramos educar a nuestros propios hijos fuera del capullo, formaríamos muchos niños *bodhisattva*, niños auténticos que encaran los hechos y son realmente capaces de relacionarse correctamente con la realidad. He hecho esto mismo con mis propios hijos y parece haber funcionado.

Como seres humanos decentes, encaramos los hechos de la realidad. Tanto si estamos en medio de una nevada o de la lluvia, como si hay caos familiar; sean cualesquiera los problemas, estamos dispuestos a sacarlos adelante. Examinar esas situaciones no se considera ya un estorbo, sino que es nuestra obligación. Aunque se haya sermoneado mucho acerca de ayudar a los demás, no nos sentimos realmente capaces de hacerlo. La expresión tradicional estadounidense, así la he escuchado, es que no queremos ensuciarnos los dedos.* Por eso, en resumidas cuentas, queremos quedarnos en el capullo, para no ensuciarnos los dedos. Pero deberíamos hacer algo por este mundo, para que se convierta en una sociedad libre de agresividad donde la gente pueda despertarse. Ayudar a los demás es uno de los mayores desafíos.

Aprecio nuestra inquietud intelectual, nuestro sentido del humor y nuestra relajación. Les ruego que intenten elegantizarse y salir del capullo. Se trata básicamente de convertirse en alguien muy auténtico, lo que implica liberarse del mundo plástico, si esto fuera posible. También les ruego que no le hagan daño a los demás. Si no pueden hacerlo, como mínimo trátense mejor y no se castiguen por dormir en el capullo. Por último, intenten por favor trabajar con los demás y serles útiles. Un número extremadamente grande de gente necesita ayuda. *Por favor* intenten ayudarles, ¡por los cielos!, ¡por el cielo y la tierra! No se limiten a coleccionar sabidurías orientales a mansalva. No se limiten a sentarse en un *zafú* vacío, en un cojín de meditación vacío. Salgan e intenten ayudar a los demás, si pueden. Eso es lo principal.

Hay que hacer algo, *tenemos* que hacer algo. Según leemos en los periódicos y vemos en la televisión, el mundo se deteriora; a una desgracia le sucede la siguiente, cada hora, cada minuto, y nadie ayuda demasiado. Su ayuda no tiene que ser desmesurada, limítense al principio a trabajar con sus amigos y cada uno consigo mismo a la vez. Ya es hora de que nos responsabilicemos del mundo. Será rentable.

* Una expresión equivalente más castiza sería "mojarse el culo". *(N. del T.)*

# Parte I:

# PROFUNDO

## EL TRAZO PRIMORDIAL

# 1. UN PUNTO EN EL CIELO ABIERTO

*Nuestro tema aquí es la confianza. Para empezar, la noción de confianza consiste en* no sospechar. *Ésa es la idea de confianza desde el punto de vista del diccionario. Cuando se confía en una persona, no se sospecha en absoluto de ella. Extrañamente, confiar* sin sospechar *sale de la nada y, sin embargo, no nos estamos refiriendo a una experiencia mística. Cuando uno confía sin sospechar, ¿qué le queda? Cuando no sospecha, ¿en qué confía? Uno está justamente en el punto. Confiar sin sospechar.*

Nos merecemos vivir en este mundo. La senda de Shambhala es un proceso que nos enseña a apreciar y comprender esto. El aprendizaje se basa en la disciplina de elevarnos y civilizarnos, lo que en parte refleja el *buddhadharma*, las enseñanzas del Buda. El budismo nos da una idea de cómo manejarnos, en lo que concierne al cuerpo, la mente, el habla y la vida en general. El aprendizaje de Shambhala responde también al sufrimiento y al dolor, la desgracia, el terror y el horror surgidos en todo lo que se conoce como el mundo del sol poniente; un mundo basado en el miedo a la muerte, al temor a uno mismo y a los demás; un mundo que nos llega cargado de advertencias.

No tenemos ni idea de cómo vivir de verdad y conducir nuestras vidas en la sociedad actual. ¿Cómo podemos ser seres humanos decentes, seres humanos dignos y despiertos? ¿Cómo nos podemos conducir correctamente en esta sociedad, sin cargar con nuestro rollo a los demás o a nosotros mismos? ¿Cómo podemos tratar mejor a nuestros niños, a nuestros cónyuges? ¿Cómo podemos llevarnos bien con nuestros socios, nuestros jefes o empleados? La idea del guerrero de Shambhala es muy práctica como respuesta a estas preguntas. Esta idea consiste en aprender a conducir nuestras vidas según lo que se conoce como la visión del Sol del gran Este, que consiste en mirar siempre de frente, siempre hacia adelante.

Fundamentalmente, es imposible no avanzar: uno siempre se va haciendo más mayor –o más joven–, no se puede detener la propia muerte. Por otro lado, todos los días se aprende algo nuevo, no podemos negarlo. Es posible que no nos sintamos todos los días muy inspirados. Quizá no podamos hacer mil millones de dólares en un día; aunque esas cosas también suceden a veces. A pesar de todo, siempre hay cierto movimiento hacia adelante. No hay problema con avanzar, aunque hay una diferencia entre avanzar y apresurarse temerariamente. Cuando uno avanza, lo hace paso a paso. La temeridad consiste en forzarse a hacer más de lo que uno puede, o bien es la consecuencia de la impaciencia y el temor. En vez de tomarse el tiempo necesario para preparar una buena comida, uno toma una comida rápida y mala que le sienta mal. En la actitud de tirar para adelante sin más miramientos y de rebelarse a diestro y siniestro no hay dignidad.

La dignidad consiste en ser considerado con los demás y cordial con uno mismo y con los demás. Con cordialidad, se avanza sin temeridad y se evitan por tanto los accidentes. Podemos usar aquí la analogía de montar a caballo. Si uno tiene un buen asiento en el caballo, una buena postura y un control adecuado de las riendas entonces, cuando el caballo avanza, va sincronizado con él, de modo que el caballo nunca corcovea para tirarlo. Lleva un paso fantástico, cabalga y todo está bajo control; va sentado en la silla como si de un trono se tratase, tiene una buena relación con el caballo y lo monta bien. En el mundo de Shambhala, cuando la mente y el cuerpo están sincronizados, nunca se perturba la situación de ninguna otra persona. La temeridad destruye el estado mental de los demás y el de uno mismo. Con la aspiración del Sol del gran Este eso no sucede jamás. Así que en el aprendizaje de Shambhala aprendemos a ser más cordiales con nosotros mismos y con los demás, así como a entender por qué eso funciona mejor. Este proceso concreto de aprendizaje nos educa para convertirnos en seres humanos muy decentes, y para poder trabajar con las situaciones domésticas y con nuestra vida emocional correctamente. Podemos sincronizar nuestra mente y nuestro cuerpo y tratarnos muy bien, sin resentimiento ni agresión, y con gran cordialidad. De ese modo celebramos la vida cabalmente.

La senda de Shambhala implica un aprendizaje individual. Se podría decir que esto no es nada nuevo y que hemos escuchado ese tipo de cosas con anterioridad; lo que puede ser cierto. No hay nada novedoso ni trucos nuevos. De lo que se trata ahora es de hacerlo real, eso ya es una novedad –o también podría ser un nuevo truco–. La gente puede darte un montón de consejos en su intento de ayudarte a sentirte bien. Dicen una y otra vez: «¿Cómo estás? Tómatelo con calma. No te preocupes, todo irá bien». Pero nadie sabe *cómo* hacerlo realidad. ¿Puedes realmente tomártelo con calma? ¿Va realmente a ir todo bien? Este aprendizaje nos enseña a hacerlo presentándonos el meollo de la cuestión. Al unir la práctica de la meditación sentada de inspiración budista con el aprecio de nuestras vidas, no hay ninguna discrepancia en absoluto entre relacionarnos con nosotros mismos y relacionarnos con los demás.

Nuestro tema aquí es la confianza. Para empezar, la noción de confianza consiste en *no sospechar.* Ésa es la idea de confianza desde el punto de vista del diccionario. Cuando se confía en una persona, no se sospecha en absoluto de ella. Extrañamente, confiar *sin sospechar* sale de la nada y, sin embargo, no nos estamos refiriendo a una experiencia mística. Cuando uno confía sin sospechar, ¿qué le queda? Cuando no sospecha, ¿en qué confía? Uno está justamente en el punto. Confiar sin sospechar.

Cuando uno sospecha de alguien o algo, estudia a esa persona o situación y se dice a sí mismo: «Si pasara esto, entonces podría pasar aquello. Si eso ocurriera, quizá pasaría esto otro». Uno baraja diferentes hipótesis, elabora sus conclusiones lógicas y diseña un plan que le libre de cualquier peligro potencial (lo que impide cualquier clase de confianza). En nuestro caso, la idea de confiar sin sospechar tiene que ver con renunciar a cualquier posibilidad de tener equipo alguno de alarma que avise del peligro. En el contexto shambhaliano, nos referimos a la confianza incondicional. Confianza incondicional quiere decir, en primer lugar, que nuestra propia situación es de confianza. Uno es como es. Fulatina de tal es una buena Fulanita de tal. Menganito es un buen Menganito, un Mengano de confianza. Uno confía en su existencia y en su formación. *Uno es* de confianza y, por lo tanto, puede trabajar con los demás. No tiene que contaminar el mundo o ceder ante ninguna ocasión para la complacencia.

Con la confianza incondicional somos capaces de portarnos bien, de ser buenos, cordiales y cariñosos, con nosotros mismos o con los demás. ¿Por qué es así? Porque se produce un espacio en nuestro estado mental. Puede que uno sea la persona más cruel y sanguinaria de la historia, alguien terrible, pero es capaz de enamorarse. Existe esa posibilidad. No es ni siquiera una posibilidad, sino una realidad ya presente. Somos capaces de ser buenos, cariñosos y cordiales. En el lenguaje usual, normalmente estas palabras –bondad, cariño, cordialidad– se refieren exclusivamente a la ética o al comportamiento, en este caso estos términos se refieren a nuestro estado mental fundamental. Con el estado mental de la bondad y la cordialidad, somos capaces de enamorarnos, somos capaces de ser cordiales, somos capaces de darle la mano a alguien y decirle: «¡Hola! ¿Cómo estás hoy?». Esa pequeña disposición –tan diminuta como pueda ser– está ahí, la *tenemos*. No somos monstruos irremediables. *Sí*, sonreímos a veces. Miramos a alguien y nos sentimos bien. Puede que sea sólo durante unos instantes, pero lo cierto es que tenemos algo en nosotros; y si cultivamos esa experiencia, ese punto de bondad, ese poquitín, entonces descubriremos que tenemos un punto en el cielo abierto.

Nadie creó ese punto. No tiene que ver con nuestra educación o nuestra crianza, ni con la relación que tenemos con nuestra familia o nuestros compañeros sentimentales. No tiene que ver con nuestra predilección por la buena comida o ropa, sino que ese mismísimo punto débil, ese dejo de algo, es un punto en el cielo. El punto está siempre ahí, es primordial. Ni siquiera lo hemos heredado. *Heredar* significa que algo pasa de generación en generación, pero en este caso simplemente se *tiene*. Por lo tanto, se llama el punto primordial, incondicional. Ese punto existe en un *gran* cielo. Generalmente pensamos que el cielo es pequeño y que el punto es tan sólo una especie de pifia. Pensamos que tener ese punto débil es un accidente. No era ésa *su* intención. Podemos cubrirlo sin más y olvidarlo totalmente. Pero hay un buen punto en el cielo, y ese mismísimo punto es la bondad fundamental primordial, incondicional.*

Ese punto es también el *origen* de la bondad fundamental, su detonador o punto de partida. A partir de esa experiencia primordial, comenzamos a percatarnos de la bondad fundamental. Para empezar, siempre que haya un punto, es incondicional.

* Si se desea una introducción al término *bondad fundamental,* clave y recurrente en las enseñanzas de Shambhala, véase *Shambhala: La senda sagrada del guerrero,* capítulo 2. *(N. del T.)*

Uno no puede decir si es bueno o malo, sino que es. Entonces, a partir de ese punto de bondad incondicional surge el segundo nivel de la bondad fundamental, que es el estado mental de la *disposición,* estar siempre dispuesto a hacer cosas. Para empezar, uno está dispuesto a reconocer la bondad fundamental. La pereza y el egoísmo obstaculizan la disposición, crean un parcheado temporal que cubre el punto. Sin embargo, lo que subyace de un modo fundamental es siempre la disposición, el estar dispuesto a sacrificarse por otra persona. Un día uno puede sentirse terriblemente tenso, pero más tarde siente su punto y poco después podría acabar diciéndole a alguien: «Hola, ¿cómo estás?».

Esa disposición es casi automática, no es algo que uno tenga que forzar, sino un instinto humano básico que siempre tiene lugar. Las tendencias habituales de la neurosis no suponen ningún obstáculo real a la disposición. La tendencia neurótica habitual consiste en retraerse, ponerse tenso y mantenerse uno en "lo suyo". Pero esa neurosis realmente no llega muy lejos, nada lejos, porque la disposición es un reflejo natural. Supongamos que uno está conduciendo con un amigo en medio de la noche, mira por la ventana y ve una estrella fugaz, entonces dice sin titubear: «¿Has visto *eso*?». La disposición y el punto ocurren casi a la vez. El punto es la inspiración, proporciona una conexión para estar fundamentalmente bien, y, ¡zas!, uno siente que es uno mismo. Como consecuencia, puede tratar a los demás como se trata a sí mismo. El punto es el primer pensamiento. Tenemos siempre el número cero; ése es el punto, sin él no podría producirse el resto de la numeración. Es eso: el principio del principio.

Cuando estamos dispuestos a relacionarnos con una situación, hay mucho espacio para expresarnos, a conciencia y por completo. Al percatarnos de que no estamos entumecidos o endurecidos por completo, nos volvemos más suaves, vulnerables y cordiales. De modo que cuando uno ha experimentado el punto y la disposición, surge la cordialidad. Lo contrario de cordialidad es la duda y la falta de humor. La duda se manifiesta de muchas maneras. Una de ellas es el miedo a herirse por avanzar demasiado. Eso es dudar del principio del Sol del gran Este pensando que, si uno avanza, es posible que resulte herido. Otro tipo de duda es sentir que, fundamentalmente, uno ha tomado la vida por lo que no era y siente que repite constantemente cierto tipo de error general. Se siente confundido y condenado. En medio de la noche, el insomne se pregunta cuando empezará a brillar el sol. El reloj parece hecho de goma, porque el tiempo se estira más y más y el sol no acaba de salir. Podrían darse muchos tipos de duda, pero todos ellos se manifiestan en una cara larga sin sonrisa.

Estar libre de dudas se relaciona con el humor, la alegría y la celebración. Uno confía en la situación y, por lo tanto, puede permitirse sonreír. No tiene que contenerse o ponerse tenso. Así es como la confianza hace surgir la cordialidad, la certeza y la relajación; uno experimenta el cielo abierto.

Todo esto se enmarca bajo esa visión fundamental o mayor de la confianza. No nos estamos refiriendo a tener un poquito de confianza por aquí y otro poquito por allá, sino a la gran confianza. A ese respecto, me gustaría hablar también acerca de confiar en uno mismo en la práctica de meditación. La disciplina de la meditación ha sido concebida para que todo el que la practique pueda convertirse en una buena persona. Todo el mundo debería tener una existencia regia. Cuando uno se sienta en el cojín de meditación, no debería vacilar en su intento de ser como un rey o reina, ha de sincronizar su mente y cuerpo e intentar tener una buena postura física. Durante la meditación todo debe simplificarse, uno se ocupa de todo con simplicidad y honestidad, mantiene una buena postura, sigue la respiración y después proyecta la mente. Trabaja con su respiración, sigue la respiración, lo que es algo común y corriente. Después incluye sus pensamientos discursivos en la práctica y vuelve continuamente a la respiración. Al mismo tiempo, intenta ser su propio guía que le lleva al momento presente –a estar ahí– tanto como sea posible. La práctica de sentarse a meditar no es tan ardua, intentemos simplemente llevarnos bien con su aspecto realista y ordinario.

No nos referimos únicamente a la consecución del despertar espiritual, sino a convertirnos en buenos seres humanos y buenos ciudadanos. La bondad surge de la mente. La mente entra en contacto con el cuerpo, y éste con la circulación, respiración, postura y temperatura. Intentemos aunar todas estas cosas, intentemos tener una práctica sentada excelente, consistente. Estemos en el momento presente tanto como podamos. La respiración sale y se disuelve, luego viene otra respiración que vuelve a salir. Con un buen porte de cabeza y hombros y el pecho abierto nos sentamos como guerreros, produciéndose una sensación de dignidad individual.

No importa realmente que surjan dudas acerca de estar haciendo la práctica de meditación correcta o incorrectamente. Lo principal es ser honesto con uno mismo. Hagamos solamente lo que pensemos que es mejor, eso se llama verdad propia. Si uno mismo comprende la verdad, entonces no puede ser nunca perseguido kármicamente o de ningún otro modo. Si lo hacemos lo mejor que podemos, ¿qué puede ir mal? Animémonos y pasémoslo bien. Tenemos ya nuestro punto, nos guste o no, de modo que tenemos que hacerlo bien, no hay más remedio; eso es lo que nos salva.

# CALLE PEARL, 1111
## Fuera de lo común

En la clara atmósfera,
un punto apareció.
La pasión tiñó ese punto de rojo bermellón,
sombreado con rosa depresión.
Qué hermoso es encontrarse en el ámbito de la inexistencia:
cuando uno se disuelve, el punto se disuelve;
cuando uno se abre, el espacio claro se abre.
Disolvámonos en el ámbito de la pasión,
que temen los teólogos y legisladores.
Arrancar, arrancar, arrancar, arrancar la flor silvestre.
No es algo orgiástico
sino un simple gesto,
percatarse del aire fresco de montaña que acomoda
    la inocencia de una flor silvestre.
Ven, ven, D.I.R.,* podrías unirte a nosotros.
La frescura no es una amenaza, ni una carga;
es un gesto de lo más afectivo
que una ciudad pueda deshacerse por amor a lo silvestre
    de las flores campestres.
Sin obligación, sin sacrificio, sin trampas;
el mundo está lleno de apertura digna de confianza.
Celebremos en sereno deleite
el azul turquesa,
el rocío matinal,
la risa alegre,
el húmedo hogar:
¡las imágenes de amor son muy buenas y brillantes!

* Iniciales de un estudiante próximo al autor. *(N. del T.)*

# 2. QUÉ HACER CON LA DEPRESIÓN DE PRIMERA HORA DE LA MAÑANA

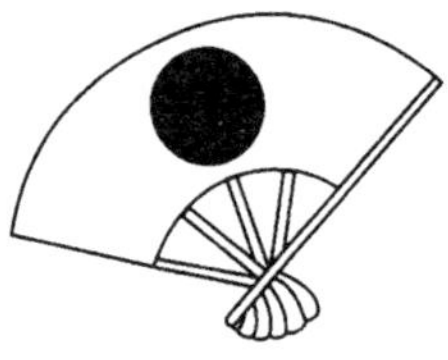

*En la tradición de Shambhala decimos que la intrepidez surge al darse cuenta del miedo. Del mismo modo, cuando se tiene depresión mañanera es posible animarse. Esa situación es auténtica y se puede hacer mucho con ella. Desde la depresión mañanera y su terror, podemos pasar inmediatamente a la bondad fundamental. Aprendemos a rechazar el terror a la depresión mañanera y a pasar a la bondad fundamental mañanera, al momento.*

Todo el proceso del aprendizaje de Shambhala tiene que ver con saber *manifestarse,* para que así la gente pueda hacer las cosas sin engaño. Tenemos que empezar por el mismísimo principio e ir de arriba abajo, digamos, o de abajo arriba. Se les invita a unirse a nosotros. Como se dice, la caridad empieza por uno mismo.

Hay muchos problemas internacionales y, en el mundo entero, el caos es incesante; lo que dista obviamente de la expresión de una sociedad despierta. En el pasado, diversas disciplinas o creencias religiosas –tales como el cristianismo, el judaísmo, el hinduismo, el islam y el budismo– tuvieron una gran dignidad. Hubo personas extraordinariamente sensatas entre los ancestros que trabajaron para que el mundo valiera la pena y su sabiduría se transmitió de generación en generación. Sin embargo, ha habido un problema de corrupción: el mundo ha sido seducido tanto por el materialismo físico como por el psicológico, ¡y no hablemos del materialismo espiritual! El mundo se está empezando a agriar. Puede que las medidas que hemos tomado sean pequeñas de momento, pero estamos intentando endulzar el mundo. Queremos ofrecer a la larga algo que no sea solo simbólico. Queremos hacer una contribución real al desarrollo de una sociedad despierta. Eso comienza aquí mismo.

El punto primordial, esa chispa de bondad que existe previa incluso al pensamiento, siempre está ahí. Nos lo merecemos, todo el mundo tiene esa posibilidad incondicionada para levantar el ánimo, que no tiene que ver únicamente con el dolor o con el placer. Uno tiene una inclinación y, en un mero segundo, siente lo que se tiene que hacer. Esto no es producto de la educación recibida, tampoco es científico o lógico, sino que uno simplemente se percata del mensaje y después actúa, lo hace sin más. Esa cualidad humana básica que consiste en abrirse de repente es lo mejor del instinto humano. Se sabe enseguida, al momento, lo que hay que hacer. Eso es fantástico; es lo que denominamos el punto, o bondad fundamental e instinto sin condiciones. Cuando se intuye el instinto real, no se piensa, se siente y ya está, en el acto. La confianza fundamental consiste en saber que la chispa de bondad fundamental existe, que hay tal cosa. Por mucho que uno se encuentre en la peor de las condiciones, aún así esa bondad efectivamente existe.

De la confianza surge la renuncia. *Renuncia* es un término que expresa tradicionalmente rechazo o privación. En el uso shambhaliano del término, sin embargo, la renuncia no es dejar algo

como el alcohol, los cigarrillos o el sexo. La renuncia aquí tiene que ver con el *conocimiento* o con un sentido general de discriminación. *Discriminación,* desde el punto de vista del diccionario, puede significar el rechazo de algo malo y la adquisición de algo bueno. Pero en el mundo de Shambhala, *discriminación* significa ver con claridad o pensar con claridad; lo que se reduce a precisión, todo lo que no sea preciso se rechaza. Cuando hablamos acerca de un modo de vida shambhaliano o acerca de sincronizar la mente y el cuerpo, nos referimos en ambos casos a saber *estar ahí,* a saber ser precisos. Por medio de la disciplina y el aprendizaje, el cuerpo y la mente pueden estar bien acicalados. Renuncia no significa tratar de ser o sentirse superior a los demás, criticando o rechazando a quienes no hayan practicado, sino simplemente estar orgullosos de nuestra propia vida y existencia, de nuestra chispa, brillo, intrepidez y condición de guerrero. La clave para ello es la alegría de la bondad fundamental.

¿Qué ocurre una vez que se ha experimentado ese primer punto? La *apreciación* de ese primer buen pensamiento, que se llama trazo. Lo que sale del primer punto es la pincelada, igual que cuando se toca con un pincel y tinta el papel. Primero se toca la base, el lienzo o papel, y después se crea un trazo, una caligrafía o un cuadro. El trazo de la bondad tiene que ver con el segundo pensamiento. Desde el primer pensamiento, el punto, uno extiende el segundo pensamiento, que surge de la cordialidad. Uno no está tratando de destruir nada ni luchar con su mundo, ni tampoco trata de sacar ningún provecho. Se da simplemente la primera chispa, seguida de la sensación de prolongarla.

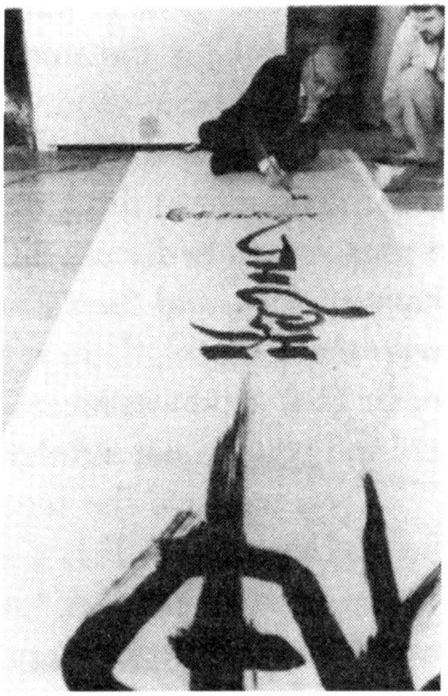

Cuando uno es sincero consigo mismo y está dibujando un trazo, comienza a darse cuenta de lo que le sienta bien y lo que le sienta mal. Estamos refiriéndonos aquí a un trabajo más profundo con nuestro instinto humano básico, en vez de funcionar a un nivel puramente materialista, científico o analítico. Sin embargo, no estamos diciendo que los seres humanos son animales que necesitan hacerse seres humanos. Ésa no es la idea de una sociedad despierta. Lo que estamos diciendo es que uno se tiene a sí mismo, su existencia como ser humano, y puede trabajar con lo que tiene. Se puede desarrollar esa sensación de instinto básico, que es pura y absolutamente inmaculada. Habrá obstáculos –preguntas, críticas, disyuntivas morales o éticas–, pero se pueden superar actuando como un ser humano verdadero que está destinado a ser bueno. Uno ya es una persona digna y capaz, así que ¿por qué no hacerlo? De eso se trata.

El punto de partida, ese primer deleite, el punto, puede ser cualquier cosa de la experiencia. Imaginemos que uno está muy sediento y le dan un vaso de agua helada. El primer pensamiento, o el punto, ocurre cuando uno coge el vaso de agua y está a punto de beber, sabiendo que eso es verdaderamente lo que le mitigará la sed. Acto seguido, con el vaso en la mano, acerca el brazo a la boca, inclina el cuello, eleva el vaso y comienza a beber. Tras haber tenido la idea, la conexión, el primer deleite, el trazo consiste en proceder con apreciación de la bondad fundamental. Por sorprendente que sea, cuando uno tiene mucha sed, mientras bebe un vaso de agua no siente prácticamente ni la más mínima ansiedad. Pueden probarlo ustedes mismos. Mientras se bebe un vaso de agua no se tienen pensamientos, se está únicamente sincronizando la mente y cuerpo al beber ese agradable y fresco vaso de agua. Ésa es la noción del trazo.

El trazo es la suavidad que acompaña a la apreciación de la bondad fundamental. Es lo que pasa con cualquier cosa en la vida. La mejor analogía que se me ocurre en este momento es la bondad fundamental general de beber un vaso de agua helada. Quizá sea la estación equivocada para hablar de esto, pero se lo pueden imaginar, estoy seguro. Se tiene una idea y después se procede con ella. Cuando uno se involucra en ese proceso, se da casi el no pensamiento, la alegría de la bondad. Esa bondad significa que uno no le está causando dolor a los demás y que tampoco se ocupa de su propio placer.

A continuación tenemos la segunda parte de la renuncia, que puede resultar ligeramente dolorosa. Es una sensación de hastío, acompañada de una sensación de tristeza, hacia lo que se conoce como el mundo del sol poniente. En ese mundo no hay una visión continua, una visión de futuro; la visión tiene meramente que ver con la muerte y con la finalización de las cosas. Todo se está oscureciendo, la negrura está a punto de llegar y ni siquiera podemos vernos unos a otros en esa oscuridad de boca de lobo. El sol poniente es la noción de depresión eterna. Cuando uno está deprimido, cuando se siente mal, a veces no hay ninguna razón para ello. Uno se despierta por la mañana y siente que no tiene remedio, se siente fatal. Podemos recurrir a nuestras experiencias para justificar esa sensación: «Me siento mal porque no tengo nada de dinero», «Me siento mal porque no tengo ningún amigo», «Me siento mal porque algo se torció en mi vida», «Me siento mal porque no estoy a la altura del desafío que supone despedir a alguien en el trabajo esta tarde», «Me siento mal porque me dejó mi marido».

En realidad, nuestra depresión de primera hora de la mañana no tiene tanta lógica; es el maleficio del sol poniente. De buenas a primeras uno ya no se siente tan bien. *Después* se le ocurren explicaciones lógicas de todo tipo que justifican su depresión. Se percibe la muerte. Para algunas personas esa sensación se prolonga más y más llevándolas incluso a pensar en el suicidio. La otra alternativa es reemplazar o reprimir la depresión haciendo algo muy loco o temerario. Todo el mundo conoce esta depresión fundamental.

Hacemos toda clase de cosas para evitar la depresión, como esperar la llegada del periódico a nuestra casa por la mañana o incluso ver *Barrio Sésamo* con nuestros hijos, o sin ellos... Hay montones de recursos para olvidar la depresión, y se gastan miles y miles de millones de dólares en esas tentativas de animación. En Inglaterra, a mucha gente le gusta llevarse el té al baño para bebérselo mientras se dan un baño largo en la tina o bañera. Muchos de nosotros recurrimos a las revistas y a la comida para animarnos. Llamamos a una amiga para quedar con ella para almorzar y así mitigar nuestra depresión de primera hora de la mañana gracias a nuestra conversación y la cita para el almuerzo. Pero, ¿qué hay de la tarde? ¡Eso todavía no lo tenemos solucionado!

Es posible que uno quiera hacer planes por adelantado, sabiendo que quizá tenga esta depresión cada mañana, cada día; de modo que planifica unas vacaciones para irse a esquiar, hacer surfing o nadar. Uno necesita tomarse unos días libres (libres de qué uno nunca sabe, pero lo planifica igualmente) y se dice a sí mismo que lo va a pasar estupendamente en tal o cual sitio. Procura mantener las cosas organizadas incluso con unos pocos días de antelación para así poder evitar su depresión de primera hora de la mañana: «Dentro de tres semanas voy a ir a este sitio, al otro y al otro; y voy a hacer esto, aquello y lo de más allá». Uno se dice a sí mismo que no debería deprimirse, porque puede prever con mucha ilusión lo que ha planeado; se puede seguir haciendo esto casi indefinidamente.

Ésa es la idea básica del sol poniente. Se construyen hoteles para promocionarla y se establecen líneas aéreas para facilitarla, todo funciona para ayudarnos a olvidar nuestra depresión de primera hora de la mañana. Desde el punto de vista de la bondad fundamental, somos capaces de generar nuestra dignidad y bondad personales, de modo que ceder a esa mentalidad de sol poniente parece patético y bastante triste, muy triste. Lo único que puede pasar es que sea cada vez más triste, a menos que hagamos algo para remediarlo. Sin lugar a dudas, al mundo moderno se le ocurrirán cosas adicionales y más sofisticadas que nos ayuden a olvidar por completo cualquier realidad de depresión y a proporcionarnos un mundo de sol poniente al millón por cien. La alternativa consiste en que, una vez experimentada la alegría de la bondad fundamental y la tristeza del mundo del sol poniente, cultivemos la renuncia real, consistente en saber qué aceptar y qué rechazar.

Necesitamos ahora entender otro punto de referencia, el de las tendencias habituales. Me gustaría dejar muy claro que *no* estoy diciendo que nos encontramos bloqueados con nuestras tendencias habituales. Cuando uno es cariñoso con un perro, el perro siempre moverá la cola y, del mismo modo, si le decimos "hola" a alguien, automáticamente nos sonreirá. Pero ésos son reflejos más que tendencias habituales. Las tendencias habituales a las que me estoy refiriendo son de un grado intermedio y pueden superarse sin lugar a dudas. Según la sabiduría del Buda y según la sabiduría de Shambhala, somos básicamente buenos, poseemos lo que se conoce como bondad fundamental. Sobre ella crece una capa de trucos y ocupaciones innecesarias, usamos estos truquillos para escudarnos de sentir vergüenza, demasiado dolor o evitar estar muy expuestos. Ésas son tendencias habituales, pero no son fundamentales sino simplemente tendencias habituales temporales. Es como si tuviéramos un edificio con bonitas paredes blancas enlucidas y no pudiéramos soportar las paredes blancas sin adornos, de modo que decidimos cubrirlas con un empapelado colorido que nos anime. Las tendencias habituales a las que nos estamos refiriendo aquí son como el empapelado que se pone pero que puede quitarse. El papel no llega al fondo de la pared, no está tan profundamente incrustado, es una especie de máscara llamada "tendencias habituales" a la que, en definitiva, hay que renunciar.

Al ver la bondad fundamental en nosotros mismos y la tristeza de las posibilidades del sol poniente, estamos dispuestos a hacer alguna clase de sacrificio: podemos quitar el empapelado, la máscara. El aspecto negativo de la renuncia, por llamarlo así, es lo que se rechaza o evita. En este caso, estamos rechazando el regodeo, limitarnos a darnos placer a nosotros mismos. Si rechazamos eso, tenemos una pared blanca enlucida y limpia. Lo que se acepta, en el lado positivo, es el cultivo de la auténtica condición de guerrero. En la tradición de Shambhala, decimos que la intrepidez surge al darse cuenta del miedo. Del mismo modo, cuando se tiene depresión mañanera es posible animarse. Esa situación es auténtica y se puede hacer mucho con ella. Desde la depresión mañanera y su terror, podemos pasar inmediatamente a la bondad fundamental. Aprendemos a rechazar el terror a la depresión mañanera y a pasar a la bondad fundamental mañanera, al momento.

El resultado es que uno tiene una relación mejor con su cónyuge, su cocina está más limpia, el plan del día se lleva a cabo a tiempo; y todo ello porque uno no tiene una lucha tremenda, incluso en lo más pequeño, lo más mundano. Quizá se podría pensar que esto es puramente una idea de la felicidad tipo señora Abby,* pero de hecho estamos hablando de desarrollar una sociedad despierta. La sociedad despierta empieza en el fregadero de la cocina o en el dormitorio. De otro modo no hay sociedad despierta y todo es un cuento. La renuncia auténtica consiste por tanto en saber qué aceptar y qué rechazar, y en salir de la depresión y apreciarla como si de una escalera se tratase. Cuando uno pone el pie en el primer peldaño de esta frágil escalera, se pregunta si le va a sostener, quizá se caiga; pero cuando va por el tercer, cuarto y quinto peldaño, se da cuenta de que, aunque tiemble, le va a llevar hasta arriba y de que el recorrido vale la pena.

Podemos de este modo comenzar a trabajar con la depresión de primera hora de la mañana. Al principio uno se pregunta si puede o no trabajar con ella, pero una vez que ha dado un mínimo de cinco pasos, o ha tenido cinco pensamientos (lo que ocurre con mucha rapidez, naturalmente, pensamos muy rápidamente para protegernos), entonces se da cuenta de que su depresión de primera hora de la mañana está bien. Uno puede trabajar con ella, puede subirse a ella, y le conducirá hasta la bondad fundamental. Subirse a la escalera de la depresión de

* La señora Abby es una columnista que aparece en muchos periódicos de habla inglesa respondiendo a las cartas de los lectores y dándoles sus buenos consejos. *(N. del T.)*

primera hora de la mañana es la noción de trazo. El punto consiste en subir al primer peldaño de la escalera, tambaleándose; uno vacila…, después sigue subiendo y le va bien.

Deberíamos tener cierta autoestima y la sensación de estar cómodos con nosotros mismos a lo largo de la vida. Cuando caminemos por la calle, no corramos; demos simplemente un paseo agradable. Seamos nosotros mismos, apreciémonos; apreciemos incluso los pensamientos subconscientes. Apreciemos que somos seres humanos de una pieza, que los brazos, las piernas y la cabeza no se desprenden volando en todas direcciones a causa de nuestros alocados pensamientos, sino que seguimos siendo buenos seres humanos con nuestros zapatos y nuestro corte de pelo –quizá llevando gafas, una corbata y chaqueta– caminando sobre la buena tierra, sobre la buena calle. Hagamos eso sin más, limitémonos a pasear con agrado; hagámoslo sin más. Empezaremos entonces a sentir que estamos haciendo nuestra ocupación *real.* No es tan siquiera una ocupación, sino que en realidad estamos siendo lo que deberíamos ser. Después, podemos empezar a comer bien, a beber bien, incluso a orinar bien. Todo surge de esa sensación básica de ser y de plenitud. Somos de una pieza en vez de estar desmembrados. Se trata de una experiencia común y corriente, algo que le ocurre a la gente constantemente. Pero la gente no lo toma como una buena señal, simplemente piensa: «¡Oh!, olvídalo». Según las enseñanzas budistas, las personas siempre tienen ese destello de naturaleza de Buda en ellos, siempre, pero no lo reconocen. Es lo mismo.

La sabiduría de Shambhala no se produjo por accidente, no se trata de que alguien simplemente hizo lo correcto y ahora les estamos transmitiendo a ustedes su mensaje, sino más bien de una sabiduría con un patrimonio y unos antecedentes tremendos. Se remonta a varios miles de años de tradición básica, a una sociedad de gente despierta, de grandes guerreros y guerreras del pasado. Esta tradición proviene de personas de orientación shambhaliana que llegaron a ser guerreros y que fueron a su vez tan amables como para permitirnos usar su sabiduría y practicarla como lo hacemos.

Podemos encontrar esta sabiduría incluso en medio de la peor de las situaciones, en lo más bajo. Los principios y actuaciones políticas en Sudáfrica fueron enormemente problemáticos durante muchos años, y sin embargo Sudáfrica acuñó el krugerrand*, que es una buenísima moneda de oro. Siempre hay en cualquier situación cierta dignidad, cierto elemento áureo. El Tíbet es un país perdido en este momento. Los chinos ocuparon mi país y están torturando a mi pueblo. Es horrendo, tan terrible como en Sudáfrica se mire por donde se mire. Nosotros los tibetanos fuimos incapaces de evitar esa situación. No obstante, la sabiduría tibetana se escapó, se llevó fuera del Tíbet y tiene algo que decir, algo que ofrecer. Ello nos da dignidad como tibetanos.

Por otro lado, sin embargo, aunque Occidente posee una tecnología tremenda, viene acompañada de una enorme arrogancia. Aunque sean ustedes los occidentales capaces de aterrizar en la Luna, la tecnología no va a resolverlo todo por sí sola. Deberíamos apreciar las tradiciones de sabiduría básicas que han llegado hasta nuestros días. Es absolutamente loable respetar la sabiduría. Ustedes no están recibiendo la sabiduría de Shambhala porque les ha tocado la lotería, sino porque se han acercado a esta tradición con un interés auténtico y un respeto auténtico. De ningún modo es algo aleatorio, no es que de pura casualidad les tocó el número premiado y por eso están aquí. Ustedes no son seres infrahumanos deambulando en un paraíso perdido intentando encontrar respuestas a sus preguntas, esperando darse de bruces con la manera adecuada de hacer las cosas.

El aprendizaje de Shambhala está dirigido a educar a la

* Stephanus J. P. Kruger, 1825-1904, fue un estadista sudafricano. El rand es la unidad monetaria de Sudáfrica y el krugerrand es una moneda de oro con la efigie de Krugervalorada como inversión. *(N. del T.)*

gente para que sea honesta, auténtica, para que no seamos impostores. La práctica de meditación sentada es el vehículo principal para llegar a ello, de modo que me gustaría reiterar la importancia de la práctica. Cuando se practica, uno se consolida en su asiento y siente la respiración, no cae en la duda ni se desploma en mitad del proceso. Se deja fluir la respiración. Se está sentado sobre la Tierra, uno merece la Tierra y la Tierra le merece a uno. Eso es muy importante. La idea fundamental en unir el cielo y la tierra es estar ahí plena, personal, auténticamente.

Si practicamos de ese modo, llegamos a experimentar las enseñanzas de Shambhala de una manera muy directa. Nuestra apreciación de las enseñanzas conlleva un agradecimiento natural hacia el que las enseña. A causa del respeto que le tenemos a la sabiduría, podemos estimar a su portavoz, el mayor. *Mayor* en este caso no se refiere a alguien que sea cronológicamente mayor, sino más bien a alguien que ha trabajado con la sabiduría de Shambhala, que la ha practicado y comprobado; alguien capaz de sobrevivir en el mundo del sol poniente. De hecho, ese tipo de persona es capaz de brillar y proyectar un buen mensaje que tendrá una influencia en los demás; es realmente excelente que esté dispuesto a compartir su compasión y su ilimitada bondad con los demás. Esas personas existen, y esa tradición guerrera, ese linaje, es digna de respeto. A menudo pensamos que podemos comprar la sabiduría. Hay gente que se ha gastado muchísimo dinero tratando de adquirirla pero no han llegado muy lejos. Es muy importante darse cuenta de que la sabiduría no puede comprarse ni venderse, sino que tiene que ser practicada personalmente. Sólo entonces empezamos a comprender que la sabiduría no tiene precio.

# 3. SUPERAR EL MATERIALISMO FÍSICO

*En mi trabajo con los estudiantes del mundo occidental he estado presentado dos mensajes complementarios: el primero sirve para aprender a superar el materialismo psicológico y espiritual y el segundo para superar el materialismo físico. El primer mensaje está concebido para ayudar a que las personas se hagan practicantes auténticos en el mundo budista y el segundo para ayudar a que las personas superen el materialismo físico propiamente dicho practicando las disciplinas del cuerpo, habla y mente y se conviertan así en guerreros del mundo despierto de Shambhala.*

En el contexto de la renuncia, hemos hablado de la alegría de la bondad fundamental, la tristeza del sol poniente y la disciplina de la aceptación y el rechazo. A partir de ahí, llegamos a respetar la sabiduría y, por tanto, puede que surja amor hacia el que enseña, el mayor. La renuncia tiene que ver también con la superación de las tendencias habituales, como la depresión de primera hora de la mañana. Teniendo esto presente, me gustaría avanzar un poco, aunque mi táctica, en general, consiste en no precipitarse. No quiero presentar trucos o métodos para superar problemas cuando todavía no se han sometido a un aprendizaje personal riguroso.

El siguiente tema es el soltar. A partir de la disciplina de la renuncia –saber qué aceptar y qué rechazar– y desde la conciencia total de nuestra bondad fundamental, comenzamos a darnos cuenta de que podemos soltar. Para introducir este tema, me gustaría relatarles algo. En 1974, su santidad el Gyalwa Kármapa XVI,* la cabeza del linaje karma kagyü del budismo al que pertenezco, iba a llegar en su primera visita a Norteamérica. Tuve una reunión con un grupo de personas para tratar el tema del protocolo y otros preparativos. Cierto número de personas dijeron: «¿No podríamos simplemente llevar a Su Santidad a una discoteca y que cene una chuleta? ¿En serio que tenemos que pasar la aspiradora? Quizá debería dormir en una cama de agua. ¿No podría venir tal cual y ver cómo es América?». ¡Menos mal que al final no fue así como decidimos hacer las cosas! Eso hubiera sido lo opuesto a soltar, que no consiste en enorgullecerse de la propia ordinariez. Ese estilo está inflado de arrogancia.

Soltar carece de la visión y el estilo del sol poniente. En su lugar, tiene que ver con la idea de que uno se merece soltar. Si uno es un buen conductor y conoce la mecánica de su automóvil, entonces puede ir a 180 kilómetros por hora en la autopista. Sabe controlar el automóvil, mirar por los espejos retrovisores y mover el volante, conoce la potencia del motor, el peso del automóvil, la condición en que se encuentran los neumáticos, el tiempo atmosférico y la fluidez del tráfico en esa autopista. Uno puede llegar a conducir rápido, pero no se convierte en un acto suicida, en absoluto, se convierte en una danza. Es posible que esté corriendo un gran riesgo diciendo esto. No les aconsejo que jueguen con el soltar. Sin embargo, cuando se conoce el sentido real de soltar, hay que soltar.

* Véase la entrada sobre el Kármapa en el glosario. *(N. del T.)*

La idea budista de la sabiduría es parecida al soltar. *Samyak-sambuddha,** la consecución última del despertar, tiene correlación con alguien que puede soltar totalmente. La gente de ese calibre ha llegado a la sabiduría y a la maestría en los métodos** necesarias para saber hasta dónde puede forzarse o cultivarse. Por tanto, la audacia del soltar tiene que ver con la maestría y el aprendizaje. Si alguno de ustedes es un atleta, sabrá de lo que estoy hablando. En un deporte como el esquí, por ejemplo, si se empieza soltar en una etapa temprana del aprendizaje, uno acaba con las piernas rotas. Si se imita o remeda el soltar, uno se mete en líos. En cambio, si se suelta correctamente, una vez que uno ha aprendido a soltar y a parar totalmente la ambición y la frivolidad, descubre que tiene un gran sentido de equilibrio. El equilibrio no surge de asirse a la situación. El equilibrio surge de entablar amistad con el cielo y la tierra: la tierra como gravedad o punto de referencia nuestro, y el cielo como espacio respirable donde podemos de hecho establecer nuestra postura y sostener la cabeza y los hombros correctamente. He estado cabalgado mi caballo Drala todos los días y sigo aprendiendo, una y otra vez, que el equilibrio no depende de congelar las piernas para asirse a la ensilladura, sino de la medida en que uno flota con el movimiento del caballo mientras lo monta. Así cada paso es una danza, la danza del jinete y la danza del caballo también.

Al principio hay que reunir las aptitudes necesarias para ser audaz, pero después, una vez que tenemos aptitudes para ser personas audaces, tenemos realmente que esforzarnos. El obstáculo puede ser pensar: «Quizá no esté listo para ser audaz, todavía no tengo aptitudes para ello». Ese tipo de dudas surgen constantemente, pero una vez que se ha establecido una conexión fundamental con la noción de sabiduría, hay que soltar-

* Epíteto sánscrito del Buda que significa "el perfecto totalmente despierto".
** En sánscrito *prajñá* y *upaya,* dos cualidades del ser despierto o *buddha. (N. del T.)*

las. El término sánscrito que equivale a sabiduría es *jñana* y el correspondiente tibetano es *yeshé*. *Ye* significa "primordial" o "intrínseco", *she* significa "saber". Si uno tiene ese sentido primordial de saber qué hacer con su cuerpo, habla y mente, entonces debería soltar. Muy posiblemente deberían ustedes descartar la "levitación" que se practica en la meditación trascendental, o MT. Por supuesto, el aprendizaje de Shambhala no tiene que ver con saltar de nuestros asientos y vanagloriarse de ello; lo que nos concierne es "flotar" correctamente. Cuando se confía en uno mismo, la gravedad deja de ser un problema. La gravedad es de confianza y, por ello, uno puede elevarse a sí mismo. "Sabiduría" es la mejor traducción a nuestro idioma que se nos ha ocurrido para *yeshé*. *Yeshé* es la consecución de la sapiencia, o el arte y oficio de ser sabio.

Soltar no se refiere a que antes teníamos miedo y ahora podemos relajarnos o soltar el miedo, es algo más. Soltar es acoplarse con el ambiente, el mundo desafiante en su conjunto. Nuestro lema en el Aprendizaje Shambhala* es "vivir en el desafío". Eso es soltar: vivir en el desafío. Esto no significa que uno está sometido a una presión constante, que le llaman del banco para decir que tiene que ingresar más dinero en la cuenta o el casero le dice que está al borde del desalojo. Se podría vivir en el desafío de ese modo, ¡pero estamos hablando de algo mejor! El punto culminante, en cuanto a vivir en el desafío se refiere, llega cuando cada momento es un desafío, pero un desafío grato. Soltar también significa atreverse a abrirse. Es como si la vida fuera un petardo y uno estuviera esperando el ¡pum! En eso consiste la audacia.

En primer lugar uno tiene un punto de bondad. Quizá escuche un pitido en su oído, que pudiera ser el sonido del punto, esa misma nota aguda. *Cualquier* primer pensamiento es el punto.

* El programa de cursos de fin de semana sobre meditación donde se dieron estas charlas.

Después, tras él, se aprende a proceder. La práctica de la vida, una sensación alegre, la tristeza... todo surge de ese primer punto. Después, finalmente, se descubre el soltar. Sin embargo, uno no empieza a hacer locuras, sino que aprende los matices del soltar: soltar en cuerpo, habla y mente; soltar en la casa y dentro del comportamiento familiar. Soltar es *manifestar*. Es dejar de lado todas nuestras reservas. Quizá uno diga: «Imagínate que alquilo este apartamento o esta casa. ¿Me las arreglaré?»; o: «Si me voy a vivir con este hombre o esta mujer, ¿irá bien la relación?». Cualquiera de esas situaciones es un desafío. ¡El Aprendizaje Shambhala es vivir en el desafío!

Espero que la gente pueda apreciar su entorno; apreciar el otoño (lo que no quiere decir que haya que ir a Nueva Inglaterra para ver las hojas), apreciar el invierno, el verano, la primavera. Pasan montones de cosas en la vida de cada uno. Las vidas de las personas están llenas de cosas, incluyendo la soledad. La gente está muy ocupada en su vida manteniendo su apartamento, limpiando la casa, relacionándose con sus amistades; siempre está pasando algo. Cualquiera que posea los cinco sentidos está siempre bien informado: si se ha quedado dormido, es posible que le despierte el gorjeo de un mirlo en la ventana de la habitación. El mundo no está tan completamente vacío, tiene que haber drama, tiene que haber parloteo, tiene que haber visitas de tal o cual persona. Siempre estamos organizando reuniones para tomar el té o ágapes, invitando a la gente. Ésa es una situación natural, muy sagrada y maravillosa por cierto. Últimamente la televisión nos está echando a perder, tengo que decir que su creación es uno de los peores crímenes que se han cometido nunca. Cuando uno está siempre viendo televisión, pierde el interés por explorarse a sí mismo. Pero, aparte de esa situación, hay muchas otras en las que recibimos una información natural. Escuchamos sonidos, si no estamos sordos; vemos, si no estamos ciegos; podemos hablar, si no estamos mudos; y podemos oler y sentir. Todos esos mundos que nos rodean son maravillosos.

Uno puede deleitarse con el más simple de los detalles, como por ejemplo una mosca posándose en la punta de los palillos justo cuando los llevamos a la boca. Ése es el mejor chiste imaginable. La vida puede ser muy simple y buena cuando se tiene esa actitud. Cuando apreciamos esa clase de detalles, no nos estamos volviendo estúpidos, locos o excesivamente ingenuos, sino que nos estamos haciendo más visionarios. Uno puede imaginarse cómo se sentiría Einstein si estuviera comiendo con palillos y una mosca se posara en la punta de ellos, probablemente soltaría una carcajada. Así que no tenemos que solemnizar nuestro mundo, y no necesitamos un tiovivo para sentirnos animados todo el tiempo.

## *Cuerpo*

Presentamos la sabiduría y la audacia del soltar en tres secciones, que constituyen divisiones muy sencillas: cuerpo, habla y mente. En primer lugar tenemos el aspecto corporal del soltar. Normalmente, "sabiduría" se refiere a tener conocimientos, más o menos. Aquí no nos estamos refiriendo a esos lógicos que tienen una respuesta razonada para todo ni a los abogados modernos que pueden tergiversar la verdad para ganar el caso, sino que estamos hablando en función de la sabiduría fundamental o sabiduría del *cuerpo*. Soltar tiene el sentido de la disciplina inmaculada, pura. ¿Por qué hemos de disciplinarnos? No porque nos sintamos mal y tengan por tanto que disciplinarnos como a niños traviesos o, para el caso, como a perros malos que se cagan en la alfombra y hay que azotarles o restregarles la nariz en sus excrementos. La disciplina en este caso es agradable.

Esto nos hace volver a un tema del que ya hemos hablado: qué hacer con la depresión de primera hora de la mañana. Creo que este siempre es un tema recurrente. A veces uno tiene depresión mañanera y a veces uno puede tener excitación tempranera, visión tempranera. En cualquier caso, no se exagera lo agradable ni se desmorona uno reduciéndose a un trozo de carbón que espira aire negro. La clave para evitar cualquiera de esos dos extremos es cuidar el cuerpo físico, ocurra lo que ocurra en la vida de todos los días. Cuando uno se despierta y se levanta de la cama, lo primero que hace es, quizás, ir al cuarto de baño y mirarse en el espejo: uno está despeinado, tiene aspecto de estar medio dormido y ve su piel abolsada. Uno tiene una reacción física y dice con un gran suspiro: «Otra vez lo mismo. Hoy me veo una vez más con el pelo fatal y bolsas bajo los ojos». Ya se siente presionado para llegar a su primera cita pero, justo en ese instante en que se está mirando en el espejo, la disciplina consiste en mirarse a los ojos y recuperar las posibilidades de bondad fundamental. Después puede alegrarse, así como alegrar a quien le haga compañía, a su pareja.

Observen que crear una sociedad despierta no se basa en que todo el mundo se deje llevar por una gran idea. Es bastante probable que cuando los terroristas tienen rehenes se levanten por la mañana con una sensación agradable: «¡Ah! ¡qué bien!, ¡tenemos *rehenes* ahí al lado!». Pero en nuestro caso, tenemos bondad fundamental, y no ahí al lado sino ya *en* nosotros. Nuestra visión no proviene en absoluto de la agresión, pasión, ignorancia o ninguna otra neurosis.

Es posible que uno viva en una situación difícil. Quizá su apartamento sea todo de plástico, endeble y artificial, construido por la gente del sol poniente. No hay que vivir siempre en un palacio: dondequiera que uno esté, es un palacio. Hace unos tres meses, algunos de mis estudiantes y yo llevamos a cabo lo que se conoce como el Campamento de Magyel Pomra* en el Centro de Dharma de las Montañas Rocosas.** Vivíamos en tiendas

* Trungpa Rínpoche estableció un programa anual a la intemperie en 1978, llamado Magyal Pomra Encampment, que sirve como vehículo para transmitir enseñanzas sobre el adiestramiento mental y la superación de la agresión.

** Rocky Mountain Shambhala Center, un centro rural de meditación en las montañas que se elevan desde Fort Collins (Colorado, EE. UU.), cerca de Red Feather Lakes. Era antiguamente llamado Rocky Mountain Dharma Center.

de campaña y no había agua corriente, ¡claro que no!, estábamos acampando a la intemperie. En cierto momento cabía la posibilidad de quedarnos sin agua, pero fuimos capaces de pasarlo bien de todos modos. Nos despertábamos y lavábamos en una palangana, hacíamos nuestros ejercicios, izábamos las banderas, tocábamos los bugles, y estábamos *ahí.*

En Norteamérica, la mayoría de los sitios disponen de buena fontanería, lo que es un gran adelanto. Saltar a la ducha o darse un buen baño puede ser muy útil por la mañana. Cuando vivía en Inglaterra la fontanería no era tan eficiente, pero aún así nos las arreglábamos bastante bien. Existe una tradición inglesa que dice que es posible darse un baño completo usando una taza de agua, especialmente en el desierto. Puedes estar digno, bien vestido de uniforme y lavarte con una taza de agua, sin desperdiciar nada. Hay cierta sabiduría en ello. En ese caso está basada, obviamente, en la supervivencia. Al mismo tiempo, refleja cómo utilizar nuestro entorno y hacer las cosas correctamente.

No estamos hablando de comprar el palacio de Buckingham para poder así relajarnos; podemos relajarnos dondequiera que estemos. Si uno ve un apartamento que los inquilinos anteriores han dejado patas arriba pero el alquiler es decente y se instala en él, puede pasarse quince minutos como mínimo para limpiarlo. Pasando muchos periodos de quince minutos se puede hacer un buen palacio de esa situación. La idea de dignidad no se basa en instalarse en una situación suntuosa; eso no va a ocurrir nunca. *Es posible* que le ocurre a la gente que puede gastarse un montón de dinero para hacer de sus casas situaciones palaciegas, pero incluso eso es una farsa. Si tienen que hacerlo, entonces están creando una corte artificial, un palacio artificial. Las cosas hay que trabajarlas y hacerlas con nuestras propias manos. Tenemos que hacer las cosas según surgen, correcta, hermosa y agradablemente. Incluso en la peor de las situaciones podemos todavía elegantizar nuestras vidas. Es una cuestión de disciplina y visión.

La sabiduría física de cuidarse a sí mismo y cuidar el cuerpo es extremadamente importante: el tipo de comida que comemos, el tipo de bebidas que bebemos, el ejercicio que hacemos. No hace falta necesariamente correr o hacer flexiones todos los días, pero sí tener la actitud de cuidar el cuerpo. El cuerpo es la extensión de la bondad fundamental, es el utensilio o herramienta más inmediato que tenemos. Incluso si se tienen toda clase de defectos físicos, no creo que debería haber ningún problema. No tenemos que sentirnos encarcelados por el malestar o la enfermedad: podemos aun con ellos avanzar. En nombre del cielo y de la tierra, podemos permitirnos hacer el amor con nosotros mismos.

En ocasiones la gente es muy tímida en este tema, especialmente si toman como punto de referencia lo que se conoce como la doctrina de la ausencia de ego en el budismo. La gente ha escuchado cosas acerca de la renuncia de grandes yoguis como Milarepa y a veces cree que si se tortura estará siguiendo su ejemplo. Por alguna razón las cosas no funcionan así. El ascetismo relacionado con practicar la meditación en una cueva forma parte de la tradición yóguica. Uno puede hacerlo, pero *antes* de ponerse a ello, tiene que tener la suficiente fortaleza y amor propio como para morirse de hambre en una cueva en nombre de la práctica de la meditación. Uno no puede usar su propia negligencia para complacerse en el ascetismo y la abnegación; vivir en la podredumbre no funciona.

Muchas religiones del mundo han animado a seguir la vida monástica. Por mucho que, en cierto sentido, el monaquismo sea muy natural, no deja de ser también un modo de existencia intensificado o enrarecido. En las enseñanzas de Shambhala, lo que nos ocupa principalmente es el trabajo con la sociedad. Queremos establecer una sociedad despierta que se base en la idea del puro soltar; la mejor sociedad, donde la gente diga la verdad, sea sincera consigo misma, tenga disciplina física y cuiden adecuadamente de sus niños, su marido, esposa, hermanos, hermanas y padres. Nunca se han dado instrucciones adecuadas para ser los mejores propietarios de empresas, cabezas de familia, padres, tintoreros o lo que sea. De modo que estamos hablando de saber convertirse en una persona auténtica en el mundo y tener una sociedad despierta auténtica. Hay un estilo shambhaliano de tratarnos a nosotros mismos, tal cosa *existe;* es el aprendizaje para ser guerrero o guerrera. No quiero limitarme a presentar la filosofía, sino que quiero compartir mi propio aprendizaje, lo que yo mismo hago. Quiero contarles como pueden realmente hacerse guerreros, de un modo práctico, y como pueden tratarse mejor para que podamos tener una sociedad despierta.

El amor propio es maravilloso y glorioso, absolutamente excelente. A veces uno se viste con elegancia para algún acontecimiento. Cuando al día siguiente va a trabajar, ha de cambiarse de ropa y ponerse sus vaqueros y camiseta, el mono o la ropa de trabajo que sea. Les ruego que no lo tomen como una interrupción en su dignidad shambhaliana. No hay que cambiar la orientación psicológica a causa de una situación laboral o de la falta de dinero. Quizá uno piense que acabará haciéndoselo al estilo sol poniente, aunque no le guste, a causa de sus problemas económicos. Sin embargo, aún así puede manifestar una dignidad y bondad fantásticas. Se ha de tener respeto por los vaqueros sucios, las camisetas usadas cinco veces y el pelo despeinado. Condúzcanse de acuerdo con la noción de bondad fundamental y no habrá ningún problema. Podríamos decir sin temor a equivocarnos que todo está en la mente.

El otro día, varias personas se me acercaron para recibir una bendición. Venían directamente del trabajo, así que vestían sus ropas de trabajo y estaban desarregladas, pero tenían una gracia y presencia tremendas. Fue muy hermoso y realmente me conmovió. Es muy interesante ver que aunque el aspecto físico, tratar bien al cuerpo y tomar alimentos adecuados son cosas muy importantes, tampoco hay que exagerar: puedes ser un cielo y muy natural vistiendo vaqueros y camisetas. Tenemos en el otro extremo el aspecto deportivo norteamericano, con todos esos catálogos de venta por correo que nos muestran cómo tener un buen aspecto mientras sacas lodo con una pala. Es posible que tengan algo que ofrecer, pero es obvio que todo eso se ha convertido en un negocio. Se puede ser una persona digna vistiendo una camiseta y unas bermudas hechas con un pantalón tejano cortado, siempre y cuando haya un *espíritu* deportivo en el trabajo que se haga.

Quizá uno se despierte por la mañana sintiéndose deprimido, busca algo en el suelo y se pone la primera ropa que encuentra. Eso es un problema. Se debería tener alguna clase de vestuario, según la ocasión que se presente. Los animales no tienen ese problema; están siempre preparados. Cuando eres un perro, siempre eres un perro; cuando eres un caballo, siempre eres un caballo. Los animales siempre tienen buen aspecto; los bañamos a veces, pero no tienen que elegir su vestuario. Al mismo tiempo, su desnudez es diferente de la desnudez de los seres humanos. Los seres humanos se corrompieron hace mucho tiempo al ponerse con ostentación toda suerte de disfraces. El mundo estadounidense es especialmente consciente de ello. Vemos letreros en los restaurantes que dicen: «Ven tal cual». Pero después tienen que corregirlos con otros letreros: «Sin zapatos y sin camisa no hay servicio». Ése es un dilema sociológico muy interesante. Creo que es ahí donde entran en juego las enseñanzas de Shambhala, señalando que la dignidad en el aspecto físico personal es muy importante.

## *Habla*

La segunda categoría es el habla y decir la verdad. La gente usa a menudo el habla como una manera de reafirmarse a sí misma en sociedad. Si uno quiere hablar con alguien que no habla su idioma, por ejemplo, a menudo le grita; o si quiere mostrar confianza durante una entrevista de trabajo, se monta su discursito –que no está necesariamente basado en la verdad–. A veces uno tiene que tergiversar la verdad para mostrarse mejor de lo que es y conseguir así un trabajo. Es comprensible, pero el punto esencial del habla es la comunicación.

En la visión del Sol del gran Este, los amigos y amigas se consideran hermanos y hermanas, así que es muy importante llevarse bien y comunicarse con ellos. Se pierde mucho tiempo callando lo que uno siente; después, el amigo está confundido y uno también. Para evitar este problema, hemos de expresar con toda libertad a nuestras amistades lo que sentimos. El habla también tiene que ver con la cordialidad. En el mundo de Shambhala se habla cordialmente, no se ladra. Eso forma parte de la dignidad tanto como tener un buen porte de cabeza y hombros. Sería extrañísimo si alguien con un buen porte de cabeza y hombros comenzara a ladrar, sería incongruente.

## *Mente*

Pasé más tiempo hablando de la primera sabiduría de la situación física. Si se trabaja con la situación corporal, el habla y la mente se darán por sí solas. La última categoría del soltar es la mente, que tiene relación con no engañarse. A veces perdemos mucho tiempo pidiendo la opinión de los demás sobre ciertas decisiones que quizás debamos tomar: «¿Debería pedirle a alguien que se casara conmigo?», «¿Debería pedirle explicaciones a esa mujer que fue tan descortés conmigo?», «¿Debería pedir a mi jefe un aumento de sueldo?». Por supuesto, si se necesita un consejo está bien pedirlo. Pero en muchas circunstancias no queremos realmente la opinión de alguien, sino que estamos simplemente expresando nuestra falta de confianza. Si confiamos en nuestra existencia estaremos libres de tal indecisión, que es una forma de ignorancia. La ignorancia es indecisa, es la incertidumbre de no saber cómo comportarnos. El único punto de referencia auténtico, en lo que concierne a la mente, es llegar a comprender nítidamente que la bondad fundamental existe en efecto. Uno puede en realidad proyectar hacia fuera esa sensación de estado meditativo carente de segundo pensamiento, destellar ese primer pensamiento libre de miedo y duda.

En ocasiones, cuando se está estudiando algo, la mente se queda en blanco y uno no puede ni pensar. Se trata del miedo a la inteligencia y el miedo a no ser capaz de articular correctamente. Uno no es un caso perdido, pero teme serlo. Hay tanto miedo a la sabiduría que la sabiduría se hace monumental. Para solventarlo, relacionémonos con nuestra situación cotidiana, comenzando por las disciplinas del cuerpo, habla y mente. Entonces empezaremos a darnos cuenta de que existe en realidad un destello de bondad en nosotros que se llama el primer punto. Este punto es el origen de la valentía. Cuando tenemos el punto, no dejamos necesariamente de tener miedo, pero por lo menos estamos *despiertos*. La bondad fundamental está ya ahí, por ello comenzamos a apreciarnos. Después, como consecuencia, comenzamos a sentirnos capaces de trabajar con los demás. De modo que uno adquiere una individualidad sin individualidad, lo que es un giro interesante.

A partir de la apreciación de esta sabiduría, este punto particular de bondad fundamental, empieza a crecer el respeto por la jerarquía. La sabiduría es auténtica y funciona, por lo que crece la lealtad a la fuente de la sabiduría, al maestro. Al darnos cuenta de que podemos de hecho impregnar a los demás con esa sabiduría, comenzamos a sentir el anhelo de trabajar con nuestros hermanos, hermanas, madre, padre y todo tipo de parientes que necesitan escuchar acerca de la bondad fundamental. No podemos ser totalmente egoístas y limitarnos a tomar la sabiduría de Shambhala para guardárnosla; eso sería casi un acto criminal. Tenemos que trabajar con los demás, definitivamente. Ésa será su carga, si la quieren aceptar. Es una buena carga, yo mismo la he llevado y continuaré llevándola hasta mi muerte e incluso pasada mi muerte. Tenemos que ayudar a los demás.

En Asia, el ideal de sociedad despierta procede de un reino mítico llamado Shambhala. Podríamos igualmente afirmar que existió una sociedad despierta cuando el Buda enseñó; cuando proclamó las cuatro verdades nobles,* acaeció la sociedad despierta. Hubo también una sociedad despierta en el Tíbet durante el reinado del rey Songtsen Gampo en el siglo VII. Se considera que Songtsen Gampo ha sido uno de los mejores monarcas tibetanos, y de los más benévolos; el mundo despierto que él organizó duró unos doscientos años. En la India, el reinado del emperador Ashoka en el siglo -III constituyó otro ejemplo de sociedad despierta.** Tuvo el propósito de extender la paz en el mundo y fue la primera persona de la historia que estableció hospitales, tanto para gente enferma como para animales. Antes de él no hubo hospitales en ningún sitio del mundo. Su idea de hospital se basaba en el ideal del *bodhisattva* de empatía con los demás y de trabajar para su bienestar. En el mundo medieval, religión y política no estaban tan separadas. Tampoco la sociedad estaba tan regulada en esos días, pero aun así tuvieron lugar estas sociedades despiertas.

La idea de decencia en el mundo medieval era muy difusa; sin embargo, en el mundo moderno la separación entre sociedad despierta y sociedad no despierta es muy nítida. Por lo tanto, la creación de una sociedad despierta (tal como la del emperador Ashoka o el rey Songtsen Gampo) en la sociedad moderna es muy posible. En el mundo medieval, casi nadie sabía leer o escribir. Hoy en día la mayoría de la gente sabe hacerlo, tenemos así acce-

* Las cuatro verdades nobles constituyen la primera enseñanza dada por el Buda tras su despertar. Son la verdad del sufrimiento, la verdad del origen del sufrimiento, la verdad del cese del sufrimiento y la verdad del camino. Un breve resumen de estas enseñanzas es que toda vida está llena de sufrimiento, que el ansia o deseo es la causa del sufrimiento, que el despertar –o cese del sufrimiento– es posible y que existe un camino o una manera para liberarse a uno mismo del interminable ciclo del sufrimiento.

** Véase, para más información, el artículo sobre Songtsen Gampo y Ashoka en el Glosario.

so a todo tipo de textos escritos y podemos compartir cosas con la gente a una escala mucho mayor. En el medievo, la gente no sufría tanto con el materialismo físico, pero la línea divisoria entre la comodidad y la incomodidad era insignificante: no había demasiada comodidad ni demasiada incomodidad; la experiencia de aquel mundo les hacía curtidos e irresolutos. Hoy en día, en casi todas las partes del mundo, la comodidad e incomodidad están mucho más diferenciadas y agudizadas. Por lo menos el sufrimiento es mucho más pronunciado, aunque el placer sea todavía vago. Hay muchas más posibilidades de enseñar a la gente la verdad del sufrimiento. Cuando se comprende esta verdad, hay más posibilidades de originar la sociedad despierta. De modo que el siglo en curso nos ofrece vívidas posibilidades.

Este aprendizaje que nos ocupa pretende fundamentalmente que trabajemos con el resto del mundo, liberar su agresión y proporcionar un mundo cordial que funcione. En gran medida, depende de su participación individual el que pasen del mundo del sol poniente al mundo del Sol del gran Este y se conviertan en personas hechas y derechas del Sol del gran Este. La definición de Sol del gran Este tiene tres partes:

- *El que irradia confianza apacible:* El Sol del gran Este irradia la confianza pacífica de la no agresión.
- *Iluminar el camino de la disciplina:* Hemos hablado ya de ello: saber qué aceptar, qué rechazar y aprender a cultivar la disciplina y la sabiduría conjuntamente.
- *Soberano eterno de los tres mundos:* Esto tiene que ver con la idea de que uno no puede esconderse de la luz. Si formas parte del reino vegetal –digamos que eres una flor– y quieres crecer, entonces siempre necesitas que el sol sea tu rey. La soberanía o gobierno de nuestro mundo también tiene que ver aquí con cultivar la sabiduría del cuerpo, habla y mente. Ésos son los tres mundos. Gobernar también incluye la idea de unir el cielo y la tierra para que el mundo sea un mundo único.

Cuando se enseña la verdad, mucha gente se siente amenazada, por lo que, en muchos casos, la verdad se enseña con disculpas. Sin embargo, en nuestra presentación de las enseñanzas de Shambhala, estamos diciendo la verdad sin pedir disculpas –verdad sin disculpas y con dignidad y honestidad, de principio a fin–. Estoy tan orgulloso y contento de que la gente pueda responder a la verdad *real*, sin filosofías, sin necesidad de arengas; ¡es inaudito!; me siento muy honrado. Supongo que deberíamos estar agradecidos al mundo del sol poniente porque hemos tenido que contrarrestar el mucho poder que ha tenido en nuestras vidas con el descubrimiento de estas posibilidades de Sol del gran Este.

En lo que a mí concierne, estoy intentando ser fiel a la educación que he recibido, la que corresponde a un caballero tibetano cuya preocupación única es ayudar a los demás. Cuando llegué a este país* en 1970, conocí gente muy inteligente. Al mismo tiempo, eran muy incautos y estaban dispuestos a tragarse cualquier historia espiritual. Así pues, lo primero que les dije fue: «Por favor, sean críticos; intenten fomentar la inteligencia crítica». Se trata de la noción de materialismo espiritual. Escribí un libro con ese título,** dirigido a ayudar a la gente a darse cuenta de que uno no sigue sin más cualquier enseñanza espiritual. Eso se había convertido en un problema que había creado una impurificación tremenda en el mundo espiritual estadounidense.

Además, por supuesto, tenemos el materialismo físico, que no se mencionaba en particular en ese libro, pero *sí* que lo mencionamos ahora. Tenemos que superar el materialismo físico: la creencia de que la riqueza o las posesiones aliviarán nuestro sufrimiento y nos harán felices. Esto es, fundamentalmente, de lo

* Estas conferencias se dieron en los EE. UU., así que todas las menciones a "este país" en este y otros capítulos se refieren a los EE. UU. *(N. del T.)*

** *Más allá del materialismo espiritual* se publicó en 1973 en inglés (Shambhala Publications) y en 1985 en castellano (Edhasa, Barcelona).

que hemos estado hablando aquí: cómo reeducarnos y cómo reprimir, muy llanamente, el materialismo físico.

Por tanto, en mi trabajo con los estudiantes del mundo occidental he estado presentado dos mensajes complementarios: el primero sirve para aprender a superar el materialismo psicológico y espiritual y el segundo para superar el materialismo físico. El primer mensaje está concebido para ayudar a que las personas se hagan practicantes auténticos en el mundo budista y el segundo para ayudar a que las personas superen el materialismo físico propiamente dicho practicando las disciplinas del cuerpo, habla y mente y se conviertan así en guerreros del mundo despierto de Shambhala. Espero que consideren el mundo de Shambhala como una gran familia, están todos invitados a unirse a ella. En el mundo budista, hablamos acerca de unirse a la familia de los que han despertado; aquí hablamos de unirse a la sociedad despierta. Damos la bienvenida a todo el mundo.

# EL PUNTO PRIMORDIAL

## 4. EL ESTORNUDO CÓSMICO

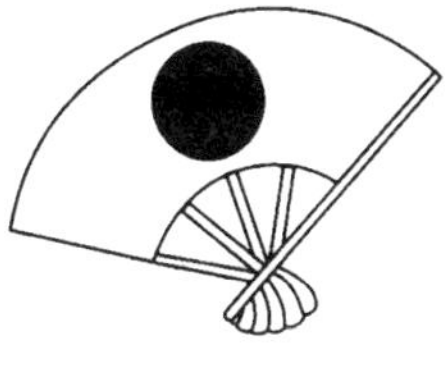

*Dondequiera que haya una encrucijada en nuestra experiencia, ahí ocurre el punto primordial. Antes de que nuestra experiencia sea de calor o frío, buena o mala, hay una encrucijada donde ocurre el punto primordial. El punto primordial no se inclina hacia aquello o hacia esto, por eso es incondicionado. Es lo peculiar en la existencia del ser humano y el reto del corazón humano. Antes del reto, ahí está. Es como escuchar una gran detonación, como la explosión de un cañón. Escuchas la explosión e inmediatamente te preguntas si esa explosión va a matarte o a festejar contigo. Nunca se sabe; normalmente ni una cosa ni la otra, es solo una gran explosión.*

Los seres humanos tenemos un vínculo muy fuerte, una conexión tremenda entre nosotros. Una vez que hemos hecho el descubrimiento fundamental de que somos seres humanos decentes, estamos listos para un descubrimiento más. Tanto si ya hemos salido como si todavía tenemos que salir de la enfermedad y las situaciones degradadas del sol poniente, estamos listos para descubrir la visión del Sol del gran Este.

El aprendizaje de Shambhala es un estudio de situaciones culturales, no en el sentido de estudiar otro lenguaje u otro estilo de vida, sino en el de aprender a comportarse como seres humanos. Estamos dotados de cabeza y hombros, estamos dotados de sentidos y de inteligencia; podemos ocuparnos de nosotros mismos y podemos comunicarnos con los demás. Estamos adornados con un cerebro y un corazón, así podemos ser inteligentes y, a la vez, suaves y cordiales. Somos capaces de ser duros y somos capaces de ser blandos. Somos capaces de estar contentos y somos capaces de estar tristes.

A menudo no le damos importancia a estos atributos humanos, es posible que incluso pensemos que son un estorbo. La gente habla frecuentemente de intentar reprimir sus lágrimas, pero como seres humanos deberíamos enorgullecernos de nuestra capacidad de ponernos tristes y contentos. No debemos ignorar el valor inapreciable de nuestro nacimiento ni dejar de prestarle la debida atención. Es extremadamente inapreciable y muy poderoso. No podemos pasar por alto nuestra capacitación humana fundamental. Sin embargo no es ningún regalo, ni tampoco el mero producto de nuestros esfuerzos. Es simplemente la existencia fundamental que está contenida en nosotros. Se conoce como el punto primordial.

El punto primordial es la pureza y bondad fundamentales que todo el mundo posee. Es incondicionado, por ello se llama *primordial.* No le afectan las manchas de las tendencias habituales ni la manera en que se nos ha educado; no le afecta la manera en que nos han criado cuando éramos niños ni las pruebas y yerros de las batallas de la vida cotidiana. El punto primordial es el origen de todo y por ello no tiene origen. Podemos decir bastante tranquilamente que no podemos afirmar qué fue primero, si el huevo o la gallina. En este caso podemos decir que ninguno de los dos. El punto no es ni siquiera el uno, es el cero.

Tenemos que aprender a pensar de otro modo. Dense cuenta de que las cosas no son siempre creadas, de que en el fondo no hay artífice. Creo que éste es un prejuicio teísta que algunos de ustedes pueden tener, si se me permite decirlo. Sin embargo, *hay* situaciones que no son creación de nadie. Cuando intentamos describir este punto, tenemos que decir algo acerca de él, lo que hace parecer que existe en efecto; pero incluso la palabra *existencia* es inapropiada. Por eso decimos que el punto es incondicionado. Sobrepasa lo concebible, es anterior a cualquier posible concepción de *yo* y de *soy*. Este punto primordial *es*, fundamentalmente, es puro y por lo tanto es *bueno*. *Bueno* aquí se refiere a la bondad incondicionada, más allá de lo bueno y lo malo, lo mejor y lo peor. Hay una situación única e inusual, nueva, fundamental y nuestra, que es la esencia de la condición de guerrero, la esencia del ser humano: la bondad primordial incondicionada.

Lo llamamos "punto" porque ocurre de modo muy abrupto en una situación, de repente. No puede detectarse gracias al examen científico o a una máquina de rayos alfa. Es simplemente un punto que siempre ocurre. El punto ocurre en la incertidumbre. Si uno está conduciendo deprisa y ve un cruce que se le viene encima y vacila porque no sabe hacia dónde ir, en ese momento hay un vacío y el punto ocurre. Después viene la elaboración: «Tuerce a la derecha», «Tuerce a la izquierda», «Tendré que arriesgarme». El punto ocurre cuando uno está triste y se pregunta: «¿Se me saltarán las lágrimas o podré reprimirlas?». El punto ocurre cuando vemos a alguien: «¿Debo fruncir el ceño o sonreír?». En esa indecisión ocurre el punto; así es la condición humana. El punto no te dice qué hacer exactamente.

En la encrucijada entre esto y lo otro, la condición humana se expresa como un reto. Por lo tanto, se ha afirmado que este punto primordial es el origen de la intrepidez y también del miedo o pavor. A veces vemos que el punto nos deja aterrorizados sin razón alguna, otras nos hace sentir casi como héroes. Nunca se sabe de dónde viene el miedo o el coraje. Es casi una experiencia del tipo que tiene un niño pequeño y no algo metafísico o condicional. Es algo tan simple como meterse en la ducha y encontrar que el agua está fría o caliente. La temperatura del agua no es el estado mental. Una ducha fría es una ducha fría, una ducha caliente es una ducha caliente. ¿De dónde vino? Es algo muy inmediato. La bondad incondicionada, el punto primordial, está libre de cualquier neurosis. Es doscientos por ciento verdadero. ¡Así es! Hace calor o hace frío, lo que no es para nada un producto de la neurosis.

Lograr dilucidar sobre qué estoy hablando usando la lógica será casi imposible. Examinen la inconstancia de la mente, agitada como una bandera en una vendaval. Se tiene una parada repentina y el punto primordial surge en forma de confirmación, indecisión o lo que sea. Es como en la marcha militar, donde el sargento a cargo de la instrucción grita: «¡Compañía!...»; ahí ocurre el punto primordial. Después el sargento puede que diga: «¡Variación izquierda!, ¡ar!», lo que es posterior al hecho. Podría ser cualquier orden: «¡Compañía!... ¡Firmes!» «¡Compañía!... ¡Alto!»

El punto primordial ocurre cuando suena el gong al comenzar la práctica sentada de meditación y al concluirla. Cuando estás a punto de beber una taza de café por la mañana y te preguntas si estará lo suficientemente dulce o tendrá suficiente leche, si estará caliente o frío, según aproximas la taza de café a tu boca y tus labios tiemblan y sobresalen para tocar la taza de café, en ese mismo momento ocurre el punto primordial; que es la esencia del ser humano y del guerrero.

Dondequiera que haya una encrucijada en nuestra experiencia, ahí ocurre el punto primordial. Antes de que nuestra experiencia sea de calor o frío, buena o mala, hay una encrucijada donde ocurre el punto primordial. El punto primordial no se inclina hacia aquello o hacia esto, por eso es incondicionado. Es lo peculiar en la existencia del ser humano y el reto del corazón humano. Antes del reto, ahí está. Es como escuchar una gran detonación, como la explosión de un cañón. Escuchas la explosión e inmediatamente te preguntas si esa explosión va a matarte o a celebrar contigo. Nunca se sabe; normalmente ni una cosa ni la otra, es sólo una gran explosión.

El punto es el comienzo. ¿Pueden pensar en otros modos de describirlo? ¿Plas? ¿Zas? ¿Pumba? Cualquiera de ellos puede servir, *a posteriori*. Es sólo un punto, un mero *toque*. Es como decir: «¡Ahora!». Sobre todo en nuestro idioma: *¡ahora!, ¡aquí!* Podemos decir "punto" o decir "¡bum!" si preferimos. Visualmente es un punto, auditivamente puede que sea una explosión. Es rápido, claro y preciso. Si nos remontamos a la tradición budista, encontramos el término *bija*, que significa "palabra puntual". *Om, ah* y *hum*, por ejemplo, son lo que se llaman *bija-mantra*. Un punto así, un bija, es onomatopéyico, igual que un grito o que un estornudo cósmico. Confiar en que dicho punto primordial existe efectivamente en nosotros no es una cuestión de fe. No se trata de algo que le han enseñado a uno y entonces se lo cree. En este caso es que la experiencia es así y, por tanto, se puede confiar en ella. Se trata siempre de un punto, siempre. No se pueden tener varios puntos porque de ese modo se convertiría en un punto relativo.

Una vez que se ha tenido la experiencia del punto primordial, uno puede incluirla en su práctica de guerrero de Shambhala. Cuando se une el punto con la práctica, entonces se sabe cuál es la mejor manera de conducirse. El punto primordial es la esencia o la fuerza, pero por sí solo no es especialmente útil o dañino; es sólo potencial. Uno tiene sus entrañas, uno tiene su corazón, su cerebro, y se pregunta: «¿Qué puedo hacer con un cerebro tan fantástico, con este corazón excelente, con estas entrañas excelentes?». No se puede hacer mucho si no se tiene un camino o itinerario a seguir. Ahí es donde entran en juego el ayudar a los demás y el cultivarse a sí mismo. Cuando se tiene un anhelo, una actitud de empatía hacia sí mismo y los demás, y una disposición para llegar a ser auténtico, entonces el punto primordial se convierte en un punto primordial condicionado en cierto modo. Entonces se tiene un camino, un itinerario.

El camino y la práctica del aprendizaje de Shambhala consisten en saber cultivar el punto primordial como una situación creativa. No deberíamos decir exactamente "cultivar" el punto. Podemos decir que *tenemos* el punto, por eso lo aprovechamos. No podemos cultivarlo realmente, ya fue cultivado hace mucho tiempo. Lo tenemos, así que se trata de qué vamos a hacer con él. Cuando abrimos los ojos, lo primero que vemos es el horizonte, la luz. Análogamente, una vez que hemos experimentado el punto sentimos una brisa de aire fresco y podemos proceder. Gracias al proceso de formación subsiguiente, el primer punto se hace útil como una manera de despertarse a sí mismo y de despertar a los demás.

Confiar en el punto significa realmente tener que entablar amistad con una situación incondicionada. Intensifica el propósito de salvarse a sí mismo, y salvar también a los demás, de la desgracia, la confusión y la oscuridad. Es como la intención budista del *bodhisattva* de ser benevolente y ayudar a los demás. Para hacerlo hay que creer en la libertad, la liberación. No hay nadie que no vea en absoluto el punto primordial, eso es imposible. Todo el mundo vislumbra ese punto primordial, aunque sea sólo brevemente; de modo que nadie es un caso perdido. Es nuestra obligación darnos cuenta de ello. El punto es potencial, el potencial de hacer *cualquier cosa*. La libertad es el camino, trabajar con el punto y poner en práctica ese potencial. *Liber* es la experiencia pura del punto y *tad* es la acción que surge de ella. *Liber* es la primera ráfaga, el primer pensamiento, y después viene *tad* como segundo pensamiento. Los principios guerreros de autenticidad, decencia y bondad, junto al porte excelente de cabeza y hombros, nos conducen a trabajar con los demás. La bondad fundamental aquí ya no es una teoría o un concepto moralista, sino experiencia inmediata y personal. Por ello podemos confiar en liberar el mundo del sol poniente por completo.

Como el punto primordial está libre de cualquier tipo de prejuicios, es candoroso, podemos establecer una relación con la gente, incluyéndonos parte de ella. Según vamos progresando más y más, nos damos cuenta de que lo que se nos está enseñando es muy real, de que es algo mucho más próximo a la realidad verdadera. Quizá en un principio hubo cierto fingimiento o artimaña cuando usábamos nuestra aspiración para elevar nuestro potencial de guerreros pero, según vamos progresando, somos testigos de una magia real que consiste en mostrarnos como somos: nos merecemos ser seres humanos. Entonces ya no podemos nunca más recostarnos y decir: «¡Qué alivio! Ahora que he escuchado hablar acerca del punto primordial, puedo relajarme», sino que queremos abrirnos. Crece la aspiración de trabajar con los demás; nos ofrecemos a cambiar pañales, recoger la basura, limpiar, hacer de taxistas: a trabajar para servir a la humanidad.

Ustedes probablemente saben, mejor que yo, que este mundo necesita una gran ayuda. Todo el mundo tiene dificultades. A veces pretenden que no las tienen, pero aún así hay mucho dolor y muchos apuros. Todo el mundo, cada minuto, está siendo torturado y sufriendo tremendamente. No deberíamos simplemente ignorarlos y salvarnos a nosotros mismos solamente, eso sería un crimen tremendo. De hecho, *no podemos* salvarnos sólo a nosotros mismos, porque nuestros vecinos están gimiendo y plañendo por todas partes. De modo que incluso si pudiéramos salvarnos a nosotros mismos, no tendríamos un sueño apacible porque el resto del mundo nos iba a despertar con su dolor.

No veo ningún problema en especial a la hora de trabajar con los demás. Adelante sin más, pongan más empeño. A veces uno encuentra que no le gusta alguien con quien tiene que trabajar, pero si mira detrás de la apariencia externa verá que esa persona tiene, de hecho, mucho encanto. Ciertamente todos poseen el punto primordial. Cuando hablamos con ellos por vez primera, es posible que nos caigan fatal y nos irriten, no los tocaríamos ni con una vara de tres metros. Pero la vara se va acortando poco a poco, comenzamos a replantearnos el asunto y puede que hasta nos empiecen a caer bien. De lo que se trata aquí es de que tenemos que esforzarnos más y entonces no hay ningún problema.

Quizás nos encontremos trabajando con alguien que no es en absoluto de fiar, pero eso no importa. La confianza comienza confiando en uno mismo, en su punto y su compromiso. Hay que esforzarse para ayudar a los demás y hacerlo sin escrúpulos, sin siquiera usar guantes de plástico para limpiar sus vómitos. No somos como el encargado de personal que entrevista a posibles empleados para decidir a quien contratar, sino que vamos a trabajar con los demás independientemente de lo fácil o difícil que sea. Ése no es nuestro punto de referencia porque se trata de ser claros y ordinarios con todo el mundo, uno mismo y los demás. Cuando hablamos de trabajar con los demás, nos estamos refiriendo en primer lugar a trabajar con *nosotros mismos*. Si estamos listos para trabajar con los demás, no importa *quién* aparezca en nuestro mundo. Hay que hacerlo, se puede hacer y se debe hacer porque tenemos esa tendencia particular que se conoce como bondad fundamental. Tenemos ese primer pensamiento para iluminar la situación, estamos muy bien equipados para ayudar a los demás.

Para tener confianza en la libertad, o liberación, hay que tener convicción en nuestro punto primordial. La experiencia del punto primordial también produce impenetrabilidad, así no nos ponemos tan contrariados por el dolor del mundo que llegue a paralizarnos. No nos derrumbamos completamente, sino que mantenemos nuestro porte de cabeza y hombros para ser capaces de ayudar a los demás. El método práctico para llegar a todo esto es sentarse a hacer la práctica de meditación. Sin la experiencia de la práctica puede resultar difícil comprender lo que estoy diciendo. La práctica de meditación puede ser útil para comprender el propósito y los motivos de nuestra existencia en el mundo. La práctica servirá para responder a algunas de esas preguntas, aunque se quedarán también muchas preguntas sin responder. Ese terreno en el que las respuestas y la incertidumbre se juntan será nuestra base de trabajo.

# 5. DISCIPLINA EN LAS CUATRO ESTACIONES

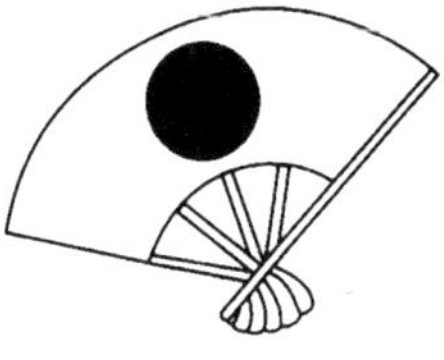

*Hay una época para el retraimiento, hay una época para la apertura, hay una época para la celebración, hay una época para ser prácticos y provechosos. La jerarquía natural básica funciona de esa manera, y la visión del reino de Shambhala se basa en esos principios.*

La idea shambhaliana de la renuncia consiste en estar libre de toda pereza. Cuando los estudiantes de Shambhala sienten que tienen que estar atentos veinticuatro horas al día, a veces desearían poder tomarse un pequeño descanso de vez en cuando y darse simplemente el gusto de soltarse en el sentido negativo. A veces piensan: «¡Qué tiempos aquellos en los que lo pasaba tan bien y era capaz de hacer cualquier cosa! ¡Podía incluso enorgullecerme de degradarme a mí mismo!». Esa tentación de rebajarse hasta el grado infrahumano es a lo que se renuncia.

Ya hemos hablado acerca de la importancia de trabajar por los demás. Trabajar por los demás nos inspira a trabajar más en nosotros mismos renunciando a la neurosis del sol poniente. Entonces, que los demás den rienda suelta a la neurosis ya no es nunca más nuestro punto de referencia o tentación. Como ya tenemos cierta comprensión de nuestra bondad fundamental, hemos adquirido alguna protección que evita que descendamos a los mundos inferiores.* Además, una vez que hemos tenido la experiencia del punto primordial, sabemos que estamos bien preparados para trabajar con nosotros mismos y con los demás. No obstante, estar atento y alerta todo el tiempo es bastante difícil, así que puede que haya tentaciones. La renuncia es por lo tanto algo fundamental. Sin embargo, la renuncia no consiste en volver a una zona gris sino que es una celebración, es la experiencia del disfrute de la bondad fundamental. Esto es lo que produce renuncia.

Hay un dolor tremendo, autodestructivo y perpetuo cuyo origen radica en no comprender el mundo del sol poniente. La lógica del sol poniente se basa, aparentemente, en el cultivo del placer. Pero el resultado final es que, en ese cultivo aparente del placer, uno acaba con su parte de dolor. La perspectiva del sol poniente se basa en dar rienda suelta a las percepciones sensoriales. Consiste en ser despreocupado y descuidado, lo que es producto de la excesiva riqueza, pobreza o la simple desatención. Movido por la desesperación, uno corre a la galería de juegos más próxima, para abandonarla con una cara larga. Nada le ha divertido realmente, y uno se marcha sintiéndose desilusionado. La tradición budista se extiende mucho en la naturaleza del *samsara,* o existencia condicionada, y en cómo dar rienda suelta al ego e intentar glorificarse produce más dolor en vez de placer, del tipo que sea. Es por tanto absolutamente necesario estudiar el planteamiento del sol poniente, pues conocerlo forma parte del cultivo de la renuncia. Comprender el sol poniente produce una mayor inspiración para trabajar con los demás, a la vez que nos conecta más con el punto primordial.

Por medio de la práctica de meditación sentada, la persona

* En el budismo, los tres periodos existenciales gobernados por la agresión, la pasión y la inconsciencia. *(N. del T.)*

se adiestra bien en la atención y el darse cuenta del día a día. Uno se vuelve muy agudo y preciso, está naturalmente alerta y es muy enérgico e inquisitivo. Llega a tener una comprensión clara de la neurosis del sol poniente; su falsedad queda al descubierto, pero no crece por ello el resentimiento propio de la gente del sol poniente. No se trata de mostrarse superior a los demás, sino más bien de alcanzar a tener una comprensión del mundo del sol poniente y un deseo de trabajar con él. Al trabajar con los demás y con uno mismo, hay que estar dispuesto a mojarse el culo; uno está dispuesto a saborear toda la situación. Es como ser un médico. Un médico no tiene que contagiarse de las enfermedades de sus pacientes para ayudarles y, al mismo tiempo, está dispuesto a examinarles de arriba abajo, a entrar dentro de ellos para encontrar su enfermedad e intentar curarla.

Podría haber riesgos, por supuesto. No se adopta la visión del sol poniente ni se involucra uno en su complacencia pero, por otro lado, tampoco se vuelve uno arrogante y dice: «Somos la gente del Sol del gran Este y no queremos saber nada de ti». Ver cómo puede surgir la arrogancia mientras se está trabajando con los demás produce una sensación de humildad. La humildad, llanamente, es la ausencia de arrogancia. Cuando no hay arrogancia, uno se relaciona con su mundo de igual a igual, sin engreimiento, y entonces puede producirse un intercambio auténtico. Nadie está usando lo que tiene que decir para menospreciar a otro, ni nadie tiene que descender o subir al nivel de la otra persona. Todo está al mismo nivel.

La humildad en la tradición de Shambhala incluye también cierto aspecto lúdico o sentido del humor. Al principio, comunicarse con alguien puede resultar insulso, pero el sentido del humor en la relación está siempre acechando a la vuelta de la esquina. En vez de abordar las cosas fríamente, quizás se deba examinar en todas direcciones para ver si hay algo chispeante con lo que nos podamos comunicar. La humildad es aquí por tanto ligeramente diferente que en la tradición católica. En la mayoría de las tradiciones religiosas, uno se siente humilde por miedo al castigo, al dolor y al pecado. En el mundo de Shambhala uno se siente pletórico, se siente bien, sano. De hecho, se siente orgulloso y, por tanto, siente humildad. Ésa es una de las contradicciones de Shambhala o, podríamos decir, dicotomías.

La humildad real es autenticidad. No es ni siquiera honestidad, pues ésta implica una salida del castigo o de la negatividad: uno ha sacado la carta del engaño, la ha puesto en su bolsillo y ahora sacará otra carta, la de la honestidad. Pero sólo hay una autenticidad, que consiste en ser uno mismo al máximo. La disposición a trabajar con los demás es lo que se conoce como *conciencia discriminadora* o *prajñá* en la tradición budista. Es la idea fundamental de la perspicacia. *Discriminadora* no se refiere aquí a aceptar lo bueno y rechazar lo malo, sino a ver la luz y la oscuridad, los estados de existencia disciplinados e indisciplinados, con mucha claridad. Eso hace que uno sepa qué aceptar y qué rechazar en su existencia personal. Por ejemplo, no se complacería al estilo del sol poniente, lo evitaría y adoptaría el estilo del guerrero del Sol del gran Este. Pero la disciplina de la aceptación y el rechazo no es el producto del gusto y del desagrado.

La renuncia nos proporciona un espacio abierto inmenso. Nos muestra cómo conducirnos y cómo saber llevar la dicotomía y la paradoja. Está, por un lado, el sabor único: tenemos que lanzarnos al mundo y trabajar con la gente, sacrificándonos tanto como nos sea posible. Por otro lado, tenemos que quedar limpios. No hay ninguna contradicción fundamental, en absoluto, siempre y cuando nuestra táctica, o primer pensamiento, esté en contacto con el punto primordial. Por medio de la manifestación del punto en el recorrido del guerrero, adquirimos la disciplina natural que nos muestra cómo permanecer despiertos, claros y elegantes. Adquirimos un coraje tremendo, que denominamos intrepidez. Después somos capaces de trabajar con los demás y manejar el mundo del sol poniente.

El guerrero fracasado no existe, no hay tal cosa: o bien se es un guerrero, o bien un cobarde. Cuando el guerrero fracasa, lo que le rodea le aterroriza cada vez más y cesa de ser un guerrero. Tiene incluso miedo de su propia espada. Por otro lado, el hecho de que al guerrero no le salgan bien las cosas es el peldaño para descubrir aún más valor. La cobardía proporciona todo tipo de retos. Cuando uno se convierte en guerrero, la intrepidez es su primer descubrimiento. Más tarde descubre la barricada inmensa de la cobardía, se siente aterrorizado y quiere salir corriendo. Llegado ese momento, el guerrero o guerrera debería percatarse de su naturaleza intrépida y pisotear ese problema. En lugar de asustarle, la cobardía se convierte en un peldaño. Así es cómo se hace un guerrero a partir de un cobarde.

Comprender que la sabiduría de Shambhala no es meramente el resultado de la concepción humana da pie a una mayor humildad. El mundo de Shambhala se descubre respetando la ley de la naturaleza. Es posible que nos quejemos del calor del verano y del frío del invierno. Sin embargo, en el fondo aceptamos que tiene que haber verano, invierno, otoño y primavera. De igual modo, la jerarquía natural existe. El liderazgo forma parte del principio de la jerarquía. Sentimos agradecimiento porque la sabiduría está a nuestro alcance. Nos sentimos muy afortunados de ser estudiantes de la disciplina de Shambhala y tener una relación con un maestro, así como de descubrir la jerarquía humana. Podemos participar en el mundo de Shambhala, podemos disciplinarnos, podemos recibir las enseñanzas que ofrece un maestro concreto. Ese tipo de situación jerárquica natural casi se percibe como si estuviera organizada por las cuatro estaciones.

Después de todo un invierno llega la primavera. Las cosas comienzan a deshelarse y podemos agradecer las brisas cálidas de la estación. Más tarde, cuando las plantas y las flores comienzan a brotar, empezamos a apreciar el caluroso verano, con su lluvia, sus tormentas y sus aguaceros. Después, si nos recreamos en exceso, está el otoño que restringe nuestra recreación estival: tenemos que recoger el grano para sobrevivir el resto del año. Más tarde, tras haber trabajado duramente recogiendo las cosechas en el otoño, el último calor del verano se convierte de nuevo en el frío invernal. A veces hace demasiado frío, pero aún así es provechoso ver los carámbanos, los copos y la nieve profunda. Nos hacen replantearnos nuestra vida. No obstante, el invierno no nos encarcela eternamente; la primavera llega de nuevo y, tras ella, la vuelta del verano, otoño e invierno se repite otra vez.

Las cuatro estaciones tienen una jerarquía natural de restricción, apertura, celebración y sentido práctico, seguidas de restricción otra vez. Podríamos referirnos igualmente, de hecho, al funcionamiento de los gobiernos o de cualquier organización. Las organizaciones tienen que tener la restricción de una situación tipo invernal. En nuestra organización Shambhala, por ejemplo, cuando nos sentamos en nuestro *zafú*, nuestro cojín de meditación, es posible que nos duelan las piernas y la espalda. Hay una especie de crudo invierno ocurriendo ahí sobre el cojín, pero proseguimos en cualquier caso. Después, tras la sentada, quizá nos reagrupemos para un debate y comencemos a deshelarnos. Tenemos ahí la primavera desentumeciendo la rigidez de la espalda y el dolor de las piernas. Después tenemos una celebración estival compartiendo nuestra sabiduría y trabajando en proyectos. Tras la celebración del verano, repasamos lo que hemos hecho y cómo nos hemos comportado, que es el aspecto fructífero del otoño. Estamos muy ocupados con nuestras evaluaciones y nos sentimos tan bien hasta que, finalmente, hemos vuelto a nuestro cojín invernal.*

* El autor está describiendo la manera en que un curso típico en un centro de práctica de Shambhala puede incluir estos diferentes aspectos de las cuatro estaciones. Podría estar describiendo el Aprendizaje Shambhala u otros programas patrocinados por la organización Shambhala. Sin embargo, pueden aplicarse estos principios al funcionamiento de cualquier organización o gobierno, como señala a continuación.

Hay una época para el retraimiento, hay una época para la apertura, hay una época para la celebración, hay una época para ser prácticos y provechosos. La jerarquía natural básica funciona de esa manera, y la visión del reino de Shambhala se basa en esos principios. En contrapartida, una sociedad democrática votaría "no" al invierno si pudiera. Quizá algunos sistemas políticos no quieran tener más que invierno o, para el caso, primavera, verano u otoño. Obviamente, no están cambiando literalmente las estaciones, menos mal. Pero se han organizado sociedades enteras sin tener en consideración la ley u orden natural y el resultado es el caos total.

Al principio, el comunismo intentó mantener la restricción invernal durante todo el año, juntándolo con la productividad del otoño. Cuando esas primeras sociedades comunistas comenzaron a producir más bienes materiales, se quiso tener el verano durante todo el año. Los países capitalistas, tales como los de la esfera estadounidense, quieren tener una celebración estival permanente con un toque de productividad otoñal. Es posible que otros sistemas políticos liberales, parcialmente de izquierdas o de derechas, puedan querer el proceso de deshielo primaveral todo el tiempo. En esa situación, la sociedad se ocupa de todo, por lo que hay indicios de una celebración estival venidera, pero fundamentalmente el punto de referencia se deriva de apartarse de la crudeza invernal. En ciertas ocasiones cualquiera de esos sistemas funciona, del mismo modo que cada una de las cuatro estaciones funciona durante un periodo del año. Pero ninguno de esos sistemas funcionaría durante toda una década, ni siquiera durante todo un año.

La jerarquía del orden natural consiste en que los seres humanos deben disfrutar lo que tienen y recibir lo que se merecen, animándoles a crecer a la vez. No se puede ser un niño o un adolescente durante el resto de la vida. De modo que la jerarquía natural también tiene que ver con la renuncia, en el sentido de que uno tiene que *someterse* a algún tipo de disciplina. También tenemos que trabajar con las cuatro estaciones de un modo muy literal. A algunas personas que les gusta el verano les parece una gran idea irse en avión adonde quiera que sea verano. Cuando empieza a hacer mucho frío en el norte se van a pasar el invierno al sur y cuando empieza a hacer mucho calor en el sur se vuelven al norte. Ésa es la táctica del diletante o el nuevo rico. Según los principios shambhalianos, tenemos que estar profundamente enraizados en la tierra, quedarnos donde estamos y trabajar con lo que tenemos.

Con relación a la sabiduría de la conciencia discriminadora,* en la tradición de Shambhala valoramos nuestro oficio, nuestra profesión, porque pone de manifiesto nuestra capacidad singular. Es nuestra fuente de ingresos o medio de vida y también la manera en que nos relacionamos con los que nos rodean, así que no cambiamos de profesión constantemente, sino que nos quedamos con lo que hacemos mejor. Si se es una escritora, se sigue siéndolo; si se es un joyero, se sigue siéndolo; y si se es un actor, se sigue siendo actor. Estamos orgullosos de nuestros recursos individuales, que provienen del punto primordial. Se nos han dado ciertas capacidades y medios para expresarnos. Nacimos o nos despertamos con ciertas capacidades particulares y nos quedamos con ellas.

En cierto modo, esto exige una gran renuncia. Es muy tentador cambiar de ocupación de vez en cuando. Cinco años de esto, seis de lo otro, diez de esto, tres de lo otro, esto y lo otro, lo otro y esto. Si uno se empeña en seguir esa mentalidad hasta el enésimo grado, puede acabar viviendo en una maleta, yendo a todas partes de aquí para allá, sin llevar nada a término y conociendo a tantas personas que cuando más adelante uno les escribe ya no recuerdan su nombre. Uno se convierte en un vagabundo en el mal sentido de la palabra, a diferencia

* En este capítulo y en el siguiente, el autor menciona dos de las cinco sabidurías del budismo tántrico: la sabiduría de la conciencia discriminadora y la sabiduría especular. Las otras tres son: la sabiduría del espacio que todo la abarca, la sabiduría de la ecuanimidad y la sabiduría que realiza todas las acciones. *(N. del T.)*

del vagabundo monástico o mendicante. En vez de eso, uno ha perdido su sustento y no tiene ninguna clase de oficio real.

El mundo del sol poniente promueve eso. Si uno se da de bruces con una oportunidad financiera y tiene un poco de suerte, puede hacer millones de dólares en unos pocos años. Así se adquieren muy malos hábitos. Más adelante se cae en una depresión tremenda porque la economía ha cambiado y el mercado de nuestro producto ha desaparecido, se dedica a otra cosa. O a alguien se le ocurre una idea mejor que la nuestra y los millones de dólares vuelan, nos quedamos sin blanca y con la moral por los suelos; nuestra actitud de guerrero desaparece. Se vuelve entonces al punto de partida y tratamos que se nos ocurra otra buena idea. Ya estamos tan mal acostumbrados que si seguimos así no llegaremos a ser nada más que un fantasma hambriento* en un mundo degradado.

Es posible, por supuesto, que uno sea capaz de seguir reproduciendo sin problemas su mundo, haciéndose más y más rico. Pero, a la vez, se va perdiendo la dignidad. Uno no tiene respeto por sí mismo ni valora el carácter sagrado de la existencia y se hunde aún más en el suelo, hora a hora, mes a mes. La tensión y la depresión de ser demasiado rico hace que se envejezca muy rápidamente. Deberíamos percatarnos y reconocer esas tendencias del sol poniente. Si respetamos la jerarquía natural, hallaremos que hay un orden y una especie de autogobierno que permite que ni nos excedamos ni dejemos de excedernos, y que nos abramos y nos expongamos a nuevas situaciones y nos disciplinemos a fondo.

ESTUDIANTE: Me preguntaba si el gobierno de Shambhala tendría una constitución.

* Según el budismo, los fantasmas hambrientos habitan uno de los tres mundos inferiores, el que se caracteriza por el deseo insaciable. Los otros dos mundos inferiores están habitados por los animales –caracterizados por la inconsciencia– y los seres infernales –cuya existencia está marcada por la agresión *(N. del T.)*

DORJE DRÁDUL DE MUKPO: Efectivamente, hay una constitución. Si se estudian las cuatro estaciones, se verá que tienen una constitución muy complicada. Si uno estudia la mente humana encontrará su constitución. La psicología budista, o *abhidharma,** nos ofrece una descripción muy complicada del funcionamiento de la mente y de los remedios que pueden usarse en diferentes planos mentales. Sin embargo, en el mundo de Shambhala, la constitución no parece ser lo más importante. Lo más importante es la organicidad natural de la situación.

ESTUDIANTE: ¿Por tanto la situación determina la forma, en vez de intentar amoldar la sociedad dentro de una forma?

DORJE DRÁDUL DE MUKPO: Correcto. Así es en gran medida. Por ejemplo, esta noche necesitábamos tener aquí las luces encendidas. Si no las hubiéramos encendido habría demasiada oscuridad como para dar una conferencia. Pero no vamos todos a la vez al interruptor, sino que designamos a alguien para encender las luces. Estamos todos de acuerdo en que es de noche, en que hay demasiada oscuridad para dar una conferencia en esta sala y necesitamos luz. Entonces se le encarga a alguien que vaya al interruptor y encienda las luces. Ahí tienes la constitución que buscabas.

* El *abhidharma* (literalmente "enseñanza especial") constituye la recopilación más antigua de la filosofía y psicología budistas. Es una codificación e interpretación de los conceptos que aparecen en los discursos del Buda y de sus principales discípulos.

# 6. LA SABIDURÍA ESPECULAR

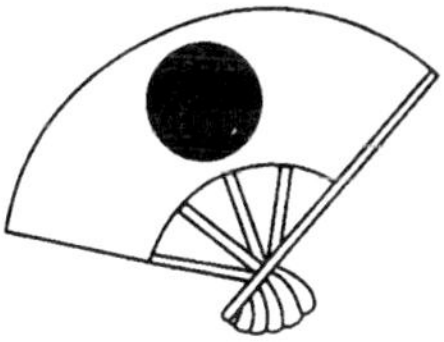

*Al llegar al mundo occidental, conocí a quienes construyen los relojes, grandes y pequeños, y a quienes construyen otras maquinarias que hacen cosas maravillosas, como los aviones o los automóviles. Resultó que no había demasiada sabiduría en Occidente, aunque hubiera muchos conocimientos.*

Nuestra tema principal sigue siendo el punto primordial. Desde él despunta el cielo abierto, es decir, surge una gran visión expansiva. De ahí surge la confianza, y de esta confianza surge la necesidad de renuncia. A causa de la renuncia podemos ser *audaces*, en eso consiste el principio del soltar.

En el sentido habitual, *soltar* significa ser descuidado y abandonar toda disciplina. Significa estar ufano o dejar de ser vulgar. Puede tener la connotación de ir en contra de las normas sociales con las que uno se educó, tanto si se trata de la ética protestante como de la judía ortodoxa. En el catolicismo de hoy en día, algunas de las tradiciones monásticas se están haciendo más informales. Por ejemplo, es posible que un sacerdote no use el confesionario para escuchar confesión. En lugar de vestirse con hábito, los monjes y las monjas pueden vestirse de laico, incluso llevar tejanos. En vez de decir misa en el altar santificado, los sacerdotes pueden oficiar la ceremonia en medio de la iglesia. En lugar de hablar o rezar en latín, usan ahora el coloquialismo de su lengua materna. En vez de tener música de órgano, la iglesia puede invitar a músicos de jazz para que presenten sus propias canciones como rezos.

En Shambhala, el estilo de soltar se parece más bien a tener una excelente conversación fluida en latín o en sánscrito; o a saber hablar el idioma inglés correctamente, con un gran sentimiento. Soltar se manifiesta en el habla elocuente y se expresa en una existencia digna. Es una conciencia altamente controlada unida a una mente abierta e inquisitiva junto a un cuerpo suelto y disponible. Así se manifiesta el soltar.

Ésta no es *mi* versión de soltar, en absoluto. No me atribuyo personalmente el mérito, ni debería hacerlo. Se trata solamente de mi educación como persona shambhaliana. Cuando era niño en el monasterio, en el Tíbet, se me educó de un modo muy estricto. Cuando tenía cinco años comencé a estudiar y a aprender a leer, escribir y pensar. Mientras aprendía el alfabeto se me enseñó a sentarme correctamente, me dijeron que no era bueno encorvarse o reclinarse cuando se estaba memorizando el alfabeto. Me decían que mi escritura sería como mi postura, así que no debía encorvarme, y se me advirtió que mi pronunciación tampoco sería buena si no me sentaba derecho. Me decían: «Siéntese derecho, lea en una postura recta y escriba manteniendo esa misma postura».

Nunca se me permitió ni el más breve descanso, del tipo que fuera. Todas las preocupaciones o excusas fueron totalmente desatendidas. Tenía un tutor particular, así que estaba solo en clase, no había otros estudiantes con los que comparar apuntes o contrastar nada. En este país, me imagino que si nos pusieran en esa situación pensaríamos que nos están torturando. Pero desde que tenía cinco años proseguí con mi vida y con mi entorno. No me impresionaba la rigidez de mi tutor y, en el fondo, sabía de alguna manera que había algo que estaba bien en esta educación y formación estrictas para un jovencito de cinco años.

Mi tutor era como mi progenitor. Se encargaba de mí constantemente, me ayudaba a vestirme y me servía la comida. Incluso me acompañaba al retrete, lo que era en cierto modo claustrofóbico porque estaba uno esperando que llegara *algún* rato libre. Disciplina las veinticuatro horas del día. Mi tutor dormía en la misma habitación que yo. Si tosía mucho y me despertaba en medio de la noche, él también estaba pendiente. Estaba siempre preparado para servir el té, agua o cualquier otra cosa que necesitara. Así que era un buen sirviente, así como un profesor muy poco razonable. Normalmente era muy estricto, y en ocasiones decía algo afectuoso.

Ese tipo de educación no se encuentra fácilmente hoy en día. Lo que más se le aproximaría en el mundo occidental, supongo, sería el sistema privado de educación británico; pero incluso en él se han relajado mucho las cosas. En cualquier caso, ese sistema es en cierto modo insensible y de estilo victoriano. En este país, esa manera de educar a un niño no existe.

Los padres de los años cincuenta y sesenta sintieron que sus estrictos modales de mesa y su disciplina habían fracasado. Gran parte de sus hijos les rechazaron y se hicieron revolucionarios o hippies, o se dedicaron a un montón de cosas raras. Los padres lo asumieron y pensaron que se habían equivocado en la educación de sus hijos. Se llegaron a sentir incluso desfasados, demasiado pasados de moda como para encajar en el mundo moderno. Algunos de sus hijos se reformaron, si se me permite usar esta palabra a la ligera, y volvieron a reencontrarse con sus padres, así que la generación de los mayores se sintió algo mejor porque sus hijos se habían vuelto más razonables o convencionales de lo que solían ser. Pero los padres aún sentían que se habían equivocado y algunos de ellos, a su vez, se relajaron en el sentido negativo. Dejaron de lado la dignidad que solían tener anteriormente y, también ellos, aprendieron a vestirse descuidadamente, rechazaron sus candelabros de plata, pusieron sus copas de cristal a la venta en su garaje y se compraron una cubertería de plástico irrompible.

Cuando crecía en el Tíbet, me sentía tan atraído por el estilo de vida norteamericano y la manera de hacer las cosas en Occidente que pensé que los occidentales debían tener una sabiduría y etiqueta muy refinadas. Sabían cómo construir aviones, máquinas complejas y fantásticas maravillas gracias a la tecnología científica. Con tanta sabiduría en el mundo de los artefactos, pensé que sus constructores deberían tener una gran disciplina personal.

Me regalaron mi primer reloj cuando tenía catorce años. Venía de Inglaterra y no pude resistirme a abrirlo para ver como funcionaba: lo desarmé totalmente. Intenté rearmarlo pero ya no funcionaba. Después me dieron un reloj que tocaba las horas. Fue un regalo de otro maestro tibetano, otro rínpoche, que incidentalmente era el hermano de uno de mis principales maestros en el Tíbet: su santidad Dilgo Khyentse Rínpoche.* Como todo funcionaba a la perfección dentro de este reloj, decidí desarmarlo. Quería comparar las partes de este reloj con los mecanismos que había previamente desacoplado en mi reloj de pulsera. Dispuse las partes de ambos relojes lado a lado e intenté descubrir el funcionamiento de esas maquinarias y cómo se correspondían realmente entre sí.

Cuando desarmé el reloj nuevo pude ver los errores que había cometido con el de pulsera y después lo volví a montar. De hecho, pude montar los dos relojes, los limpié y funcionaban mejor que antes. Me sentí bastante orgulloso de ello. Pensé que el mundo occidental debía de tener *semejante* disciplina, precisión minuciosa, gran detalle y paciencia, basándome en todos esos tornillitos que había que atornillar. Creía que alguien había hecho cada piececita con sus propias manos porque, naturalmente, no tenía ni idea de las fábricas en ese momento. Estaba muy impresionado y sentía un gran respeto.

Más tarde, al llegar al mundo occidental, conocí a quienes

* Véase el glosario. *(N. del T.)*

construyen los relojes, grandes y pequeños, y a quienes construyen otras maquinarias que hacen cosas maravillosas, como los aviones o los automóviles. Resultó que no había demasiada sabiduría en Occidente, aunque hubiera muchos conocimientos. Además, parecía que había que estar siempre a la defensiva. La gente tenía miedo de hacerse daño, incluso de salir a la calle sin abrigo y sombrero por si cogía un resfriado. Los ingleses en particular siempre salen con sus paraguas, tanto si llueve como si no.

Tuve mi primera exposición al mundo occidental en Gran Bretaña, donde fui a la universidad en Oxford. Me temo que mi respeto por la audacia occidental disminuyó un poco, pero mantuve un gran respeto por la precisión que encontré. Conocí a muchos académicos en Oxford y en otros lugares de Gran Bretaña. Me di cuenta de que querían ser muy exactos en su conocimiento del sánscrito o del budismo, o de sus propias tradiciones. Cuando estuve en Oxford, hice un curso de religión comparada y también otro sobre práctica contemplativa cristiana. Descubrí que las presentaciones estaban más enfocadas hacia los aspectos técnicos que hacia la sabiduría. Los únicos cristianos que encontré buscando la sabiduría fueron algunos jesuitas, unas personas de lo más interesantes. Uno de sus principales propósitos es convertir a los no cristianos al cristianismo. Los jesuitas que yo conocí en particular estaban muy interesados en convertirme a *mí* al catolicismo. Muchos de ellos habían estado en Sri Lanka, India u otras partes de Asia.

El primer emisario jesuita en el Tíbet fue enviado por el Papa en el siglo XVIII. A este sacerdote jesuita se le encomendó que en primer lugar estudiara el idioma para luego vencer en debate a los tibetanos. Llegó a escribir un libro sobre sus experiencias. Después del debate nadie se había convertido. La razón por la que no pasó nada fue su exposición acerca de la resurrección de Jesucristo de entre los muertos. En la tradición tibetana hay un término para quien se eleva de entre los muertos, se refiere a un espíritu necrófago. Desgraciadamente ése fue el término que usó el sacerdote. De modo que cuando estaba explicando cómo se levantó Cristo de su tumba, los tibetanos pensaron que estaba refiriéndose a adorar a un fantasma, lo que horrorizó a la gente.

Volviendo al tema, nuestra formación shambhaliana tiene en realidad que venir de la sabiduría de la generación de los mayores, de una generación todavía más mayor que la de los padres de los cincuenta. Nuestros sistemas educativos y crianza actuales pueden ofrecer obstáculos a la audacia. Obviamente, es imposible que uno se deseduque a sí mismo por completo. No hace falta hacerlo, pero el modo de pensar tiene que cambiarse por el punto de vista shambhaliano. Es decir, no hay que tenerle miedo a la ignorancia o a la estupidez.

Cuando hablamos acerca de la renuncia, mencionamos que no hay que tenerle miedo a la gente del sol poniente. Esto es parecido. El primer punto de la audacia es estar orgulloso de uno mismo. Incluso si se olvida lo que se ha aprendido, a causa de la falta de atención, uno no se asusta, le vendrá lo que ha olvidado si tiene un sentido de autoestima. Supongamos que olvidamos el nombre de nuestro mejor amigo, aquel que nos salvó la vida hace cuarenta años. Le estamos contado a alguien nuestra vida y de repente nos quedamos en blanco y no nos acordamos de la persona que nos salvó la vida entera. No hay que asustarse de esa estupidez e ignorancia inoportunas, el nombre de esa persona vendrá irremediablemente tarde o temprano. A menos que no soltemos, si seguimos intentando recordar el nombre de esa persona quizá lo olvidemos eternamente.

No deberíamos, por tanto, temer nuestra falta de memoria. Cuando se está asustado por algo, hay que llevarse bien con el miedo, explorar por qué está uno asustado y cultivar cierta sensación de convicción. Podemos realmente mirar al miedo y entonces deja de ser la situación dominante que va a derrotarnos; al miedo se le puede conquistar. Uno puede liberarse del temor si se percata de que el miedo no es el ogro. Se puede pisotear el temor y alcanzar, por consiguiente, lo que se conoce como intrepidez o "destemor". Pero para eso hace falta sonreír ante el temor.

El término tibetano para guerrero es *pawo*, que significa "persona valiente". Si en una situación uno no actúa correctamente, es posible que dañe a alguien. Ésa es la huella que deja la cobardía y la impaciencia. La gente mata a un enemigo en el acto por no molestarse –una muestra de pereza–, porque le odia tanto que quiere verlo muerto –una muestra de ignorancia– o porque le gustaría darle un golpe mortal –una muestra de agresión–. Un guerrero, *pawo*, nunca haría tal cosa. Los retos son la base del trabajo, por eso tenemos un mundo. Si uno asesinara a todo el mundo, se quedaría sin nadie con quien trabajar, ni siquiera tendría a su pareja. No quedaría nadie con quien jugar o bailar.

Modestia aparte, creo que el aprendizaje a que me he sometido merece mucho la pena. Les estoy tan agradecido a todos mis maestros y tutores, les estoy eternamente agradecido, ¡por lo menos *ahora* lo estoy! Con la creación del Aprendizaje Shambhala estoy intentando ofrecerles a cada uno de ustedes una formación parecida, en la medida de lo posible. Obviamente, cada uno no tiene asignado un tutor que vaya detrás siguiéndolo; sería bastante difícil proporcionárselo. En vez de eso, se espera que cada uno sea su propio tutor o tutora y que esté muy alerta, no del peligro sino para estar abierto y ser disciplinado.

El punto final es la sabiduría, que tiene que ver con la apreciación de la jerarquía. Una vez que se ha descubierto la jerarquía, o el sentido del orden universal, hay que respetarla; hay que entregarse a esa situación, armonizar con ella. Eso es muy importante. Abrazar la jerarquía del mundo de Shambhala significa estar dispuesto a luchar o crear obstáculos, o como mínimo reformar los sistemas políticos del sol poniente usando cualquier capacidad que uno tenga. No estamos hablando de manifestaciones callejeras ni nada por el estilo, sino de que en nuestra propia vida tenemos que percatarnos y resistir las exigencias tipo sol poniente: tener invierno todo el año, verano todo el año, otoño todo el año o primavera todo el año. Hay que reconocer el problema de ser unidimensional, de cultivar una sola estación en la vida, y después hay que permitir que cierto método de sabiduría entre en nuestra existencia.

Nos estamos refiriendo a la manera de trabajar con situaciones muy normales, tales como hablar con el casero o casera sobre el alquiler, informarse en el banco para obtener otro crédito, depositar dinero en nuestra cuenta corriente, comprar otra casa, hacer la compra en el supermercado o hablar con el tintorero. En cualquier situación en la que se esté trabajando, hay que ser consciente de que cada paso que se da es muy valioso. No se puede transformar este mundo en el mundo del Sol del gran Este con un chasquido de los dedos. Sólo se puede transformar puntada a puntada. El tipo de hilo que se use, el tipo de agujas y la manera en que se cosan los tejidos para unirlos, depende totalmente de cada uno.

Quizá se piense que éste es un planteamiento de miras tan estrechas que no tendrá ningún efecto en absoluto. Si uno está especialmente entusiasmado con la visión de Shambhala, puede ponerse muy impaciente y pensar que esto se está demorando mucho y que no tendrá ningún efecto. Pero no es así, debemos ir paso a paso y empezar por el principio. Prestemos atención a nuestro entorno, a nuestras relaciones con el casero, la casera, al supermercado, al autobús, a cada lugar al que vayamos, a cada cosa que hagamos habitualmente. Examinemos todo ello dos, tres veces. La manera en que nos ocupamos de las cucarachas de nuestro apartamento, la manera en que pasamos la aspiradora, incluso cómo tiramos de la cadena en el retrete: cualquier interacción que tengamos con el mundo exterior, por llamarlo así, tiene que ser observada minuciosamente y examinada muy cuidadosamente. No hace falta un tutor como el que yo tuve, hay cientos de tutores a nuestro alrededor. Toda situación es una tutora que tiene algo que decirnos.

La sabiduría no es solamente producto de la inteligencia. Uno tiene que trabajar en las cosas personalmente. No se trata exactamente de esforzarse, aunque se nos pone a prueba en cierto sentido porque hay que estar siempre alerta, constantemente. La noción de sabiduría coincide con la de *prajñá*, la conciencia discriminadora de la que hablamos anteriormente en el contexto de la renuncia. Estoy usando aquí la palabra *sabiduría* porque lo que se les está entregando es algo que sólo puede enseñarse dando una pista. Una vez que nos han dado la pista, captamos el mensaje espontáneamente. En eso consiste la sabiduría.

La sabiduría es lo que une el cielo y la tierra. Uno trae su *zafú* y su *zabutón*, su cojín de meditación y su estera o alfombra de meditación, y los une para sentarse a hacer la práctica de meditación. Cuando suena el gong, uno se une a su cojín, eso es unir el cielo y la tierra. Lo estoy explicando de un modo muy elemental. Unir el cielo y la tierra no es como tomar una decisión, es el principio del espejo. Tenemos la electricidad o la luz solar, que es el cielo. Tenemos nuestro cuerpo, la cara, el pelo despeinado, la barba, que forman la tierra. Después está el espejo, que une el cielo y la tierra. Cuando se mira uno en el espejo a la luz del día, puede peinarse agradablemente, puede afeitarse bien. De modo que la sabiduría es el principio del espejo.

Tuve una conversación interesante con alguien acerca de la película *La guerra de las galaxias.* Hay una frase famosa en la película: «Que no te falte la fuerza». Es más bien como decir: «Que no te falte la energía». Ésa no es una manera científica de hacer las cosas porque basta con adoptar cierta actitud y, asumiéndola, alcanzarlo todo. Cuando escuché esa frase en la película me entusiasmé mucho porque me recordó a la presentación de los principios shambhalianos. Punto: fuerza. No hay que tomarse esto científicamente. En este momento, si se necesita un recordatorio, el punto servirá de contraseña. Cuando se tiene un punto, no se está ni siquiera en la encrucijada sino que la situación está bajo control. Piensen en un punto en el espacio. Punto.

Quienquiera que establezca la conexión final y primordial con el punto será el rey o la reina de Shambhala que une el cielo y la tierra. Aunque ni siquiera hay un rey, hay sólo un punto. El rey puntual. Sólo un minúsculo punto negro que es el rey de Shambhala. Es posible que la gente llegue a alcanzarlo, del mismo modo que hablamos del despertar budista. ¿Cuántos budas habrá? ¿Cuántos reyes y reinas de Shambhala habrá? Estamos diciendo lo mismo.

No creo que ninguno de esos reyes y reinas saldrán despuntando por ahí por su cuenta, porque su punto es en realidad una caligrafía. Hace falta papel y tinta para hacer un punto. La tinta y el papel son los súbditos de Shambhala, quienes forman la base de disciplina personal, disciplina psicológica y disciplina oral, ejecutadas conjuntamente. Como existe una base de disciplina, el rey o gobernante puede existir. El punto existe, pero no es una creación humana.

Intenten practicar y pensar sobre lo que se ha estado hablando aquí. He procurado ser tan claro, honesto y sincero como puede llegar a serlo un ser humano hablando con otro ser humano. Creo que eso ya lo saben. Mi corazón se ha suavizado y encariñado mucho con todos ustedes. Les quiero a todos. Gracias.

# BUENOS DÍAS DENTRO DE LOS BUENOS DÍAS

Se debe a mis antecesores,
se debe a mi disciplina,
se debe a que mi corte, los tutores y los que me disciplinaron
fueron tan severos conmigo:
me enseñasteis la visión de Shambhala.
Siento una enorme gratitud.
En vez de chuparme el pulgar,
me enseñasteis a subir la cabeza y los hombros.
Con una repentina erupción inesperada
fui expulsado a la tierra fría de un país extranjero.
Con vuestra visión, sigo perpetuando la disciplina que me
enseñasteis.

En esta segunda ocasión del Aprendizaje Shambhala
número cinco,
me gustaría que brindáramos una vez más por los estudiantes
y su práctica:
no chupemos nuestros pulgares habituales,
sino icemos el grandísimo estandarte del Sol del gran Este.
Tanto en la tradición como en los cuentos del tigre,*
nunca abandonaremos nuestro auténtico interés fundamental
en el mundo.
Hágase la luz del Sol del gran Este
para espabilar a la complacencia del sol poniente.
Hágase el Sol del gran Este para darse cuenta de que
eternamente hay siempre buenos días.

*Escrito el mismo día en que se dio*
*la conferencia "Sabiduría especular"*

* Parece que aquí el autor está jugando con las palabras *tale* (cuento) y *tail* (cola). Ambas se pronuncian exactamente igual en inglés, y el primer centro de retiros de meditación fundado por el autor en los EE. UU. se llamó *Tail of the Tiger* (Cola del tigre). *(N. del T.)*

# Parte II:

# BRILLANTE

# LA EXISTENCIA SAGRADA:
# UNIR EL CIELO Y LA TIERRA

## 7. SACRALIDAD: LA LEY Y EL ORDEN NATURALES

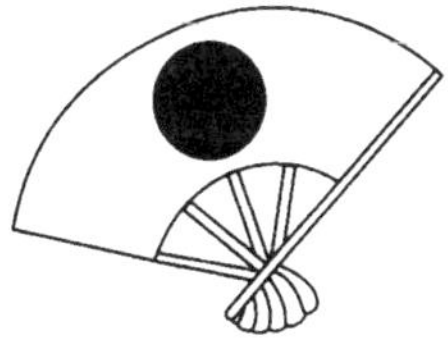

*Cuando se experimenta que hay bondad fundamental, que efectivamente* existe, *y que las cosas siguen un orden natural, se da uno cuenta de que no hay mal natural; no existe un mal fundamental intentando destruir el mundo. Al contrario, uno empieza a sentir que las leyes del orden natural le protegen y nutren, que incluso le miman. Entonces se puede ser sensible a las situaciones de un modo muy natural. Uno es sensible a las estaciones, es sensible al color y puede llevarse bien con la bondad natural que efectivamente existe siempre.*

Lo que pretendo, esencialmente, es poner el aprendizaje de Shambhala a la disposición del mundo sin que la gente tenga que comprometerse espiritual o religiosamente. El compromiso necesario es el deseo de los individuos de elegantizar sus vidas. Para poder sobrevivir y mantener nuestra elegancia así como, en el sentido positivo, nuestra arrogancia, uno de nuestros principales intereses ha de ser saber vivir plena y apropiadamente, como nos merecemos. Podemos elegir llevar una vida basada en la confianza, intrepidez y elegancia. Mañana es *Halloween.** Si podemos ser auténticos esta noche, podremos superar la tentación de disfrazarnos de otro mañana.

Me gustaría repasar el principio de la bondad fundamental. ¿Por qué es fundamental la bondad fundamental? ¿Por qué es buena? No estamos hablando aquí de preferir lo bueno a lo malo o de ser fiel a una buena idea para descartar otra que es mala. Nos estamos refiriendo a la bondad *muy fundamental,* incondicionada. *Incondicionada* significa que la bondad es fundamental. Uno no rechaza su ambiente, no rechaza el sol y la luna ni las nubes del cielo; se aceptan. El cielo es azul; uno tiene su paisaje, sus ciudades, su modo de vida general. No creemos que las nubes estén a favor o en contra nuestra, no creemos que la luz del sol esté a favor o en contra nuestra. Fundamentalmente, no hay nada que nos amenace ni tampoco nada que nos enaltezca. Eso es la bondad fundamental: el orden y la ley naturales.

Las cuatro estaciones se suceden sin que nadie las solicite o las vote. Nadie puede cambiar ese sistema universal. Está el día, está la noche. Tenemos oscuridad durante la noche y luz solar durante el día sin que nadie tenga que apagar o encender interruptor alguno. La supervivencia de los seres humanos se basa en este orden o ley natural, que es básicamente bueno; bueno en el sentido de que es acertado, eficiente y funciona, siempre. Si no tuviéramos las cuatro estaciones no tendríamos cosechas, no habría vegetación y no podríamos relajarnos al sol. No podríamos disfrutar cocinando en casa porque no habría comida alguna. A menudo damos por supuesto, y quizá lo hagamos en exceso, este orden y ley naturales del universo.

* Festividad anglosajona celebrada la víspera del día de Todos los Santos en la que la gente se disfraza. *(N. del T.)*

Deberíamos pensarlo dos veces, deberíamos apreciar lo que tenemos, porque si no lo tuviéramos estaríamos en una situación harto problemática: no podríamos sobrevivir.

La bondad fundamental es *buena* en el sentido de que es muy básica y *por lo tanto* muy buena, no en el sentido de buena en contraposición a mala; es buena porque funciona. Es una situación natural. Se podría también decir lo mismo de nuestro estado de ser. Tenemos pasión, agresión e inconsciencia: cultivamos las amistades, rechazamos a nuestros enemigos y estamos ocasionalmente indiferentes. Esta manera de ser no se considera un defecto de los seres humanos, sino que forma parte de su elegancia y su bagaje natural. Tenemos todas las facultades necesarias para no tener que pelear con nuestro mundo. Además, como el mundo no nos da en particular motivos para ser agresivos o quejarnos, es por lo tanto bueno y nosotros somos buenos. No podemos quejarnos de tener ojos, oídos, nariz y boca. No podemos idear de nuevo nuestros sistemas fisiológicos. Para el caso, no podemos volver a idear nuestro estado mental, que acompaña a los sistemas fisiológicos en cualquier caso.

Se nos ha equipado con uñas y dientes para defendernos de un ataque y con boca y genitales para relacionarnos con los demás. Afortunadamente, estamos también equipados con nuestros intestinos y colones, de modo que la comida pueda volver a circular y lo que ingerimos ser expulsado. Estas situaciones naturales son maravillosas, ideales de hecho. Habrá quien afirme que todo esto es la obra de un principio divino. Puede ser, pero aquellos a quienes les importan un bledo los principios divinos tienen todavía que trabajar con esta situación natural.

Deberíamos sentir que es maravilloso estar en este mundo. ¡Qué maravilloso es ver el rojo y el amarillo, el azul y el verde, el morado y el negro! Se nos han dado todos estos colores y la capacidad de sentir calor y frío. Nos merecemos estas cosas: las *tenemos.* La bondad fundamental es lo que tenemos, lo que se nos ha dado, la situación natural que *todo el mundo* se ha ganado desde la infancia hasta ahora. Fundamentalmente, no es bondad en el sentido ordinario de bondad buena, bondadosa, de benignidad. Tampoco es especialmente mala. Es incondicionada.

El mundo del sol poniente intenta manipular la bondad fundamental y convertirla en maldad fundamental, diciendo que todo lo que pasa en el mundo está mal, incluyendo las cuatro estaciones, y que todos están intentando destruirse unos a otros. La tradición del sol poniente intenta incluso revocar la creación del mundo. Según la tradición cristiana, Dios creó todo lo mejor posible, y lo mejor que pudo, para los seres humanos. El mundo del sol poniente es un mundo democrático que está siempre quejándose e intentando rehacer la concepción divina del mundo y del resto del universo (excepto los fines de semana y el sábado judío o el domingo cristiano, cuando puede ser muy conveniente para la gente del sol poniente tomarse un descanso). Pero cuando se experimenta que hay bondad fundamental, que efectivamente existe, y que las cosas siguen un orden natural, se da uno cuenta de que no hay mal natural; no existe un mal fundamental intentando destruir el mundo. Al contrario, uno empieza a sentir que las leyes del orden natural le protegen y nutren, que incluso le miman. Entonces se puede ser sensible a las situaciones de un modo muy natural. Uno es sensible a las estaciones, es sensible al color y puede llevarse bien con la bondad natural que efectivamente existe siempre.

La bondad fundamental *es,* básicamente. Por lo tanto es buena, en vez de ser buena por contraposición con la maldad. De modo que la primera parte del contacto con la bondad fundamental es apreciar que la tenemos y aprender a usar nuestra inteligencia para regir o mantener esa bondad. En cierto sentido, estamos aprendiendo a tomar posesión de la bondad fundamental. No es nuestra posesión, mas sin embargo la tenemos y la merecemos. Por consiguiente, podemos confiar en la bondad fundamental, que es el siguiente tema.

La confianza es la ausencia de neurosis, es el bienestar por antonomasia. La confianza es también la esencia de la comodidad ideal. Una vez más, nos estamos refiriendo a algo muy fundamental; en este caso a la confianza *fundamental.* Cuando uno confía en la bondad, establece una conexión con la realidad: con las rocas y los árboles, la vegetación, el cielo y la tierra, los ríos y las hogueras, con todo lo que existe a su alrededor. Siempre podemos confiar que el azul será azul, que el rojo será rojo, que lo caliente estará caliente y lo frío frío. La confianza también se da a mayor escala: se confía en la ley y orden de la sociedad humana, que es como es *a causa* de la ley y el orden naturales.

Según va evolucionando la confianza en el orden y la ley naturales, uno se va dando cuenta de que no necesita entretenimientos adicionales para ponerse cómodo. Uno no necesita buscar maneras simples, triviales y ordinarias de mantenerse ocupado, sino que puede simplemente relajarse. De ese modo, la confianza produce relajación. Cuando damos la realidad por sentada, estamos siempre buscando nuevas diversiones, nuevas ideas y maneras de matar el aburrimiento. Se aburre uno de la confianza antigua y necesita una nueva confianza. Ésa es la esencia de la actitud propia del sol poniente. Uno se ha hartado de lo que sea que tenga y entonces busca algo nuevo, abandona los amigos de siempre, regala sus cosas, tira su ropa vieja y encuentra un nuevo vestuario, nuevos artilugios, nuevos amigos. En ese modo de actuar no hay ni lealtad ni esfuerzo. Es posible que uno acabe incluso harto de las rocas y de los árboles, de los ríos y las montañas, del sol y la luna. Quizá tenga que mudarse a otro planeta pero, incluso entonces, podría hartarse de su nuevo planeta. ¿Qué va a hacer entonces?

Quizá alguien llegue finalmente a descubrir cómo cambiar completamente las estaciones. Es posible que se haga en Disneylandia algún día y hasta pagaremos para verlo, sin duda. Puede que construyan una gran cúpula sobre ese mundo de fantasía y en la mitad del verano crearán un invierno ideal a nuestro gusto, o en medio del invierno crearán el verano ideal. Los seres humanos pueden ser muy astutos.

Lo opuesto a hacer las cosas de esa manera es cultivar la paciencia. En nuestro idioma, *paciencia* significa normalmente "esperar y ver", "soportar la espera". En el contexto de Shambhala, paciencia significa *estar ahí.* Es simplemente estar ahí, siempre estar ahí; sin la connotación de estar *tan dolorosamente ahí.* La paciencia es continuidad y previsibilidad simples. Cuando se confía en la sensación natural de previsibilidad, entonces se es paciente, se está dispuesto a estar ahí. Es algo muy claro y natural: estar ahí sin más, estar ahí.

De la paciencia surge la alegría. Cuando uno se percata de que no necesita ninguna novedad, ninguna cosa nueva o extraordinaria que le entretenga, puede quedarse ahí donde está y celebrar lo que tiene. No necesita nuevos objetos de apreciación porque presenciar y experimentar lo que uno tiene es suficiente; es, de hecho, maravilloso. Es como tener ya un buen puñado y conformarse. En realidad, en ese sentido se siente más alivio que alegría como tal; también se siente uno sano. Uno se siente muy satisfecho cuando no anda buscando una alternativa mejor para cambiar lo que tiene, eso produce una salud y lozanía naturales. La falta de salud tiene su origen en la búsqueda de alternativas. La satisfacción de la salud fundamental consiste en apreciarnos y apreciar lo que tenemos, naturalmente. Aceptamos el mundo del cielo, la tierra y los seres humanos.

La sabiduría de Shambhala respeta la sacralidad y la belleza del mundo. No intentamos cambiar el color del firmamento. Hay toda clase de truquillos para hacer nuestro mundo diferente. En vez de azul, quizá nos guste un cielo rojo; o puede que queramos pintar nuestra habitación beige de rojo brillante. Pero no hace falta hacerlo, ni cambiarnos en aras del aburrimiento. Nunca nos cansamos de tener dos ojos. Si nos aburriéramos de tener una nariz y dos ojos, quizás nos gustaría intercambiar un ojo por una nariz o tener labios en los ojos. No hay que hacer eso, se puede aceptar lo que tenemos, que ya es maravilloso. Por lo tanto, la satisfacción alegre se origina en la paciencia.

Cuando uno se siente satisfecho llega a librarse de la pereza, y eso le produce vigor. Estar libre de pereza no consiste en provocar algo artificialmente, sino en ser meticuloso, muy meticuloso. Uno no deja los platos sucios en el fregadero. Nos estamos refiriendo a ese grado de ausencia de pereza. Uno limpia lo que ensucia, aprecia los detalles que intervienen en la preparación de una comida, en llevarse bien con las amistades, con el cónyuge, los padres, los hermanos y hermanas, el banco, el servicio de recogida de basura, los zapatos que hay que lustrar o la ropa que hace falta planchar.

En muchos casos, la vida doméstica nos parece sólo un fastidio. La gente cree que su tiempo es demasiado valioso como para dedicarlo a los detalles domésticos. Si tener un trabajo importante nos hace sentir que nuestros quehaceres están muy por encima de los domésticos, estamos siguiendo el estilo del sol poniente. Aunque podamos permitirnos económicamente tener alguien que ayude en la casa y estemos siempre mandándole hacer cosas y pidiéndole que limpie lo que ensuciamos, el aprendizaje de Shambhala se preocupa de ayudarnos a que limpiemos nuestra propia vida. Eso no ocurre pagándole a alguien para que corte el césped, lave la ropa y pinte la casa. Algunas de esas cosas tiene que hacerlas uno mismo. No nos libraremos de la pereza gastándonos un montón de dinero en la lavandería porque no podemos molestarnos en lavar nuestra propia ropa. (Además, aunque enviemos las ropas para que las laven esperando que cuando vuelvan tendrán un buen aspecto, normalmente no es así.) No podemos librarnos de la pereza gastando dinero, no hay más remedio que limpiar lo que hemos ensuciado y prestar atención a cada detalle, hay que ocuparse de las cosas personalmente. Ese sistema nos ahorra mucho dinero (aunque no es ése el tema), nos ahorra muchas posibilidades tipo sol poniente. De esa meticulosidad surge un vigor auténtico al comprender que nadie nos va a hacer las sumas, sino que vamos a sumar solos.

Posteriormente, aunque podamos estar libres de pereza y hayamos logrado vigorizarnos, todavía tenemos una sensación de cobardía o de ansiedad general. Sentimos un nerviosismo general acerca de la manera en que llevamos la vida, los asuntos domésticos y las relaciones con los demás, nuestros amigos, compañeros sentimentales, padres o quien sea. Lo único que corrige esa situación de nerviosismo es sentir que tanto uno como su ambiente están totalmente incluidos en el aspecto sagrado de la existencia. Uno no es un Perico de los Palotes o una Fulanita de Tal cualquiera intentando llevar una vida razonable: según la visión de Shambhala uno es sagrado, y su entorno es también muy sagrado. No se trata de una sacralidad producto de la religiosidad. Se trata más bien de que como prestamos una gran atención a nuestro entorno y como nos interesan muchísimo los detalles y el curso general que sigue nuestra vida, nuestro entorno y disciplina personal son en consecuencia sumamente sagrados.

Cuando cultivamos fe o convicción en esa sacralidad, entonces, sin importar lo que estemos haciendo, veremos cómo van surgiendo diferentes tipos de mensajes. Cuando prestamos atención a los detalles y al estilo de vida propio en general –siempre que prestemos atención a las realidades básicas–, la naturaleza comenzara a hablarnos, a dictarnos, y así tendremos un punto de referencia natural que siempre está ocurriendo. En cada situación de la vida ordinaria, así como en las situaciones extraordinarias de la vida, tanto el entorno como la existencia propia están siempre respondiendo. Esto origina una intrepidez verdadera.

Intrepidez es ausencia de cobardía. Es decir, la cobardía –o incertidumbre– surge de la prisa, de no estar presentes ni ser capaces de llevar una vida correcta y plena; lo que hace que nos perdamos muchos detalles así como la perspectiva global. Para corregir esto, es necesario *dar cabida* a la intrepidez, lo que surge cuando tenemos fe en la propia existencia. Básicamente, la intrepidez no es una recompensa o una meta, sino que forma parte del recorrido de la senda. La intrepidez o "destemor" alterna con el miedo y ambos son astillas para el fuego. Se está nervioso, acelerado, temeroso y eso trae otra ola de estabilidad, firmeza y calma. De modo que el temor y el "destemor" se alternan constantemente.

El resultado final es la victoria natural. El nerviosismo no es nada malo en particular, es sólo un dolor creciente, un dolor inicial. Gracias a él vemos finalmente que somos estables, perceptivos y conscientes de los detalles. Al mismo tiempo comenzamos a descubrir la bondad fundamental total y, por último, eso nos permite comprender el significado verdadero de la libertad.

A menudo la disciplina hace que las personas sientan claustrofobia. Les parece que la disciplina es algo descomunal e impuesto. Tienen la impresión de que tienen que dominar *esa cosa* llamada "la Disciplina". Esa sensación puede matar la espontaneidad y la libertad existentes. Libertad no significa que la gente debería tener libre albedrío para hacer lo que le venga en gana. Cuando apliquemos la disciplina, deberíamos sentir que es espaciosa en vez de que nos viene dictaminada desde una perspectiva específica. Entonces sentiremos que realmente poseemos el mundo del cielo, el mundo de la tierra y el mundo de los seres humanos. Sentiremos tanto espacio que disfrutaremos en nuestra práctica, en vez de tener la impresión de que se nos ha aspirado y hemos acabado en un pequeño vacío.

Cuando se les dijo que hicieran ciertas cosas en la escuela, cuando sus padres les pidieron algo o quizás cuando estaban interesados en otras tradiciones espirituales, la gente hizo que se sintieran culpables y mal. Se les dio a entender que la única manera de aprender era por medio de una corrección constante. El aprendizaje implica mucho castigo: «Eres malo, así que mejor que te portes bien». Si uno no sabe deletrear, se le dice que deletrea fatal y que tendrá que aprender a hacerlo correctamente. Si no puede mantener la calma durante una coreografía, se le echa en cara su falta de coordinación: «Será mejor que te esfuerces mucho si quieres llegar a ser un buen bailarín». Ese tipo de razonamientos se han usado frecuentemente para educar a la gente y han influido en muchos de ustedes.

En la educación shambhaliana no se castiga, categóricamente. Mucha gente ha intentado este sistema de educación, pero lo encuentra muy difícil y a menudo termina castigando de todos modos. Tiene su intríngulis, pero creo que es muy posible. Podemos librarnos de la mentalidad de la alabanza y la culpa y crear el mundo de la bondad fundamental, un mundo completamente bueno en el que nada es dañino o problemático. Para empezar, hay una zona de *buen blanco*. Después, en medio de ella, se pone un pequeño punto, que es el buen amarillo del Sol del gran Este.* Eso les debería hacer sonreír.

* El autor esta describiendo la insignia del Sol del gran Este que reciben los estudiantes del nivel cinco del Aprendizaje Shambhala.

# 8. EL REY DE LA BONDAD FUNDAMENTAL

*Como sabemos qué aceptar y qué rechazar, estamos por tanto preparados para unirnos totalmente al mundo de la bondad fundamental. Ese mundo en concreto está gobernado y administrado por un rey o reina capaz de unir el cielo y la tierra. Cuando hablamos aquí de un monarca, nos referimos a lo que gobierna el mundo valiéndose de la bondad fundamental. Desde este punto de vista, consideramos a la bondad fundamental como el rey o la reina.*

Cuando estamos totalmente empapados en bondad fundamental y apertura mental, nos volvemos extremadamente perspicaces, sabemos qué rechazar y qué aceptar, y comprendemos también la noción fundamental de disciplina. Eso nos lleva a la renuncia.

En Shambhala, la idea de renuncia es algo muy personal. No tiene nada que ver con abandonar algo malo, dañino o banal. La renuncia es necesaria para estar más disponibles, más cordiales y más abiertos a los demás. Las barreras entre uno y uno mismo y entre uno y los demás se quitan de en medio. También se retira la tentación básica de tomarse tiempo libre, así como cualquier vacilación y cualquier forma de rechazo o de levantar obstáculos para mantener nuestra vida privada. Renunciamos a nuestra vida privada tanto en bien de los demás como de nosotros mismos. La renuncia tiene pues el sentido de sacrificar la vida privada y la comodidad personal, así como la tentación de tomarse tiempo libre, un pequeño descanso.

Habiéndonos percatado de las posibilidades universales de la bondad incondicionada y habiendo visto que hay ya una ley y orden naturales, comenzamos a sentir cierta claustrofobia porque nos damos cuenta de que es imposible poseer personalmente la bondad fundamental. No podemos apropiarnos de la bondad fundamental, no podemos hacer de ella nuestro proyecto personal. La visión más amplia de la bondad fundamental puede parecer una idea fantástica. No obstante, a veces se tiene la impresión de que es necesario emplazarla en algún lugar. Como tener la bondad fundamental es algo tan fantástico, nos gustaría poseerla y ponerle nuestras iniciales, nos gustaría tomar un pedacito y guardárnoslo en el bolsillo, un trocito de bondad fundamental para criar en nuestro bolsillo. De modo que comienza a colarse la idea de vida privada. En ese momento es necesario renunciar a la tentación de poseer la bondad fundamental. Uno no puede guardársela en el bolsillo, ni poner su sello e iniciales en la línea punteada de la bondad fundamental.

La renuncia implica abandonar los regionalismos, los planteamientos provinciales y los personalismos. A veces, cuando experimentamos la inmensidad sentimos que es demasiado inmensa. Necesitamos un pequeño refugio, necesitamos un techo sobre nuestras cabezas y tres comidas fijas al día. Así surgió en parte el concepto de sol poniente. Aunque nos damos cuenta de que el Sol del gran Este es inmenso y bueno, no podemos soportarlo y entonces nos montamos un quiosquito, una casita, para capturarlo. Es demasiado brillante como para mirarlo directamente, pero nos gustaría fotografiarlo y guardar las fotos enmarcadas como recuerdo. Me imagino que la idea del turismo también tiene ahí su origen. De modo que la idea de renuncia consiste en evitar esa clase de estrechez de miras.

La renuncia tiene que ver tanto con lo que se rechaza como con lo que se cultiva. Tiene lugar en el entorno de la bondad fundamental, con paciencia, sin pereza y con fe, como dijimos en la conferencia anterior. Además, el ambiente de la renuncia surge dentro del clima de la práctica sentada de meditación. Durante la práctica de meditación se observa la respiración y se consideran los pensamientos como el mero proceso de pensar –el pensamiento mismo–, sin castigarlos ni alabarlos. Así que los pensamientos que puedan surgir durante la práctica sentada se ven como algo muy natural que viene sin referencias ni historial. La palabra sánscrita para meditación es *dhyana*, el término tibetano es *samten*. Ambos se refieren a lo mismo: una mente estable. La mente es estable en el sentido de que uno no sube cuando un pensamiento sube y no baja cuando el pensamiento baja, sino que se limita a observar los altibajos. Tanto si surgen pensamientos buenos o malos, emocionantes, desagradables, maravillosos o de cualquier otro tipo, uno no los fomenta valiéndose de un comentarista adicional.

La práctica sentada es muy simple e inmediata y, al estilo shambhaliano, muy cuidadosa y organizada. Uno sencillamente se sienta y observa los altibajos de sus pensamientos. Hay una técnica de apoyo, una técnica física, que consiste en trabajar con la respiración que sale y entra, lo que proporciona automáticamente una ocupación durante la práctica sentada. Esta técnica está en parte diseñada para mantenerse ocupado y no tener así que evaluar los pensamientos, que se dejan ocurrir sin más. En ese ambiente se puede cultivar la renuncia: la capacidad de renunciar a las reacciones extremas en contra o a favor de los pensamientos. Cuando los guerreros están en el campo de batalla no reaccionan ante el éxito o el fracaso. El éxito o fracaso en el campo de batalla se toma simplemente como otro aliento que entra y sale, otro pensamiento discursivo que entra y sale. Así que el guerrero es muy estable y, por ende, victorioso. La victoria no es en especial el propósito o meta, más bien, el guerrero o la guerrera puede simplemente ser como es.

Tenemos tres apartados o principios dentro de la renuncia que me gustaría introducir. Intentaré ser amable y no presentar demasiados apartados, pero éstos les ayudarán a pensar de manera constructiva.

## *Ocuparse de los demás*

Ocuparse de los demás es el primer grado de la renuncia. Lo que se rechaza, o renuncia, es ocuparse solamente de uno mismo, lo que se ve como algo egoísta; es como el crustáceo que carga con su propio refugio, su propio caparazón, su armadura. Según las historias tradicionales budistas sobre la causa y el efecto kármicos, quienes se aíslan pueden llegar a reencarnarse como tortugas que llevan su propia casa a cuestas. *Egoísta y crustáceo* son por lo tanto sinónimos* y hay que evitar serlo.

Ocuparse de los demás implica una firmeza interior que se basa en *estar libre de duda.* Una vez que se ha experimentado el carácter fidedigno de la bondad fundamental, tenemos lógicamente fe en la bondad, lo que produce ese estar libre de duda necesario para ocuparse de los demás. Cuando la gente piensa en ayudar a los demás, a menudo le preocupa que, si se abre, atrapará los gérmenes y las enfermedades de otra gente. Se preguntan: «¿Qué pasará si nos abrimos demasiado?, ¿Cuál es el mecanismo de autodefensa?». Así que lo primero que quieren es saber a qué se está abriendo y cómo se pueden proteger. Pero estar libre de duda es en sí mismo la protección que nos permite abrirnos totalmente a los demás con cordialidad, bondad y cariño; lo que produce audacia. Ocuparse de los demás, libre de duda, produce audacia. ¿Se entiende?

* El autor juega con dos palabras inglesas muy parecidas: *selfish* (egoísta) y *shellfish* (crustáceo). *(N. del T.)*

La audacia es el resultado o el aspecto activo de la intrepidez o "destemor". Cuando se experimenta la ausencia de temor, entonces lo que uno *hace* con el "destemor" es atreverse, o soltar. Como se ocupa uno de los demás, tiene intrepidez, tiene fe, no duda y se vuelve audaz. Según la tradición, incluso los animales más feroces muestran cordialidad y cariño hacia su prole. Siguiendo ese razonamiento, cualquiera de nosotros es capaz de ser cariñoso con los demás. ¡Y no digamos si nuestra motivación tiene su origen en la bondad fundamental! Eso trae muchas más posibilidades de ser cariñoso con los demás y de ser audaz.

Para trabajar por los demás hace falta bastante gallardía. En otras palabras, hay que deshacerse de la ansiedad burda, lo que se logra confiando más en nosotros mismos. Aprendemos a confiar en nosotros mismos cuando tenemos una buena experiencia estando solos. Durante este periodo de nuestra vida, podemos pasar mucho tiempo solos, estando con nosotros mismos y practicando la meditación sentada, que *es* estar con uno mismo. Llegado este punto, no necesitan que los demás les ayuden, necesitan simplemente estar solos.

Cuando somos capaces de superar la insatisfacción y la ansiedad burdas, no necesitamos buscar ninguna otra revelación extraordinaria, sino que podemos comenzar de verdad a trabajar con los demás de inmediato. El trabajo con los demás tiene dos facetas porque no se trata sólo de ayudar a otra persona sino que a uno también le afecta. Trabajando con los demás uno aprende a la vez a serenarse. Para hacer este trabajo hay que ser auténtico y es necesario haberse trabajado uno mismo durante algún tiempo para que los demás tengan confianza al trabajar con uno. Cuando los demás nos expresan sus frustraciones, no nos desesperamos ni intentamos escabullirnos. Hay que ser paciente y comprensivo, lo que sólo ocurre cuando el trabajo personal ha calado bastante hondo. Creo que lo mismo se puede aplicar a cualquier sistema educativo en cualquier lugar.

## *Saber qué aceptar y qué rechazar*

Atreverse a trabajar con los demás produce perspicacia o inteligencia, lo que conduce al segundo principio de la renuncia: saber qué aceptar y qué rechazar para el beneficio de los demás. Ocuparse de los demás no significa que el corazón abierto y cariñoso esté dispuesto a permitir que agarremos cualquier enfermedad existente porque es necesario estar muy sano. Para mantener ese tipo de salud, tenemos que saber qué hacer y qué no hacer. Pero no podemos ser inflexibles, no nos volvemos agresivos o paranoicos o, para el caso, hipocondríacos. No podemos hacer todo lo que hay que hacer, ni tampoco podemos quedarnos de brazos cruzados; tenemos que elegir. La aceptación y el rechazo, en este caso, no expresan las inclinaciones personales hacia una cosa o la otra, son tan incondicionadas que eso no ocurre; son también una muestra de inteligencia. Nuestra inteligencia nos proporciona un método que nos permite distinguir lo que hay que hacer de lo que no hay que hacer. De eso surge la *cordialidad*. Sabemos qué aceptar para el beneficio de los demás y qué rechazar para el beneficio de los demás. Por lo tanto, toda nuestra vida, toda nuestra existencia, incluyendo el aliento que sale y entra, está dedicada a los demás.

## *El rey de la bondad fundamental*

El tercer principio de la renuncia es muy interesante. Como sabemos qué aceptar y qué rechazar, estamos por tanto preparados para unirnos totalmente al mundo de la bondad fundamental. Ese mundo en concreto está gobernado y administrado por un rey o reina capaz de unir el cielo y la tierra. Cuando hablamos aquí de un monarca, nos referimos a lo que gobierna el mundo valiéndose de la bondad fundamental. Desde este punto de vista, consideramos a la bondad fundamental como el rey o la reina. Es casi una entidad en sí misma, algo más que un simple concepto metafísico o una teoría abstracta sobre el orden natural.

Otra manera de decirlo es que lo que une el cielo y la tierra es el rey o la reina, y por consiguiente es la bondad fundamental. Es decir, si hay una ley y un orden naturales, el principio de la realeza, o el principio de la monarquía, ya está ahí. Como el principio del monarca universal une cielo, tierra y seres humanos, podemos por tanto unir nuestro cuerpo y mente también. Podemos sincronizar mente y cuerpo para mostrarnos como guerreros o guerreras de Shambhala.

La idea que normalmente se tiene acerca del monarca se basa puramente en el principio del cielo. La revolución industrial que ocurrió en Occidente fue vista como la expresión de la tierra. En esa situación la tierra fue algo totalmente opuesto al cielo, así que no debía haber ningún monarca. El razonamiento es el siguiente: si se quiere que la gente sea feliz y tenga buenos salarios, si se va a tratar bien a los trabajadores, entonces no debería haber ningún cielo, debería haber sólo tierra. En la tradición de Shambhala, sin embargo, así como en las tradiciones imperiales de la China, el Japón o la India, es necesario tener un rey o una reina que una el cielo y la tierra. El carácter chino para el rey consiste en tres trazos horizontales con un corte vertical en el medio, representando la unión del cielo, la tierra y los seres humanos. Cuando la gente tiene ideas elevadas a las que aspira, no cae en la depresión de la practicidad pura. Al mismo tiempo, para evitar el mero idealismo sublime, se necesita la tierra como base de trabajo.

El comunismo ha sufrido mucho al no ser capaz de unir cielo y tierra. Los comunistas empezaron siendo gente con los pies sobre la tierra: «¡Trabajadores del mundo, uníos!». Sin embargo, cuando evolucionó el imperio comunista –como ocurrió en Rusia, por ejemplo–, los comunistas no pudieron evitarlo y crearon un cielo: la *visión* del comunismo. Posteriormente, la única manera que hallaron de juntar el cielo con la tierra y formar una situación equilibrada fue copiar el capitalismo. No es exactamente cielo del todo, pero para ellos puede que sea lo que más se le parece. Los capitalistas creen en la religión y tienen más condecoraciones en sus uniformes militares, más banderas. En un principio, los comunistas vieron esas cosas como absurdas. Más tarde empezaron a llevar toda clase de galones, distintivos y uniformes. Basta con mirar lo que la Madre Rusia ha producido. Así que, volviendo al grano: ¡no saben realmente lo que están haciendo!

En este planeta Tierra, unir cielo y tierra ha resultado problemático y eso ha producido un caos tremendo. Más aún, unir mente y cuerpo es problemático también. Sincronizar mente y cuerpo es algo *fundamental* en la tradición de Shambhala. Recomiendo el *kyudo* –el arte japonés del tiro con arco–, la ceremonia del té y la composición floral como disciplinas orientales para ayudar a sincronizar mente y cuerpo correctamente. De la tradición occidental, recomendaría la disciplina de la equitación en las modalidades de doma y alta escuela como práctica para sincronizar cuerpo y mente. La doma de alta escuela es una disciplina única, muy sensata y despierta, que prepara y sirve para sincronizar mente y cuerpo. Estoy convencido de que hay algunas otras disciplinas occidentales que pueden ser útiles para unir la mente y el cuerpo.

En resumen, los tres principios de la renuncia son:

- Tener una actitud cariñosa hacia los demás, libre de duda, produce audacia.
- Saber qué aceptar y qué rechazar produce cordialidad.
- Darse cuenta de que el monarca une el cielo y la tierra hace que nuestro cuerpo y mente se sincronicen.

En el estudio de los principios shambhalianos, el principio del rey, de la realeza o monarquía, se muestra en su momento óptimo, antes de que se haya corrompido. La realeza en el mundo de Shambhala no se basa en crear una élite shambhaliana o

un sistema de clases. En ese caso, no estaría compartiendo la sabiduría de Shambhala con todo el mundo, no les estaría contando nada de todo esto. Hubiera escogido probablemente diez o veinte personas para que escucharan acerca del monarca universal que une cielo y tierra en vez de decir esto abiertamente. ¿Por qué debo contarles estas cosas? Uno de nuestros temas, la cordialidad y apertura, tiene algo que ver con ello. Cada uno de ustedes puede unir el cielo y la tierra, puede ser un rey o una reina, sin excepción. ¡Qué sorpresa! ¡Menudo cambio! Ahí está la razón de que la visión en su integridad se comparta con todo el mundo. Este punto es muy importante. No me siento arrogante ni tampoco pido disculpas por compartir la noción ideal de reino con ustedes. Parece bastante natural: todo el mundo debería saber cómo crecen los árboles y las plantas y cómo se vive la jerarquía en las cuatro estaciones. Todo el mundo puede ver cómo el gobernante definitivo conquista el universo (lo que trasciende el rey medieval o temporal).

No nos quedan muchos reyes y reinas en la tierra hoy en día, y muchos de los que efectivamente tenemos, en todo caso, se encaminan a convertirse en ciudadanos particulares. No obstante, en cualquier negocio y en cualquier organización, incluyendo las educativas o sociales, los seres humanos se han dado cuenta de que todavía necesitan alguna clase de jefe o director. La jerarquía evoluciona a partir de ahí. Si uno quiere montar un restaurante, necesita un encargado, que es el rey o la reina. Después puede tener camareros y camareras y otros empleados que hacen de ministros del reino. Después tenemos los trabajadores del rey, que son los clientes. Si uno es dueño de un negocio, puede ver a sus inversores como ministros, y uno mismo es el rey o reina. En un banco, el principio del rey o reina es el banquero o banquera, después están todas las diferentes partes de la corte representadas por las demás funciones. Las organizaciones funcionan siempre así, pero somos tímidos a la hora de reconocerlo. El planteamiento de la visión de Shambhala consiste en reconocer la jerarquía, pero insistir

en que la gente a lo largo de las posiciones jerárquicas –alta, media o baja– aprenda a conducirse en el estilo shambhaliano. Los más altos en el escalafón no ejecutan su poder desde la arrogancia sino desde una sentida humildad, autenticidad y empatía. De ese modo el poder desciende directamente hacia los niveles inferiores.

La jerarquía ya está ahí. Tanto si se está en un sistema completamente democrático o completamente comunista, no puede evitarse tener un encargado en el restaurante. En cualquier lugar del mundo al que vayamos veremos esos sistemas en los que los seres humanos han hallado la mejor base de trabajo. Siempre hay un presidente Mao o un Castro en el mundo comunista, y siempre hay un presidente de los Estados Unidos, a pesar de la democracia. Una democracia sigue teniendo un presidente. Si un país fuera verdaderamente democrático, no tendría ningún líder; pero eso no puede ocurrir. Un país no puede funcionar así. Una organización no puede funcionar así. Siempre hay jerarquía.

Sin embargo, se ha abusado de la jerarquía, se ha usado mal. Dentro de la visión de Shambhala, se aspira a rectificar esa situación, a no hacerla más autocrática o dictatorial. Los líderes deberían ser más humildes y los trabajadores más orgullosos, más arrogantes quizá. Con líderes más humildes y trabajadores más arrogantes, llegaríamos a un denominador común en algún momento. Una sociedad despierta puede funcionar así, en la yuxtaposición de ambos, durante las generaciones venideras.

En muchos casos, los trabajadores no tienen suficiente arrogancia. Se sienten mal porque no tienen suficiente dinero o posesiones. Los líderes tienen demasiado de ambas cosas. Los líderes son arrogantes y orgullosos incluso en muchas democracias; y a veces están "sordomudos". En 1980, miembros del Congreso de los Estados Unidos invitaron a almorzar a la cabeza de mi linaje de budismo tibetano, su santidad Kármapa XVI. Se me invitó a acompañarle al Capitolio, donde conocí a cierto número de representantes y senadores, incluyendo un senador que se suponía iba a presentar su candidatura presidencial pronto.

Esa gente estaba completamente "sordomuda", se habían vuelto totalmente chiflados. Durante el almuerzo, estuvieron constantemente saliendo a votar en el hemiciclo de la Cámara o en el Senado. Siempre que se encendía una lucecita en la pared, tenían que salir corriendo a votar. Estaba bastante *asombrado* de que se estuvieran enterando de *algo* porque *no estaban ahí.* Fue sorprendente. Se podía realmente decir quién estaba más alto y quién más bajo en el mástil totémico según el grado de locura. Cuanto más alto, más loco. ¿Qué nos dice esto sobre la gente en posiciones de poder? Cuanto más poder consiguen, más locos se vuelven.

A niveles inferiores de gobierno, según mi experiencia, es

muy diferente. También acompañé a Su Santidad a la visita que hizo al ayuntamiento de Boulder (Colorado), donde había gente muy inteligente y notable. Si los integrantes del ayuntamiento se encontraran con los del Congreso, me pregunto como podrían comunicarse entre sí. Los componentes del Congreso eran *muy* sorprendentes. A juzgar por ello, ¡imaginemos cómo sería un presidente!

Ésa parece ser la idea tipo sol poniente de la jerarquía. Según vas subiendo no tienes ni siquiera que pensar, simplemente te chiflas. Por contraste, eso nos debería dar alguna idea de cómo unir el cielo y la tierra. Me gustaría fomentar la práctica sentada de meditación, porque quisiera ver que lo que hacemos *juntos* en el mundo de Shambhala es realmente auténtico. Esa autenticidad tiene que venir de ustedes. Yo puedo presentar algo auténtico, pero ustedes pueden transformarlo en otra cosa. Por medio de la práctica de meditación, se puede uno asegurar que se guardan correcta y totalmente los exigentes criterios de autenticidad. Al mismo tiempo, les ruego que lo pasen bien.

# 9. CÓMO CULTIVAR EL SOL DEL GRAN ESTE

*Tanto si lo está pasando uno bien como si lo está pasando mal, debería sentir una mezcla de tristeza y alegría. Así se es un ser humano real, decente. Esto tiene que ver con la idea budista del anhelo o devoción. El anhelo es la sed de sacralidad. Cuando uno empieza a sentir que está muy metido en lo mundanal, anhela lo sagrado. Se siente por lo tanto triste, lo que constituye una apertura. Cuando se siente uno tan triste y tierno, se le ocurren también ideas para elevar el espíritu del resto del mundo. Unir la tristeza y la alegría es el único mecanismo que produce la visión del Sol del gran Este.*

A modo de repaso de lo que hemos visto hasta ahora, podríamos decir que cultivar el sustento de la bondad fundamental se basa en la idea de la confianza. La confianza produce paciencia y fe y nos libra de la pereza, lo que automáticamente nos lleva a la renuncia. Llegado ese punto, tenemos muy claro qué aceptar y qué rechazar para ocuparnos de los demás; también comenzamos a darnos cuenta de las ventajas de la práctica sentada de meditación. Acrecentar el discernimiento de lo que hay que aceptar o rechazar conduce a la cordialidad y también a darse cuenta de que el rey de la bondad fundamental une el cielo y la tierra. Por consiguiente, vemos que somos capaces de trabajar en sincronizar mente y cuerpo.

Hemos llegado ahora fructuosamente a algo que tiene que ver con la destreza o el conocimiento de saber llevar a la práctica todos estos sublimes principios. Tenemos que saber cómo actuar, cómo manifestarnos plenamente. No vamos a perder el tiempo innecesariamente filosofando o legitimando los principios shambhalianos. El tiempo es oro y la situación apremiante, así que no tenemos tiempo para hablar de metafísica, pero sí que tenemos tiempo para hablar de cómo hacer las cosas con destreza. Me gustaría compartir este conocimiento en concreto con todos ustedes. De hecho, es un placer hacerlo.

El trabajo personal siempre implica un recorrido. Durante este recorrido, cada uno de nosotros tiene que examinar detenidamente su propia basura. Parte de ella es basura real y hay que deshacerse de ella, y otra parte es basura orgánica que puede reciclarse. Un punto importante es que cuando se está examinando y separando la propia basura, hay que reconocer que uno no es el estudiante ciento por ciento ideal porque improvisa, se atasca a veces en su neurosis y está en cierto modo engañándose a sí mismo. Esto no es algo terrible, siempre y cuando se reconozca. Es muy difícil dilucidar qué partes del recorrido son auténticas y qué partes falsas. Mientras uno siga recorriéndolo no pasa nada, sólo se convierte en algo problemático cuando se intenta filosofarlo o racionalizarlo todo.

Siguiendo los principios shambhalianos, la creencia en el pecado original es algo que no nos concierne: no estamos fundamentalmente condenados. De hecho, sucede en gran medida lo contrario: somos fundamentalmente buenos. A pesar de nuestra hipocresía, somos capaces de ser buenos y lo que manifestamos será bueno también, nos saldrá bien.

Nuestra discusión sobre la destreza se encuadra dentro de un tema más amplio que es el soltar, estamos viendo cómo soltar, qué soltar y cómo relajarse en nuestro mundo. En muchos casos, se les han dado pautas para llevarse bien con ustedes mismos y con los demás, pero no se les ha dado ninguna pauta para experimentar la libertad. La expresión de la libertad tiene que venir de dentro. Soltar no consiste meramente en una despreocupación teñida de negligencia. Hay que evaluar qué parte de la disciplina debería mantenerse en nombre de la integridad y qué parte debería relajarse. Así que soltar sigue siendo un proceso de aprendizaje, aunque lógicamente sea también la culminación de un proceso.

Desde el momento en que descubrimos que somos seres humanos –lo que ocurre un segundo después de nacer–, nos damos cuenta de que podemos llorar y de que podemos respirar porque estamos fuera de la matriz de nuestra madre. De ahí en adelante, ejercitamos constantemente nuestra individualidad. Ya no estamos nunca más apegados personalmente al cordón umbilical materno, aunque pueda todavía existir un apego emocional, un cordón umbilical emocional que todavía nos ata a nuestra madre. No obstante, según vamos creciendo, recorriendo nuestra infancia, nuestra adolescencia y juventud, nuestra madurez y lentamente llegando a la vejez, vemos cómo nos alejamos más y más de nuestros padres, despegándonos cada vez más de ese tipo de atadura. Nos hacemos seres humanos adultos únicamente porque nos liberamos de la madre y del padre, convirtiéndonos así en individuos que pueden funcionar con independencia. Al mismo tiempo, se nos alienta a tener una actitud decente hacia los demás. Todos los seres humanos comparten el tener una madre, un padre, hermanos y hermanas. Deberíamos tener una relación decente con la humanidad.

La sociedad shambhaliana tiene mucho que ver con lo que ocurre cuando salimos de la matriz y nos reagrupamos con lo que la matriz ha producido, por decirlo así. Estamos pidiendo a la gente que permanezca conectada al clan, a la familia. Por otra parte, también se le pide que *no* se quede enganchada a la neurosis o el estímulo que produce ser hijo o hija de alguien.

Tenemos que separarnos y, a la vez, juntarnos con camaradería, trabajar con la sociedad humana. Aunque haya ahí una contradicción, también hay mucha sabiduría.

Si examinamos la organización social del pasado –en especial la de algunos grupos étnicos tales como la sociedad india, judía, polaca, china, japonesa y tibetana–, veremos que la comida era muy importante, que el hogar o fogón era muy importante. La cocina de hoy en día se ha modernizado en exceso. Antiguamente, la gente se sentaba alrededor del fuego mirando cómo hervía el caldero, mirando la lumbre, echándole leña y pasando el rato sentada en la cocina. El fogón es una parte muy importante de la civilización, es realmente uno de los santuarios principales. Muchos estadounidenses no tendrán probablemente idea de esto, pero nosotros, los grupos étnicos, lo sabemos.

Saber ser una persona de familia, una persona doméstica, vivir de acuerdo con la sabiduría de la sociedad ancestral y venerarla no es producto de la neurosis o de la falta de sofisticación moderna. La gente no se queda alrededor del fuego de la cocina únicamente porque su sociedad no es lo suficientemente moderna. Una vez que se tiene electricidad, no hace falta quedarse en la cocina para calentarse o alimentar la lumbre. Una vez que se tiene calefacción central y aire acondicionado ya no hace falta este punto de referencia central. Es interesante ver que el foco familiar y el modo de vida hayan cambiado tanto. Antiguamente, ese foco se basaba en la pretensión de la supervivencia, pero había algo más. La gente construyó su altar familiar y nacional alrededor de su papá y su mamá. La sacralidad y las tradiciones que surgieron fueron transmitidas por nuestras abuelas y nuestros abuelos. Ellos nos dieron la destreza, nos enseñaron cómo cuidarnos a nosotros mismos.

Antiguamente, antes de que hubiera hospitales, lo natural era que la abuela acompañara y ayudara en el nacimiento de los hijos porque sabía exactamente qué hacer en cada momento. Más tarde, la investigación médica incorporó la sabiduría de la abuela y se construyeron hospitales y casas de maternidad. Las abuelas ya no hacen ninguna falta y probablemente se las aparque en residencias para mayores. Ya no tienen ninguna función, lo único que pueden hacer es ir de visita y ver que sus nietos ya han nacido y que tienen un lindo aspecto. La organización social ha cambiado por tanto de esa manera.

Cuando hablamos de soltar, no nos referimos a soltar la tradición, sino a soltar la superficialidad moderna que va en contra de la sociedad humana ideal. No estoy sugiriendo en particular que deberíamos resucitar el estilo medieval pasado de moda, sino que hablo de poder hacer mejor las cosas con un poco de esfuerzo, energía y sabiduría. Una de las claves es examinar la manera en que la gente se comporta en las sociedades tradicionales, tales como la tradición clásica judía, la china y la india. La gente de esas sociedades ha aprendido con gran simplicidad a elegir una cacerola, cocinar en ella, lavarla y guardarla. El mismo principio se aplica en la tradición japonesa de la ceremonia del té. Quizá se pregunten: «¿Por qué darle tanta importancia a aprender a usar una cacerola, saber hervir agua en ella, controlar la temperatura del fuego y limpiar al terminar? Eso no va a cambiar las elecciones presidenciales ni nada por el estilo». Si bien prestar atención a esa clase de detalles no es especialmente una experiencia trascendental, *podría* ser en cambio la clave de las elecciones presidenciales.

Normalmente se piensa que saber cómo relacionarse con las cosas con simplicidad –saber manejar un utensilio, controlar el agua y el fuego, conocer las verduras– es algo que cualquiera puede entender. Pero a la gente le cuesta muchísimo aprender a ser natural y precisa en la sociedad actual. Saber usar un objeto correcta y totalmente es algo complejo. No necesariamente desde un punto de vista científico, sino desde el punto de vista del sentido común: el sentido común implica muchas sutilezas y mucha sofisticación también.

## *Atención plena y conciencia panorámica**

Según la tradición budista, para trabajar con los detalles hay que seguir un proceso bipartito. La primera parte es *la atención plena de las cosas como son.* Se tiene una cacerola, una taza de té o el objeto que sea, y la atención plena consiste en manejar esos objetos correctamente. El segundo aspecto es *la conciencia panorámica,* que es la totalidad de la situación, la manera en que la atención plena se refleja en lo que estás haciendo. Las dos cosas juntas, atención plena y conciencia panorámica, forman el primer apartado o principio del soltar.

Este tema podría parecer muy simple y ordinario. No obstante, en lo que concierne a la sabiduría de Shambhala, es un tema muy importante porque de él depende saber ser una persona, saber ser un ser humano plenamente. La atención plena, en primer lugar, y la conciencia panorámica, en segundo, producen lo que se conoce como *decencia.* Con atención y conciencia nos convertimos en personas decentes. Soltar no significa asilvestrarse o ser un chalado que puede "soltarlo" todo. Más bien estamos diciendo que si uno se suelta totalmente y reconoce su existencia según lo que es –un ser humano–, se descubrirá prestando más atención a los detalles, hasta donde le sea posible. A partir de la atención plena y la conciencia panorámica, por tanto, uno se convierte en una persona decente que sabe cómo relacionarse con las cosas tal como son. Ése es el primer apartado del soltar.

## *Caballo de viento*

El segundo apartado es realmente interesante. Una vez que hemos tenido la experiencia del soltar y tenemos una vida do-

* En otras obras del mismo autor hemos traducido *mindfulness* y *awareness* como "prestar atención" y "darse cuenta". *(N. del T.)*

méstica decente –o un modo de vida decente– y una relación decente con los demás, vemos que existe de modo automático una cualidad vigorizadora en nuestra vida –que podríamos llamar existencia sagrada– que surge espontáneamente a causa de nuestra atención plena y conciencia panorámica. Prestamos atención a los detalles: lavamos los platos, limpiamos la habitación, nos planchamos las camisas y hacemos la cama. Cuando prestamos atención a todo lo que nos rodea, el efecto general es vigorizador. El término shambhaliano que se usa aquí es *caballo de viento*. El principio del *viento* es muy aireado y poderoso. *Caballo* significa que la energía se puede montar: se puede montar esa energía especial tan aireada y sofisticada, tan limpia y llena de decencia. No es como tener simplemente un pájaro volando en el cielo por su cuenta, sino que se tiene algo sobre lo que cabalgar. Esa energía es fresca y exuberante, pero simultáneamente se puede montar. Se conoce por tanto como caballo de viento.

El caballo de viento incluye también la idea de aprovechar o seguir adelante con la bondad fundamental. El viento de la bondad es fresco y no tiene impedimentos, se puede por lo tanto aprovechar. Así que otra manera de seguir adelante con la bondad fundamental es *montar el caballo de viento*. La experiencia del caballo de viento es ésa porque todo es tan decente, tan real y tan apropiado, que por lo tanto es factible. Uno comienza a *experimentar* realmente la bondad fundamental, no desde el plano filosófico sino desde el plano físico. Comienza a ver cómo el ser humano que es puede crear la bondad fundamental en el acto, totalmente, idealmente.

A partir de ahí se origina el corazón ideal. Cuando hablamos de "tener corazón", normalmente nos referimos a la idea militar de la valentía o gallardía, o bien a una actitud amorosa dentro de la familia o de la situación doméstica. Sin embargo, la idea shambhaliana de tener corazón es que, como somos capaces de montar el caballo de viento, todo es una proyección de esa decencia vigorizadora. Una vez presenciada la expresión plena de la bondad fundamental, desarrollamos un corazón verdadero de autenticidad.

## *Unir tristeza y alegría para traer el Sol del gran Este*

El tercer apartado dentro de soltar es *tristeza y alegría unidas.* Ordinariamente, cuando uno habla de estar triste quiere decir que está dolido, que se siente mal. Cuando habla de estar alegre quiere decir que se siente muy entusiasmado y animado. Aquí uno tiene tristeza y alegría simultáneamente, comienza a sentirse tierno, extremadamente tierno y triste. La primera vez que uno se enamora y está pensando en la persona amada, se le ocurren cosas agradables pero, a la vez, se siente algo triste. No se trata únicamente de que la persona amada no pueda estar con uno o de que viva muy lejos, uno se siente tierno incluso cuando está con ella. En el momento, compartiendo la misma habitación o la misma cama, es maravilloso mirar a la persona amada; pero a la vez uno se siente muy susceptible y triste. Es *maravilloso* –es ideal, de hecho– que las emociones humanas se manifiesten así. Cuando uno está triste, se siente por tanto estupendo. Calor y frío, dulce y amargo, ocurren a la vez.

Según los principios shambhalianos, uno se debería sentir así en *todo* lo que hace. Tanto si lo está pasando bien como si lo está pasando mal, debería sentir una mezcla de tristeza y alegría. Así se es un ser humano real, decente. Esto tiene que ver con la idea budista del anhelo o devoción. El anhelo es la sed de sacralidad. Cuando uno empieza a sentir que está muy metido en lo mundanal, anhela lo sagrado. Se siente por lo tanto triste, lo que constituye una apertura. Cuando se siente uno tan triste y tierno se le ocurren también ideas para elevar el espíritu del resto del mundo. Unir la tristeza y la alegría es el único mecanismo que produce la visión del Sol del gran Este.

El Sol del gran Este tiene tres partes. Desde la experiencia de la simultaneidad de la tristeza y la alegría *irradiamos confianza apacible*, que es la primera cualidad del Sol del gran Este. La segunda es *iluminar el camino de la disciplina* que, como hemos dicho, consiste en saber qué aceptar y qué rechazar. Este aspecto del Sol del gran Este es como encender la luz. Si se encuentra uno en medio de una habitación oscura y no tiene la menor idea de lo que le rodea, cuando enciende la luz sabrá qué aceptar y qué rechazar. La tercera cualidad es convertirse en el *soberano eterno de los tres mundos* o conquistar los tres mundos. Tras haber llegado a una situación triste y alegre, viendo qué aceptar y qué rechazar, uno siente como consecuencia una sensación alegre de haber alcanzado algo. En esto consiste conquistar el mundo tripartito que, aproximadamente, se corresponde con los principios del cielo, tierra y hombre o ser humano.

La conquista aquí es algo muy personal. Tiene que ver con nuestras actitudes hacia nosotros mismos y hacia el mundo al comenzar a ver el Sol del gran Este. Podría decirse que cuando encendemos la luz se conquista la habitación porque ya no queda nada de oscuridad. Conquistar aquí no tiene que ver con ninguna batalla, es simplemente encender la luz. Ésa es la sinopsis, como quien dice, de las cualidades del Sol del gran Este.

El cultivo del Sol del gran Este, como ya se ha mencionado, tiene su origen en la mezcla de la alegría y la tristeza, que puede resultar algo parecido al cerdo en salsa agridulce.

ESTUDIANTE: ¿Podría decir algo acerca de lo que quiere decir con cielo y tierra?

DORJE DRÁDUL DE MUKPO: ¿Qué se te ocurre que pueda ser? ¿Alguna idea?

ESTUDIANTE: Creo que puedo entenderlo cuando habla desde el punto de vista de sincronizar cuerpo y mente.

DORJE DRÁDUL DE MUKPO: ¿Pero qué hay acerca del cielo y la tierra mismos? ¿Qué es la tierra?

ESTUDIANTE: Bueno, es donde estoy sentado.

DORJE DRÁDUL DE MUKPO: Bien, a partir de ahí se puede deducir lo que es el cielo. Es nuestro punto de referencia mutuo.

ESTUDIANTE: Pero eso suena como estar en medio de un emparedado.

DORJE DRÁDUL DE MUKPO: Bueno, es posible que *estés* en un emparedado. Estamos siempre emparedados porque tenemos un pasado, un presente y un futuro. Estamos emparedados por nuestro padre, nuestra madre, nuestro hijo. Incluso en el aspecto temporal estamos emparedados: estamos emparedados entre el desayuno, la comida y la cena.

Cielo es cualquier cosa que sea espaciosa e incluye las ideas sublimes, las creencias, nuestra metafísica, las aspiraciones y los deseos. Es lo que para uno es sagrado, lo que sea, cualquier cosa que pudiéramos meter en una caja fuerte: las joyas, el certificado de nacimiento, el diploma universitario. La tierra tiene que ver con nuestra existencia personal: las llaves del coche o del apartamento, el dinero en la cartera, el marido, la esposa, la comida que queda para cenar o para el resto de la semana. El cielo es por lo tanto el principio sublime, y la tierra es lo que uno *tiene* realmente en su refrigerador o en su cuenta corriente.

Unirlos es un reto. Si pensamos en términos de toda una nación uniendo cielo y tierra, la cosa se complica bastante, pero si comenzamos por nosotros mismos y examinamos cómo nos relacionamos personalmente con la unión de cielo y tierra, es algo bastante simple y doméstico. Podría pensarse que nuestro cielo y tierra personales no son suficientemente sagrados como para unirlos, pero en el mundo de Shambhala tenemos un aprecio y respeto naturales por cualquier cosa que llevemos a cabo. Cada acto es un acto sagrado. Con esa inspiración, consideramos toda experiencia de la vida como sagrada también y podemos entonces unir cielo y tierra. Podría ser algo tan mundano como ir al supermercado a comprar papel higiénico, traerlo a casa, usarlo y tirar de la cadena. Se está uniendo cielo y tierra: cuando lo compras tienes el cielo, cuando lo usas tienes la tierra. Uno los une y es algo muy hermoso. Se puede completar todo el proceso.

Hemos llegado a una conclusión natural. Con el descubrimiento de la bondad fundamental surge la renuncia y, a partir de ella, la audacia. Podemos finalmente apreciar y disfrutar nuestra existencia individual como guerreros. Hay un orgullo natural relacionado con llevar la vida y apreciar la existencia como buenas personas de Shambhala.

Mi familia y yo hemos estado intentando establecer el aprendizaje de Shambhala desde hace ya bastantes años. Establecer una base firme es complicado, pero una vez que la base está establecida, los estudiantes nuevos consiguen entrar con relativa facilidad. El esfuerzo de los primeros estudiantes unido a las aspiraciones de los nuevos estudiantes cumple el propósito del trabajo. Tenemos en primer lugar el cielo, después brilla el sol gracias a él; ambos se complementan. Cuando el cielo y el sol se encuentran, se manifiesta y brilla el Sol del gran Este.

El conocimiento del Sol del gran Este no se debe exclusivamente a la filosofía o a la existencia de alguna organización. Su participación individual se vuelve maravillosamente poderosa y nos alienta a todos. Personalmente, he hecho el voto de trabajar con todos ustedes y, más aún, con el resto del mundo. Podemos siempre confiar en el Sol del gran Este y apreciarlo sin temor. Debemos hacer el voto de no usarlo en absoluto para nuestra ganancia personal, porque hacer esto supondría nuestro ocaso.

Valoro el haber compartido esta enseñanza con ustedes, y espero que puedan manifestarse todavía más. La belleza y la gloria de los aprendices de guerrero prueban que lo que estamos haciendo es absolutamente lo que hay que hacer, aparte de ser maravilloso. Por favor, sean guerreros y guerreras mientras dure la vida, o sea varios miles de millones de años. Bienvenidos a la visión del Sol del gran Este.

# Parte III:

# JUSTO

## PASIÓN POR SER

# 10. LA INOCENCIA: SABER QUERERSE

*Aborrecerse acarrea muchos problemas. Dejemos de hacerlo, dejémoslo ya. Seamos genuinos, seamos gente auténtica que no necesita doctores, medicinas, aspirina, codeína y todo lo demás. Seamos simplemente seres humanos de verdad. Miren los hermosos ciervos. No tienen nadie que les gobierne, pero retozan en la pradera como si tuvieran alguien que los cuidara. Son tan limpios, ¡qué porte de cabeza y hombros tienen, y qué cuernos tan hermosos! El ciervo, el zorro, el chacal; todos tienen su belleza singular siendo ellos mismos. Nadie se ocupa de ellos.*

Me llamo lord Mukpo del Tíbet. Soy consciente de que el mundo revolucionario estadounidense ha rechazado al rey y, con él, a los lores. Mas me temo que estos lores y ladies volverán una y otra vez.* En particular, refiriéndonos a la visión

* Lord (lores en plural) y lady (ladies en plural) son dos fórmulas de tratamiento honorífico en masculino y femenino, usadas sobre todo en Gran Bretaña. Se van a traducir en lo sucesivo como *señor* y *señora*. *(N. del T.)*

de Shambhala, este lord está retornando a los Estados Unidos de América y no viene de la Gran Bretaña, sino del Tíbet.

Deberíamos quizá hablar sobre la palabra *señor,* que tiene varios significados diferentes. Un señor puede ser una persona que esclaviza a los demás, una persona que gobierna a los demás o una persona que de hecho promueve la dignidad señorial entre los demás. Yo pertenezco al tercer tipo de señores. Todos somos señores o señoras. Me llamo señor Mukpo y estoy orgulloso de ello. He cumplido la obligación que se me ha asignado. Nunca me he cansado de llevar a cabo mis obligaciones, una de ellas es presentarles a ustedes los principios de Shambhala.

Lo que Shambhala tiene que ofrecer no es muy complicado, se trata simplemente de que la condición humana se puede entender o, podíamos decir, las condiciones neuróticas se pueden superar. Eso es en esencia. Puede que no sea en absoluto diferente a lo que ya hayan oído antes, excepto que ahora es un señor quien se lo está diciendo. En este caso, ser un señor es lo mismo que ser un ser sensible.* Este señor en concreto ha tenido que vivir de manera muy simple, pasando incluso por situaciones casi del reino animal, y ha sabido salir de ellas. Este señor ha visto los problemas de la sociedad humana y los ha entendido. Todos ustedes han ido a la escuela, donde han pasado por un proceso de aprendizaje y disciplina y donde han sido castigados o aplaudidos por sus maestros o maestras de escuela. Este señor ha pasado por lo mismo.

La razón de ser de la visión de Shambhala es ayudar a los demás. No vamos a ser simplemente individuos fuertes y auto-

* Este término se refiere en el budismo a un ser que tiene mente y por ello puede percibir. Los seres sensibles habitan uno de los seis mundos. Tres de ellos son inferiores –el mundo de los infiernos, el de los fantasmas hambrientos y el animal– y ya han sido descritos anteriormente. Los otros tres mundos, los superiores, son el reino humano, el de los semidioses y el de los dioses; están descritos en el capítulo siguiente. *(N. del T.)*

didactas. Quizá piensen que cuando uno se convierte en señor va a emplear sirvientes: «Voy a imponer mi poder sobre los demás para someterlos. Van a escuchar lo que yo tengo que decir, mis deseos y órdenes serán ejecutados». En este caso se trata justamente de lo contrario. El señorío es exactamente igual que amar a alguien por primera vez en la vida o enamorarse. Nos estamos refiriendo a ese tipo de afinidad y cordialidad. Ésa es la esencia del señorío.

Somos lo suficientemente curiosos como para escuchar el sonido de la voz de una persona, somos lo suficientemente curiosos como para mirar a la cara de una persona, oler su cuerpo, tocarlo. No pretendo dar una descripción particularmente pornográfica de la visión de Shambhala. Sin embargo, la pasión ha sido muy menospreciada, especialmente por la religión, con comentarios del tipo: «el sexo es malo». Tampoco estamos afirmando aquí que el sexo sea lo mejor, sino refiriéndonos más bien a la naturaleza humana y a la virtud humana, o bondad, de ayudar a los demás. A menudo se confunden mucho las ideas de ayudar a los demás, gustarnos alguien y amar a alguien. Escuchamos historias espantosas, como las de sacerdotes haciéndolo con sus parroquianas. Existe toda esa basura circulando por ahí, todas esas historias humanas. Quizás trataremos la perversión del amor más adelante, pero de lo que estamos hablando aquí es del amor sano. Nuestro tema es beneficiar a los demás, trabajar por ellos. Para trabajar por los demás tenemos que trabajar en nosotros mismos, tenemos que amarnos, ser cordiales con nosotros mismos. Eso es lo principal: los seres humanos necesitamos cultivar la cordialidad, que es autenticidad.

Junto a ella aparece un sentimiento de entrega y una sensación de repulsión y asco hacia el mundo. No estamos hablando de ver el mundo de color de rosa o pensando únicamente que la vida es bella. En primer lugar, ayúdense a sí mismos, lleguen a sentirse lo suficientemente sanos como para poder decirse: «Estoy ayudando a los demás. Yo, Juan Español, ayudo de verdad a los demás». Después vemos la fealdad: la confusión de la gente y su resentimiento y agresión hacia el mundo. Más de una vez alguien intentará convertirles a su modo de pensar agresivo; lo principal es no seguir a esa persona. Eso es muy importante y bastante claro. (Quizá algún californiano no entenderá esto bien del todo, pero sin lugar a dudas los neoyorquinos no tendrán ninguna dificultad con esta idea.)

También es importante confiar en nuestro corazón, lo que es muy simple, extremadamente simple. Aunque al decir "confiar en nuestro corazón" nos podemos hacer muchas preguntas: «¿cómo?», «¿por qué?», «¿cuándo?», «¿qué corazón?», «¿cómo se hace?»; la respuesta es simple: *«Porque estás aquí»*. ¿Cómo sabe uno que el techo no se le va a caer encima? ¿Cómo sabe uno que el piso no va ceder y acabar en el sótano? Con confianza. La confianza empieza dándonos cuenta de que hay billones de personas dignas de consideración que quieren conectar con la visión de Shambhala y con la bondad fundamental. Por consiguiente, uno cultiva cierto espíritu guerrero libre de cobardía o nerviosismo, como se llama comúnmente en los Estados Unidos. El término propiamente dicho, el tecnicismo, es *cobardía*. El cobarde es un miedica, un caguetas, un gallina. Ser un gallina no tiene nada que ver con poner huevos, por supuesto. De hecho, un gallina es lo contrario de una gallina de verdad. Este gallina ni siquiera pone huevos, es demasiado cobarde para hacerlo, está totalmente seco y tembloroso.

En tibetano, guerrero se dice *pawo*. *Pa* significa "hacer caso omiso del retador" o "hacer caso omiso del reto ajeno", *wo* sustantiva la palabra. De modo que un guerrero es alguien que no se enfrasca en la agresión del vecino. Cuando no hay agresión tenemos confianza. De ese espíritu guerrero auténtico surge la alegría. Por primera vez en la vida nos sentimos a gusto: «¡Dios mío! ¿Por qué diablos me he estado enloqueciendo aterrorizándome con todas estas cosas que me rodean? ¿Y cómo es que ahora por fin resulta que puedo relajarme?» ¡Vaya!. Hay una relajación tremenda, acompañada de una gran sonrisa y de un porte natural de cabeza y hombros.

Relajación, en el sentido ordinario de la palabra, se parece a cuando el asistente de vuelo dice en el avión: «El comandante acaba de apagar la señal de ponerse el cinturón, pueden levantarse, vamos a servirles algo de beber y comer, también les mostraremos una película». Eso es una invitación a la dejadez. Podemos recostarnos, ver la película, beber algo y comer algo bueno (aunque, realmente, la comida suele ser mala). Relajación en el sentido convencional puede ser también como cuando nos sentimos a punto de vomitar y entonces aliviamos esa sensación con un gran eructo. En el avión, si estamos con el estómago revuelto, el asistente de vuelo nos dirá: «Adelante. No nos molesta que vomite. Cuando acabe lo limpiaremos». Ahí no hay porte de cabeza y hombros. Con un buen porte de cabeza y hombros no vamos a vomitar, devolver o eructar, sino que *vamos* a ser quienes somos: «Soy Fulano de Tal», «Soy Mengana de Cual», «Soy Lodrö Dorje», «Soy Ösel Tendzin», «Soy Diana Mukpo», «Soy Chögyam Trungpa Mukpo».* Enorgullecerse de nuestra existencia con un buen porte de cabeza y hombros es el antídoto contra la enfermedad, el remedio contra la dejadez y lo que sustenta nuestra discusión.

El último punto que quiero tratar es la falta de culpabilidad o inocencia. Normalmente, cuando las cosas van mal, se nos ocurre una excusa. Ante la pregunta: «¿Por qué mataste al presidente?», se nos ocurre una razón lógica para evitar que nos culpen: «Pobrecito de mí, tuve que asesinar al presidente porque soy un psicópata»; o bien piensa uno que alguna otra razón le llevó a hacer tal cosa. Para superar esta argucia, la inocencia verdadera es muy importante. Tanto si se es un practicante bu-

* Tras usar dos nombres genéricos, el autor usa los nombres de varios estudiantes presentes en la audiencia cuando dio esta conferencia. Lodrö Dorje era el Dorje Loppon, o responsable de práctica y estudio de Vajradhatu, la organización budista principal que fundó Chögyam Trungpa. Ösel Tendzin fue el regente *vajra*, heredero budista del autor. Diana Mukpo fue la esposa del autor, y, cómo no, la persona mencionada en último lugar es el autor mismo.

dista como shambhaliano, cuando uno no mantiene la práctica de meditación comienza a tejer todo tipo de razonamientos: «La razón por la que no estoy practicando mi disciplina shambhaliana o mi disciplina budista es que mi matrimonio se fue al traste», «He estado enfermo», «No pude dormir», «No tengo dinero». Bla-bla-bla. De lo que se trata aquí es de cultivar una inocencia verdadera en vez de fabricar esas excusas lógicas (que podrían incluso darnos un motivo para ponerle un pleito a alguien; en este país tenemos el problema de que hay demasiados abogados).

De lo que se trata aquí es de hacernos personas estrictas y disciplinadas. No cedemos ante ningún problema religioso, metafísico o psicológico. Nos limitamos a mantenernos como somos; podemos ser simplemente lo que somos, eso es lo fundamental. Tienen que tomar responsabilidades, es su obligación. No están ustedes esencialmente enfermos. Todo el mundo tiene una obligación y hace las cosas bastante bien si es uno mismo, según su capacidad. Podrían ayudar a muchas personas; de eso estamos hablando.

No quiero menospreciar el colorido de los primeros poemas de mi amigo Allen Ginsberg, pero cuando escribió poesía como reacción a la guerra del Vietnam y a otros problemas que enfrentaba Estados Unidos, podría haber estado contribuyendo a esos mismos problemas. La base de la inocencia es conectar con las cosas como son, el aspecto simple, claro, el aspecto inequívocamente cristalino de las cosas como son. Si ven algo que no está bien, díganlo. No hay que decirlo de modo peyorativo o negativo, simplemente decirlo y hacer algo acerca de ello. Hablen con sus amigos, díganselo: «No hagamos *esto,* hagamos *lo otro*». De hecho, cada uno de ustedes tiene un poder tremendo. No tienen que ser presidente de los EE. UU., pueden ser su propio rey o reina.

La inocencia como falta de culpabilidad es algo muy simple. La culpa no es de nuestros cónyuges o amigos, hay que asumirla, lo que significa que es *nuestra.* En otras palabras, cuando estamos al aire libre y gritamos algo que rebota en una roca, entonces la roca lo repite: «Ay, ay, ay, ay». Pero no echamos la culpa a la roca, sino a nosotros, porque fuimos *nosotros* quienes dijimos: «Ay, ay, ay, ay». Estamos en una cámara de resonancia, así que echamos la culpa a quien originó el eco y no al eco en sí. Eso nos da esperanza, esperanza de reducir la culpa.

Cuando se tiene miedo a algo –podría ser miedo a la oscuridad, a los cuchillos, a las armas de fuego o a lo que sea–, se tiene miedo *a* algo, no se puede tener miedo a secas. ¿Y qué es ese otro? ¿Quién es el otro? Es *uno mismo.* Hay una historia de un hombre encerrado en una habitación. Está sentado en esa habitación grande con mucho espacio en la que el sonido rebota muy bien. Empieza a enfriarse el ambiente y a oscurecerse más y más. El hombre escucha algo y entonces dice: «¿Quién va?». Como no hay respuesta, dice: «¿Quién va que dijo: "¿Quién va?"?»; y después dice: «¿Quién va que dijo: "¿Quién va?" cuando dije: "¿Quién va?"?». El antídoto a esa cámara de resonancia es entablar amistad con uno mismo.

Dense un respiro a sí mismos. Eso no significa que tengan que ir al bar más cercano e inflarse de copas o ir al cine. Simplemente disfruten del día, de la existencia normal. Permítanse sentarse en casa o darse una vuelta en automóvil por las montañas. Estacionen el automóvil en algún lugar y siéntense sin más, sean sin más. Suena muy sencillo, pero contiene mucha magia. Comenzarán a percibir las nubes, la luz del sol y el tiempo que hace, las montañas, el pasado, el parloteo con la abuela y con el abuelo, su madre y su padre. Comenzarán a percibir un montón de cosas. Déjenlas pasar simplemente como el parloteo que produce un arroyo cuando golpea las rocas. Tenemos que regalarnos algún tiempo para ser.

Ir a la escuela, buscar trabajo –nuestras vidas están tan atestadas con todo tipo de cosas–, nos ha nublado. Los amigos quieren que vayamos a tomar algo con ellos, pero no nos apetece. La vida está repleta de basura de todo tipo. En sí mismas, estas cosas no son basura, pero son un fastidio cuando estorban para relajarse, para ser, para confiar, para ser un guerrero. Hemos perdido tantas oportunidades para ello, pero hay muchísimas oportunidades más que podemos atrapar. Tenemos que aprender a ser más cariñosos con nosotros mismos, mucho más cariñosos. Sonrían mucho, aunque nadie les vea. Escuchen su propio arroyo haciéndoles eco. Lo pueden hacer muy bien.

Cuando comenzamos a estar tranquilos durante la práctica sentada de meditación, aunque cientos de miles, millones y miles de millones de pensamientos pasen por la mente, se limitarán a pasar de largo y sólo los que merezcan la pena dejarán sus huevas tras de sí. Tenemos que dejarnos algún tiempo para ser. No vamos a ver la visión de Shambhala, ni siquiera vamos a sobrevivir, si no nos damos un minuto para ser, para sonreír. Si no nos permitimos pasarlo bien no vamos a conseguir ninguna sabiduría de Shambhala, aunque seamos los primeros de la clase en términos técnicos. Por favor, se lo ruego, por favor pásenlo bien.

Eso no quiere decir que haya que ir a una tienda de ropa cara y gastarse tres mil dólares en un traje, ni que haya que ir al restaurante más caro a comer ni, para el caso, a un bar a emborracharse. La manera de pasarlo bien es ser cordial con uno mismo. Aborrecerse acarrea muchos problemas. Dejemos de hacerlo, dejémoslo ya. Seamos genuinos, seamos gente auténtica que no necesita doctores, medicinas, aspirina, codeína y todo lo demás. Seamos simplemente seres humanos de verdad. Miren los hermosos ciervos. No tienen nadie que les gobierne, pero retozan en la pradera como si tuvieran alguien que los cuidara. Son tan limpios, ¡qué porte de cabeza y hombros tienen, y qué cuernos tan hermosos! El ciervo, el zorro, el chacal; todos tienen su belleza singular siendo ellos mismos. Nadie se ocupa de ellos.

Me aflige en cierto modo que no podamos hacerlo por nuestra cuenta. Por otra parte, se trata de una condición humana que se ha venido transmitiendo a lo largo de generaciones. Ahora es el momento de que eso acabe, ahora es el momento de la esperanza. La sabiduría de Oriente llega a Occidente; la enseñanza de Shambhala está aquí ahora mismo, completamente pura y sin que nadie la haya diluido en lo más mínimo. Ustedes son muy afortunados, si se me permite decirlo de parte de mis antepasados, de mis abuelos y de mí mismo. Es fantástico que tengan esta oportunidad. Les ruego que no malgasten su tiempo, cada minuto importa. No obstante, les deseo que duerman bien, ¡y no trabajen mientras duermen!

## I

Primero crece y va donde le parece,
¿no será un río?
Sale por el este y se pone por el oeste,
¿no será la luna?

## II

Nunca se pone,
¿no será el Sol del gran Este?
Tanto si existe como si no,
¿no será el reino de Shambhala?

## III

El amor libre de vacilación
y la pasión libre de pereza
pueden unir Oriente y Occidente.
Entonces, el Sur y el Norte medran también.
Medra uno como el rey del mundo entero.
Puede unir cielo y tierra.

## IV

Al estar sin temor, creas temor.
El renombre del temor no ha de temerse.
Cuando gracias al temor te examinas,
pisoteas el huevo del temor.

*Estas cuatro poesías sin título se escribieron el mismo día que se dio la conferencia anterior sobre la inocencia.*

# 11. ALCANZAR LOS MUNDOS SUPERIORES

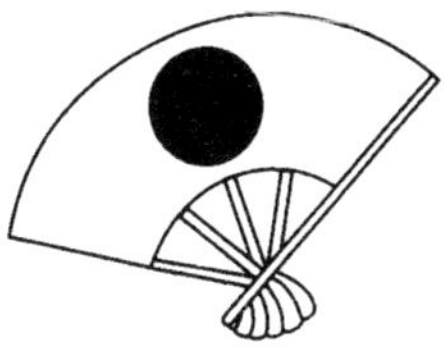

*Ustedes pueden ayudar al mundo: usted, usted, usted, usted y usted, todos ustedes, pueden ayudar al mundo. Conocen los problemas, conocen las dificultades. Hagamos algo, no seamos gallinas. Hagámoslo como se debe. Por favor, se los ruego, por favor. Estamos intentando alcanzar los mundos superiores y ayudar a que otros hagan lo mismo, en vez de quedar atrapados en el mundo infernal, el mundo de los fantasmas hambrientos y el mundo animal; que son las otras alternativas, los mundos inferiores. Hagámoslo. Por favor piénsenlo. Ojalá que todos ustedes hicieran el voto íntimo de ayudar a otros que están sufriendo tanta confusión.*

La inocencia, o estar libre de culpa, tiene su origen en la audacia o atrevimiento. Quizá diga uno: «¿Cómo te atreves a llamarme Perico de los Palotes? ¿Cómo te *atreves*? ¿Cómo te *atreves*?». Cuando uno dice eso, automáticamente eleva su porte de cabeza y hombros. Si se miran al espejo al decir: «¿Cómo te atreves?», se darán cuenta de ello. Así que este tipo de audacia es ennoblecimiento humano.

La audacia es algo muy claro pero, a la vez, un poco difícil de alcanzar porque, en muchos casos, no nos gustamos. Tenemos la impresión de que no estamos equipados con todo lo que deberíamos tener, así que no estamos muy contentos con nosotros mismos. Creemos de hecho que tenemos muchos problemas; algunos de ellos los consideramos asuntos privados: «No puedo tener un orgasmo», «Actué de manera impulsiva, le pegué un grito a alguien cuando no tenía que haberlo hecho». Hay muchas situaciones en las que nos sentimos inadecuados, mal o raros. Para superar todo eso hemos de tener una actitud cariñosa hacia nosotros mismos.

Cuando se presta atención o se quiere oír algo que otra persona dice, uno se sienta o está de pie bien derecho. Es muy curioso que las orejas formen el porte de cabeza y hombros porque cuando hay que hacer un esfuerzo para escuchar lo que dice alguien uno aguza las orejas. Ésa es precisamente la imagen del Parque de los Ciervos, el logotipo de su santidad el Kármapa. Dos ciervos están sentados a ambos lados de la rueda del *dharma,* que representa la proclamación de las enseñanzas budistas, intentando escuchar la enseñanza del Kármapa. Es como si estuvieran diciendo: «¿Qué dijo? ¿De qué trata todo esto?». Lo mismo pasa en muchos de los *thangkas* o pinturas tradicionales de Milarepa, un gran santo del budismo tibetano que compuso muchas hermosas canciones sobre los descubrimientos en la meditación. A menudo se le muestra ahuecando la mano derecha detrás de la oreja, escuchándose a sí mismo cantar. Ahueca la mano detrás de la oreja para poder escuchar su propia voz entonando la melodía y las palabras de la canción. La escucha forma parte del sentido de la curiosidad personal, y produce una sensación de satisfacción: ¡al menos podemos escuchar la música!

Tenemos que ayudar a quienes no pueden oír, podemos ayudarles proveyendo una noción de alegría. A quien sienta agresión hacia el mundo podemos decirle: «Experimentar el mundo no es tan terrible, mi querido amigo. Este mundo no está tan aterrorizado por la pasión, la agresión o la inconsciencia». Cuando entablen una nueva amistad con alguien que

nunca ha oído hablar de algo como la sabiduría de Shambhala o del buddhadharma, las enseñanzas del Buda, pueden invitarle a tomar un café o un buen whisky escocés. Después pueden relajarse juntos y escuchar este mundo. De ese modo, pueden compartir la experiencia de que se puede hacer algo en el mundo, que no está en absoluto *tan* mal. Es posible que con el alcohol surja la posibilidad de compartir juntos el espacio. Al día siguiente, cuando este amigo despierte, quizás tenga resaca y puede que vuelva a su mundo de depresión pero, aún así, habrá merecido la pena.

Estamos intentando levantar el ánimo del resto del mundo, el nuestro incluido. Al ir practicando y entendiendo las enseñanzas de Shambhala surge cierta autenticidad. Se empieza a ver que la nieve es realmente mucho más blanca, que el invierno es hermoso y el verano fabuloso. He creado instalaciones de arte dhármico que demuestran ese tipo de posibilidades.* Es posible levantar el ánimo, créanme, ¡por los cielos! Es po-

* *Arte dhármico* es un término acuñado por el autor para referirse al arte basado en la no agresión y que expresa el dharma básico, o la verdad, de las cosas como son. *Dharma Art,* libro que presenta los puntos de vista del autor sobre el arte, se publi-

sible levantarse el ánimo de muchas maneras diferentes y es completamente posible levantarle el ánimo al mundo.

En estos momentos el mundo está deprimido, ésa es nuestra preocupación principal. A veces el mundo se ha ennoblecido de una manera negativa, como ocurrió en la guerra del Vietnam o durante las dos guerras mundiales. La gente tenía algo que le levantaba el ánimo porque tenía un buen enemigo: «Los alemanes tienen un gran cañón, pero puede que nosotros tengamos otro mejor». Pero ¿cómo vamos a levantar el ánimo cuando no hay enemigo?, ¿qué pasará si la economía sufre una depresión? El caso es que depende de uno mismo individualmente. Hay que levantarse uno el ánimo primero; la caridad bien entendida empieza por uno mismo, como se dice. Entonces los demás no son un fastidio y el mundo alrededor es un buen mundo, un mundo mejor que se convierte en tu cónyuge, tu amigo. Incluso si nuestro automóvil choca con otro y le hace una buena abolladura, eso puede proporcionar un tema de conversación. Primero viene el "¡grrrr...!", después puede que sea hasta una broma, algo divertido, y entonces se entabla una amistad: «¿Dónde vives? Ven a cenar, te invito a tomar algo». Es posible, especialmente en los Estados Unidos de América.

La clave de la inocencia es la no agresión, sin duda. Cuando uno está enfadado, se vuelve muy inteligente y dice: «Esto ha ocurrido por esto, aquello y lo de más allá», «Hizo esto, hizo lo otro, y entonces pasó esto». La agresión tiende a ponerse muy inteligente y comienza a expandirse y subdividirse en más capas de agresión. Cuando uno está realmente enfadado y agresivo tiende a untar el excremento de la agresión en

---

có en 1996 en *Shambhala Publications.* [*N. del T.*: este libro ha sido publicado en 2001 en castellano con el título de *Dharma, arte y percepción visual* por mtm editor.es.] Las instalaciones a las que se refiere el autor en el texto consistían en una serie de habitaciones que representaban diferentes cualidades y aspectos de la vida, decoradas utilizando curiosas combinaciones de color, mobiliario y otros objetos; a menudo había en medio de la habitación una llamativa composición floral.

todo el mundo. Por ello la visión shambhaliana de la no agresión es tan importante. Siempre que tengan la tentación de echarle la culpa a otra persona diciendo: «Esto ocurrió por aquello», «Aquello ocurrió por esto», vuelvan simplemente a su unicidad. El principio shambhaliano de la entereza es como un jarrón de la dinastía Ming sin ninguna fisura que se mantiene majestuosamente entero con sus intrincados dibujos. Intenten mantener esa entereza. Cuando surja el "¡grrrr…!" piensen en el jarrón de la dinastía Ming; también pueden pensar en mí.

El siguiente tema es apreciar las percepciones. El peinado que llevamos, la manera en que nos vestimos, la manera en que manejamos los pormenores de la vida tiene mucho que ver con la noción fundamental de audacia. No hace falta comprarse el traje más caro de *Brooks Brothers*, sino simplemente mantenerse limpio y arreglado, se vista uno como se vista. Además, cuando se miren a sí mismos, estén orgullosos de lo que ven. Ese tipo de orgullo no se considera arrogancia, para nada. Sean simplemente una buena dama, un buen caballero; enorgullézcanse de sí mismos. Aunque estén vestidos simplemente con una sábana o un taparrabos, pueden ser elegantes. No lo digo literalmente, pero esas posibilidades están ahí. Mírense; son fantásticos, tienen un aspecto estupendo. Son capaces; ustedes *efectivamente* tienen la bondad de la que hemos estado hablando.

La clave de la audacia es nuestro estado mental. Cuando no hay agresión, se da una pasión natural: pasión por ser, pasión por embellecerse, pasión por tener un buen aspecto, pasión por mantener el buen porte de cabeza y los hombros. *Porte de cabeza y hombros* significa, en este caso, la elegancia fundamental del despertar ejemplificado por el Buda. Si quieren saber de qué estoy hablando, quizá puedan ver algunas de las estatuas de los *lohan,* que fueron santos budistas y grandes practicantes de meditación; pueden ver su postura con un buen porte de cabeza y hombros.

Esto se puede lograr no solo en beneficio propio, sino que

se puede ayudar a que los demás levanten su ánimo. Si se tiene un hijo, o un hermanito o hermanita, a quien le encanta sentarse encorvado cuando come y hacer un montón de ruido mientras se zampa la comida, se le puede corregir su comportamiento: «Jaimito, ponte derecho –o Juanita, ponte derecha–. Vamos a tener juntos una cena agradable y elegante». Eso no significa que haya que ir a comprar la mejor porcelana de la marca Wedgwood,* pero se puede igualmente tener una comida agradable, con una buena presentación, y comida y bebida con buenos modales.

El objetivo de las enseñanzas de Shambhala es ennoblecer las condiciones humanas. Desde la creación de las ideas de república e individualismo, el liderazgo va de capa caída. Nuestros líderes –reyes y reinas, presidentes y primeros ministros– nos han fallado. Tengamos un nuevo rey, una buena reina, un buen primer ministro. Tengamos un buen porte de cabeza y hombros. Comamos con buenos modales en la mesa del comedor, bebamos con buenos modales y no nos excedamos. Los ricos son la peor ofensa en esta parte del mundo porque pudiendo costearse beber desde el amanecer hasta el atardecer, al final siguen de capa caída sin noción alguna de dignidad, de audacia, de bondad. Me imagino que podríamos denominar esa especie de magia una broma de mal gusto.

Ustedes son la vanguardia de la sociedad humana. Hemos hablado ya acerca de la edad de las tinieblas** y cómo el mundo está de capa caída. Quizá el mundo se destruya a sí mismo, pero eso *no va a ocurrir todavía.* Son ustedes la vanguardia para levantar el ánimo de su sociedad; empezando por sus padres y amigos. Existe el principio shambhaliano de levantar el ánimo, tal cosa existe. Es el reconocimiento simple del mundo, de la salida del sol, así como el reconocimiento de que el

* Josiah Wedgwood fue un ceramista inglés del siglo XVIII. *(N. del T.)*

** *Kali-yuga* en sánscrito, la edad moderna marcada por la degeneración de la disciplina, moralidad y sabiduría. *(N. del T.)*

punto único, el pensamiento único, existe en efecto. Cuando alguien se está ahogando o está a punto de vomitar, esa persona sólo piensa en una cosa, sólo en una. ¡Y ése es un buen pensamiento!: corta todos los demás pensamientos. Espero que lo entiendan.

A partir de ese único buen pensamiento, una persona puede empezar a comer bien, trabajar bien, dormir bien y sentarse bien. Y, a partir de ahí, se pueden comprender y alcanzar los mundos superiores. Los mundos superiores son el mundo de los dioses, el mundo de los semidioses o dioses celosos y el mundo humano. El mundo de los dioses, por cierto, no se refiere al reino de Jehová, *el* Dios, sino simplemente al endiosamiento. El mundo de los dioses celosos está carcomido por la ambición y la lucha; es el mundo de la energía, la competitividad y el poder. El mundo humano, simplemente, es el mundo donde podemos ser buenos seres humanos. Tradicionalmente, se dice que es necesario alcanzar estos estados mentales o existenciales y trascender el horripilante dolor de los mundos inferiores antes de poder alcanzar la liberación última o despertar.

Estoy bastante desesperado –otros muchos maestros han de haber experimentado esta desesperación–, estoy muy desesperado. Ustedes pueden ayudar al mundo: usted, usted, usted, usted y usted, todos ustedes, pueden ayudar al mundo. Conocen los problemas, conocen las dificultades. Hagamos algo, no seamos gallinas. Hagámoslo como se debe. Por favor, se lo ruego, por favor. Estamos intentando alcanzar los mundos superiores y ayudar a que otros hagan lo mismo, en vez de quedar atrapados en el mundo infernal, el mundo de los fantasmas hambrientos y el mundo animal; que son las otras alternativas, los mundos inferiores. Hagámoslo. Por favor piénsenlo. Ojalá que todos ustedes hicieran el voto íntimo de ayudar a otros que están sufriendo tanta confusión. La gente dice a menudo que es demasiado difícil trabajar con los demás, que es imposible ayudarles, pero eso no es cierto. Ya se ha hecho antes. Mírense a sí mismos, todos ustedes son gente noble, forman parte de los mundos superiores. Algunos de ustedes quizás lo pongan en duda, pero no es una duda seria, es sólo un pensamiento.

La visión de Shambhala se aplica a gente de cualquier fe, no sólo a aquellos que creen en el budismo. Cualquiera se puede beneficiar del aprendizaje y la visión de Shambhala, sin menoscabo de su fe o la relación que tengan con su pastor, su sacerdote, su obispo, su papa o cualquier líder religioso del que sean seguidores. La visión de Shambhala no hace distinciones entre un budista y un católico, o protestante, judío, musulmán, hindú. Por eso hablamos del *reino* de Shambhala, porque un reino debería tener muchas disciplinas espirituales diferentes. Por eso estamos aquí.

Podemos hablar de la elegancia y la belleza y esas tonterías pomposas como la monarquía. Sin embargo, de lo que estamos hablando fundamentalmente es de asentarse y tener un hogar. Quizá deberían casarse, descubrir cómo cuidar un niño, tener un esposo o esposa, tener un hogar. ¡Cambiaría toda su vida! Encuentren su pareja, tengan un bebé y una casa hermosa, la que se puedan permitir. Quizá lleguen a casarse con un hombre o una mujer rica, pero aunque eso no ocurra pueden hacer de su casa algo bello. Lo importante es que estamos hablando sobre la *vida*. No todas las shambhalianas o shambhalianos tienen que casarse, por supuesto. Lo más importante es no nutrir nuestro propio ego y nuestro autoengaño.

La gente del pasado –incluyendo a Marx, Lenin y Mao Tsetung– intentó descubrir cómo podía vivir la gente en sociedad. He leído algunos libros muy interesantes de gente que trabajo *muchísimo* para beneficiar a los demás. Recomendaría leer acerca del cuaquerismo y también acerca la filosofía de Rudolph Steiner. Asegúrense de todos modos de no exaltarse con esas lecturas, puede que sean de fiar solamente en un cuarenta por ciento, aunque sean en cualquier caso extremadamente buenas. Esos primeros pioneros estaban intentando de verdad explorar posibilidades de tipo shambhaliano. Les faltaba, desgraciadamente, una disciplina espiritual tal como la práctica sentada de meditación que nos ofrece el *buddhadharma*, así que no sabían exactamente cómo hacerlo. No obstante, creo que sería valioso estudiar la literatura de los cuáqueros o de la escuela Steiner. Ellos no fueron como Hitler, Mussolini o Mao Tse-tung, sino que fueron gente realmente humana. Bueno, por supuesto que estos últimos eran humanos; me refiero a que los primeros eran gente que se interesaba por lo humano, por los demás. No querían gobernar el mundo, sino simplemente experimentar la realidad del mundo y presentársela a los demás.

Por ejemplo, Rudolph Steiner pensaba que los niños no debían ver ninguna esquina puntiaguda, y así en el sistema educativo que ideó las columnas y los marcos estaban siempre redondeados. Eso puede ser un poco disparatado pero, en general, debemos valorar a la gente que ha puesto tantísima energía para comprender el mundo, de modo que podamos finalmente tener la visión de Shambhala.

Muchas personas han hecho todo lo posible para presentar posibilidades shambhalianas, no podemos menospreciarlas y decir que eran estúpidas y que estaban faltas de inspiración. Cada uno de esos individuos fue fantástico. Por ejemplo, George Fox, el cuáquero que vivió en el siglo XVII, introdujo a su manera la noción de meditación. En aquel tiempo no era posible casarse sin hacer una oración, pero George Fox dijo simplemente: «No va a haber ningún rezo. El novio y la novia se van a sentar en silencio y casarse en ese silencio». ¿No es algo revolucionario, particularmente en esa época de la historia?

Merecería la pena investigar más los orígenes de la visión de Shambhala en las tradiciones europeas. Sería muy positivo hacer un estudio de las figuras históricas occidentales que intentaron alcanzar la visión shambhaliana de la sociedad despierta. Algunos de ustedes pueden tender al engreimiento y menospreciar el pasado, pero eso no debería pasar en absoluto. La gente del pasado no ha alcanzado pequeñas simplezas, sino que ha aportado mucha sabiduría al mundo. Deberíamos rendir homenaje a esas personas del pasado y reconocerlas como nuestros antepasados.

Hemos llegado fructuosamente a la conclusión de nuestra discusión. Sin embargo, los guerreros del Sol del gran Este nunca dan las buenas noches. Nosotros siempre damos los buenos días sin importar la hora del día que sea porque no estamos en absoluto conectados al sol poniente. Siempre damos los buenos días porque el Sol del gran Este siempre brilla.

*Gran* significa que uno no está infectado de inconsciencia. *Este* es el lugar donde comienzan siempre las cosas, el sol siempre sale por el este. Por último, *Sol* es el poder y fuerza que todo lo abarcan, lo que ilumina nuestra responsabilidad y nuestra autenticidad. La autenticidad siempre brilla sin obstáculos, como el sol. Ya hemos dicho bastante acerca de *buenos* –bondad–, y *días* no hace falta explicar, siempre es por la mañana.*

* En inglés, "buenos días" se dice "buena mañana": *good morning*. *(N. del T.)*

# 12. EL GRAN NO

No se puede *destruir la vida. No se puede de ningún modo, por razones religiosas, espirituales o metafísicas, pisar una hormiga o matar los mosquitos, en ningún caso. Eso es budismo. Eso es Shambhala. Hay que respetar a todos. No podemos tomar esto a la ligera. Así es la norma del rey de Shambhala y así es el gran NO. No podemos actuar movidos por nuestros deseos solamente, tenemos que contemplar minuciosamente qué hay que apartar y qué hay que cultivar.*

Nuestro tema es la decencia. Decencia aquí no es por contraste con la indecencia de, digamos, ponerse cada calcetín de un color o ir con la bragueta abierta. Nos referimos a una decencia algo más profunda y no tan fácil de entender y captar. La primera parte de la decencia es lo que se llama modestia, que significa aquí ausencia de arrogancia. La segunda parte de la decencia es ser *tan* bueno y sabio que ni siquiera cargamos a los demás con nuestro rollo.

Decencia quiere decir que los demás nunca nos cansan o nos dejan extenuados. Siempre hay cierto disfrute al hacer cosas en el mundo, tanto si estamos tratando con la gente, con otros seres sensibles o incluso con objetos inanimados. Podría uno estar ocupándose del jardín, o de su caballo, de su perro, de su gato o del fogón. No importa lo que uno haga, la sensación de decencia consiste en estar totalmente en lo que se está, sin caer en el abandono y la desconsideración.

Asimismo, la lealtad a los demás es decencia, lealtad a las experiencias más íntimas que se han compartido con los demás, así como lealtad al principio de la visión de Shambhala. Me gustaría fomentar esto muchísimo. El *aprendizaje* de Shambhala es solamente una pedagogía y no se les está pidiendo en particular que le sean leales. Se puede seguir siendo un *freudiano* o *jungiano*, o seguir cualquier otra filosofía que uno tenga. No obstante, deberían también ser leales a la visión de Shambhala. Este tipo de lealtad tiene dos aspectos: se trata simplemente de, en primer lugar, trabajar cordialmente con uno mismo, y, en segundo, de ser bueno con los demás. Cuando concurren estos dos aspectos es inevitable que surja la sociedad despierta. La sociedad despierta es entonces una parte muy importante de nuestro trabajo y nuestra visión, también es algo pragmático que tiene su origen en la confianza, la fe y una experiencia auténtica de la realidad. La sociedad despierta exige al mismo tiempo una visión más amplia y mayor para propagar esta aspiración a otros seres humanos que pueden unirse a esta sociedad.

El siguiente aspecto de la decencia es estar libre de astucia, no tener esas artimañas con las que nos engañamos a nosotros mismos y a los demás para mantener nuestra existencia de base. Cuando estamos teniendo dificultades para mantener la base que nos sustenta o nuestros yoes, nos gastamos toda suerte de artimañas. Por ejemplo, invitamos a una empleada o empleado potencial a cenar para así poder seducirla con una oferta diciendo: «Mira, te puedo ofrecer este trabajo tan fantástico y todo este dinero. Ven por favor a trabajar para mí y alimentar mi ego. Hazlo, te lo ruego». La astucia produce esperanza y temor: es algo tentador que a la vez asusta.

Según las enseñanzas de Shambhala, el modo de librarse de ese autoengaño es apreciar el mundo fenoménico sin esperanza y temor: el sol y la luna, las nubes y el brillante cielo azul –o gris–; los pinos y las rocas, los jardines y las verdes praderas –o grises tras las nevadas–; los edificios que se están viniendo abajo y los que están perfectamente derechos; las amas de casa entrando y saliendo de las tiendas; la gente con portafolios entrando y saliendo de sus oficinas; la señal de los taxis que ofrece un punto de encuentro para el taxista y el pasajero; las banderas ondeando con su tintineo metálico producido al chocar las argollas con el mástil. El mundo está lleno de todo tipo de cosas. De hecho, me parece que no tengo realmente que contarles de nuevo *su* mundo, ya lo conocen.

En el caso de *mi* mundo, en mi país –Tíbet– solía ocurrir que cuando nos levantábamos por la mañana podíamos oler la madera que se quemaba para cocinar el desayuno, después olíamos la mantequilla y el té que se batían para beber durante la mañana. En el monasterio donde vivía, por la mañana temprano quizá veía una persona del servicio que entraba a limpiar mis habitaciones; también oía a los devotos ofreciendo sus oraciones a los altares. Después de los cantos matinales, tomábamos un buen desayuno, muy abundante. Creo que es muy posible que fuera seis veces más abundante que un desayuno americano, huevos rancheros incluidos.

Después de nuestro opíparo desayuno, nosotros los tibetanos salíamos a hacer nuestras cosas. Algunos de nosotros íbamos de viaje para vender cosas y los que eran granjeros cuidaban los animales. Si uno fuera un funcionario de orden público, quizá tendría que castigar a un criminal golpeándole con una vara. Tradicionalmente ése era el castigo infligido a alguien que intentara cazar ciervos en propiedad ajena. Para ese crimen hacían falta tres varas. La persona tenía las manos atadas detrás de la espalda de modo que las axilas empezaban a torcerse hacia dentro, lo que era muy doloroso. Esos castigos se infligían por tradición, llamada ahora por los comunistas chinos "feudalismo tibetano". Francamente no veo por qué el régimen chino consideraba a los tibetanos, dentro de lo malo, lo peor. *Su* feudalismo fue mucho peor y muy aterrador. En la corte china, por ejemplo, podría haber diez barrenderos para limpiar el patio acompañados de otros cinco fustigadores a los que se le asignaba dar latigazos a los barrenderos siempre que descansaban. En cuanto paraban de barrer, eran azotados con un látigo especial que hacía sangrar.

No obstante, eso no nos concierne en especial aquí en Occidente. No estamos, en modo alguno, imaginando que ese tipo de necedad se propague por aquí. Lo que más se parece a fustigar y barrer en nuestro mundo es escribir cartas y pasar la aspiradora. Cuando estás empleado en una oficina y tienes un jefe que te dice qué hacer, es en cierto modo como si fueras uno de esos barrenderos del patio de la corte. En muchos casos uno cree que es más listo que su jefe. Igual que los barrenderos, le gustaría tomarse un descansito de vez en cuando; o puede que *tenga* que descansar, en ocasiones el ordenador se estropea o la impresora se queda sin tinta; le gustaría parar para tomarse el almuerzo, desea que alguien haya preparado un buen café o de repente le entran ganas de tomarse un sandwich. Todas estas cosas son naturales.

¿A qué viene todo esto? Viene a que tenemos que percatarnos de que vivimos en sociedad: *tenemos* la sociedad y *somos* sociedad. Cada uno de ustedes forma parte de la sociedad. Es posible que algunos de ustedes no trabajen de la manera que acabo de describir y tengan quizás suficiente dinero como para pasar mucho tiempo esquiando, nadando, buceando o montando en "scooter". Hay toda clase de estilos de vida posibles, pero en lo que atañe a la mayoría, el modo de vida se basa en ir a trabajar, en tener un trabajo normal.

A veces tendemos a ignorar ciertos problemas del mundo y decimos: «Bueno, ése es *su* problema». Otras veces tendemos a acercarnos demasiado a las situaciones y nos involucramos excesivamente en la liberación de la mujer, la liberación del hombre, salvar a los indios hopi, ayudar a los tibetanos y todo ese tipo de cosas. En términos generales, aparte de su propia disciplina personal, la práctica de meditación y trabajar con la mente, estoy intentando ver cómo podemos llevarnos realmente bien con el mundo en general y cómo podemos serle útiles a este mundo que nos ha tocado vivir. Estaría realmente encantado de escuchar sus ideas y tácticas para ponernos al servicio del mundo sin crear lo que se conoce como sol poniente. Eso incluye el sol poniente particular de cada cual.

Ver de vez en cuando un partido de fútbol o una película interesante en la televisión está bien; pero si uno está pegado a la pantalla se convierte en sol poniente. Pasar unas vacaciones en el mar, hospedarse en un hotel, apreciar la arena, el sol, el agua e incluso hacer esquí acuático en la estación adecuada es realmente agradable; pero si se convierte uno en un fanático y empieza a rendir culto y adorar al sol, queriendo ser un chico de playa durante el resto de su vida, entonces se está en el sol poniente. Leer libros, gustarle a uno la investigación y apreciar el conocimiento que se nos ha legado gracias al trabajo de nuestros antepasados, todo eso está muy bien; la gente ha trabajado mucho por nosotros. Pero si lo intelectualizamos todo y ni siquiera sabemos cómo hacernos un huevo cocido porque estamos tan metidos en nuestro libraco que ni siquiera oímos el agua que hierve en la cocina y mientras hierve seguimos pegados al libro, eso es sol poniente.

El antídoto contra la mentalidad del sol poniente es no engañarse a sí mismo. Con relación a esto, me gustaría contarles algo acerca del gran NO, que difiere de decir simplemente "no" a nuestros pequeños hábitos, como por ejemplo rascarse como un perro. Cuando los seres humanos nos rascamos intentamos hacerlo de una manera ligeramente más sofisticada, pero nos estamos rascando al fin y al cabo. El tipo ordinario de "no" shambhaliano se aplica a cosas como rascarse –o no rascarse– o mantener el pelo bien peinado. Ese "no" produce una sensación de disciplina que contrarresta la negación constante de uno mismo. De hecho, es un *sí,* el sí más grande. Forma parte de aprender a ser humano en vez de ser un animal. El gran NO es un "no" a una escala totalmente diferente.

El gran NO surgió hace algún tiempo cuando estaba con mi

regente *vajra** y algunos estudiantes más en la corte de Kalapa, mi casa. Cuando salió a la luz el gran NO, me había dado cuenta de que todo el mundo estaba complaciéndose en exceso en su mundo. Tuve que decir NO. Así que golpeé con mi brazo y puño la mesita baja, que se rompió, la abollé. Más tarde pinté un cuadro gigante del gran NO en el vestíbulo de mi casa: GRAN NO. Tras esa proclamación había tinta por todas partes. El mensaje fue: «De ahora en adelante, NO».** Después ejecuté otra caligrafía para el Regente como recordatorio especial del gran NO, que tiene en su oficina.

Ese NO significa que uno no cede ante las cosas que complacen a *su* realidad. No hay una realidad especial más allá de *la* realidad. Ése es el gran NO, en contraposición al "no" común y corriente. Uno *no puede* destruir la vida. No se puede de ningún modo, por razones religiosas, espirituales o metafísicas, pisar una hormiga o matar los mosquitos, en ningún caso. Eso es budismo. Eso es Shambhala. Hay que respetar a todos. No podemos tomar esto a la ligera. Así es la norma del rey de Shambhala y así es el gran NO. No podemos actuar movidos por nuestros deseos solamente, tenemos que contemplar minuciosamente qué hay que apartar y qué hay que cultivar.

* El regente *vajra* Ösel Tendzin (su nombre de pila era Thomas Rich) fue el estudiante estadounidense que Chögyam Trungpa designó en 1976 como su heredero del *dharma*, es decir, de su linaje budista de enseñanzas. El gran NO se ilustra con el poderoso encuentro entre estudiante y maestro que el autor describe aquí, ocurrido en 1979.

** Aunque no estuve presente en la primera parte del suceso, se me invitó a la casa del autor, la corte de Kalapa, para asistir a la proclamación final del gran NO, que tuvo lugar unas veinticuatro horas después de que comenzara el incidente. Chögyam Trungpa, el Dorje Drádul, usó un pincel enorme para ejecutar una gran caligrafía en un rollo de papel extendido en el suelo del pasillo. Mientras ejecutaba el trazo de caligrafía, empujó con fuerza el pincel hacia abajo, gritando *NO* a un volumen indescriptiblemente ensordecedor. La tinta *sumi* negra se esparció por todos los lados. Recuerdo que más tarde llevé mi falda de lana a la tintorería, con la esperanza de que sacaran la tinta de ella; fue en vano. Hubo que pintar de nuevo las paredes blancas del pasillo.

En general, la cordialidad es la norma en el reino de Shambhala. Es mucho más aterradora que la amabilidad, sorprendentemente. Cuando se es cordial no hay espacio para la hostilidad. Nos gusta ser hostiles porque queremos que nuestra negatividad nos excite y estimule; pero en Shambhala nunca hacemos eso, ni debemos hacerlo. Sin embargo, con la visión de Shambhala podemos festejar y estar alegres porque no estamos totalmente metidos en el calabozo de nuestra neurosis. Ese estado animoso es lo que llamamos Sol del gran Este. El modelo para el Sol del gran Este es el sol que brilla a las diez en punto de la mañana. El sol ya no es el de primera hora de la mañana ni tampoco un sol adolescente, está a punto de alcanzar la plenitud pero no la ha alcanzado del todo. Ese sol de las diez en punto es el Sol del gran Este.

Quizá escuchen lo que digo y piensen que es verdad, pero tienen que practicarlo, tienen que hacerlo, queridos míos. No podemos limitarnos a enviar mensajes filosóficos por todo el mundo. Seríamos realmente capaces de lanzar un satélite que emitiera eslóganes shambhalianos o budistas veinticuatro horas al día, pero ¿traería eso algo bueno? Tenemos que hacer las cosas como es debido.

Les ruego que consideren que forman parte del reino de Shambhala. La gente dice: «Otro día, otro dólar». Pero desde el punto de vista budista, decimos: «Otra respiración, otra vida». Deberíamos estar orgullosos y muy satisfechos de poder escuchar estas enseñanzas porque no nos hemos caído muertos, todavía... Aparte de eso, espero que lo pasen bien, que disfruten de su vida y valoren la información que han recibido.

Hace unos años, su santidad Kármapa estaba visitando los Estados Unidos y nosotros nos encontrábamos trabajando con mucha gente y organizaciones muy diversas para ultimar su gira por el país. Un profesor de estudios budistas dijo a una de las personas que trabajaban en la planificación que no deberíamos usar la palabra rey para referirnos a Su Santidad, lo que refleja no tener ni la más remota idea de lo que se está hablan-

do y es un craso error.* Voy a escribir una carta a este profesor en la que básicamente le voy a decir exactamente lo mismo,

* El comentario original del autor fue considerablemente más fuerte.

pero quizá no lo haga tan educadamente. Deberíamos hacer las cosas de manera humilde y de manera espléndida, las dos cosas a la vez; no hay conflicto alguno entre ambas. Necesitamos cultivar un comportamiento humilde, es decir, decoroso y sin arrogancia. Sin embargo, cuando invitamos a nuestras amistades a casa, no deberíamos ser tímidos a la hora de mostrar la cubertería de plata a nuestros invitados. La visión de Shambhala no se basa en la humildad y razonabilidad rastreras de la democracia.

Espero que podamos ir conociéndonos. Únanse por favor al mundo de Shambhala. Ustedes me invitan, yo les invito. El mundo no es un pañuelo, es un mundo gigantesco. Agradezco su amabilidad y bondad. Incluso tras la muerte de nuestro líder, Su Santidad,* ustedes realmente me han alargado la vida.

* Su santidad Rangjung Rigpe Dorje, Gyalwa Kármapa XVI, cabeza del linaje *karma kagyü* del budismo tibetano, falleció por las complicaciones de un cáncer en noviembre de 1981. Había visitado los Estados Unidos, aceptando la invitación del autor, tres veces –en 1974, 1976-77 y 1980–. Esta conferencia se pronunció en enero de 1982.

# SABER CONOCER EL NO

Érase un NO gigantesco.
Ese NO llovió.
Ese NO creó una ventisca tremenda.
Ese NO hizo una abolladura en la mesita baja.
Ese NO fue el no más grande de los noes del universo.
Ese NO creó el aguacero y el granizo.
Ese NO hizo que hubiera sol y un eclipse simultáneo
del sol y la luna.
Ese NO fue las piernas de una señorita con bonitos zapatos
de tacón.
Ese NO es el mejor de todos los noes.
Cuando un caballero sonríe, un buen hombre,
Ese NO es la mejor de las caderas.
Cuando miras los andares de la gente joven según va
caminando con su rítmico nalgueo,
cuando les miras los traseros,
ese NO son los muslos fantásticos, ni gordos ni delgados,
sino prietos en su vigor;
adorable o *abandonable*.
Ese NO son los hombros que se encogen o expanden el pecho,
tristeza o felicidad,
sin rendirse al profundo suspiro.
Ese NO es el no de todos los noes.
Se cuestiona relajación o comedimiento.
Nadie conoce ese gran NO,
solo nosotros conocemos ese NO.
Ese NO está en el gran cielo, pintado con tinta *sumi*
eternamente,
Ese gran NO está tatuado en nuestros genitales.
Ese gran NO no es puramente pecas o marca de nacimiento,
sino que este gran NO es el gran NO auténtico.
El cielo es azul,

las rosas son rojas,
las violetas son azules,
y por tanto este gran NO es NO.
Celebremos tener este NO monumental.
El NO monolítico se levanta y atraviesa los cielos;
por consiguiente, el NO monolítico también se extiende
vasto como el océano.
Tengamos un gran día soleado con este NO NO.
Tengamos la luna llena con este NO NO.
Tengamos un NO cósmico.
Las cucarachas llevan NO NOES pequeñitos,
así como los elefantes gigantes en las junglas africanas.
NO NO copulando, NO NO bailando el vals,
NO NO conejillo de Indias,
tenemos toda la información e instrucciones en el zumbido
del mosquito.
Tenemos cierta clase de NO NO.
Sea nuestro NO NO el más alto lema:
NO NO para el rey,
NO NO para el primer ministro,
NO NO para las lombrices de nuestros súbditos.
Celebremos el NO NO para que los oradores presbiterianos
puedan tener dificultades oratorias al proclamar
el NO NO.
Que nuestros caballos relinchen NO NO.
Que el *sangha vajra** pee NO NO.
NO NO gigantesco que hizo una gran abolladura en la mesita
baja.

* Comunidad de practicantes del *vajrayana*. Véase *sangha* y *vajrayana* en el glosario. *(N. del T.)*

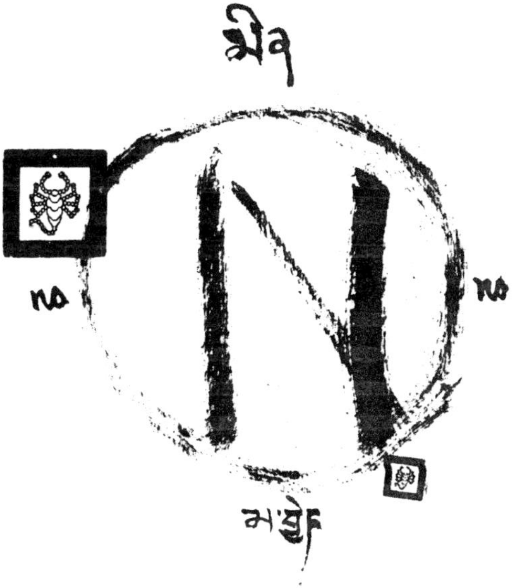


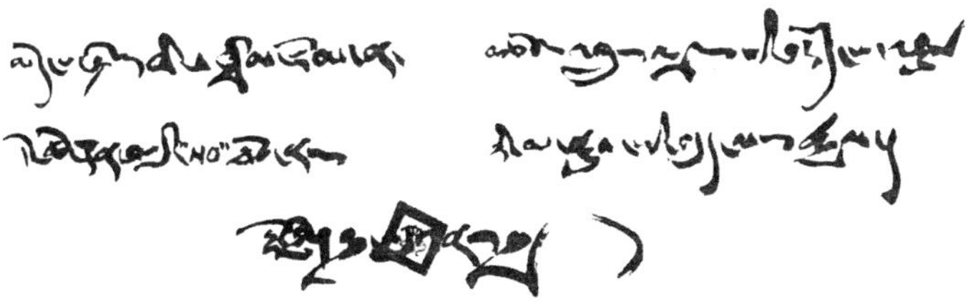


*Si conoces "el gran NO" y tienes disciplina,*
*entonces alcanzarás el NO definitivo,*
*la paciencia surgirá sin esfuerzo,*
*y vencerás a los maras del Sol poniente.*

# RELAJARSE SIN TEMOR

## 13. LA SOLEDAD Y LAS SIETE VIRTUDES DE LOS REINOS SUPERIORES

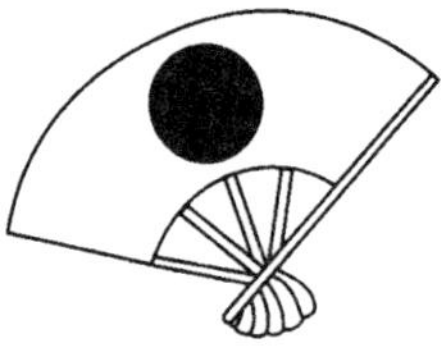

*La tristeza y la soledad son dolorosas pero, a la vez, hermosas y reales. De ellas surge el anhelo de ayudar a los demás. Estar dispuesto a trabajar con los demás surge espontáneamente. Como uno se ocupa de sí mismo, se ocupa por tanto igualmente de los demás.*

Desde el punto de vista de Shambhala, siempre está despuntando el alba, y ese alba es lo opuesto a sol poniente. Nuestro primer tema es el despuntar de la confianza, que tiene su origen, en primer lugar, al sentirse uno digno de confianza. Cuando uno se siente *digno* de confianza, puede entonces confiar. Uno confía en sí mismo en primer lugar. Cultivar la confianza también depende del sentido del humor y de no tomarse las cosas, ni uno mismo, *demasiado* en serio. De modo que la confianza también se cultiva desde la humildad. Uno no llega sin más a sus propias conclusiones a partir de lo que *uno mismo* piensa, sino que se respeta el resto del mundo, el funcionamiento de las cosas y cómo han evolucionado. Comienza a ver que el mundo que le rodea es muy vívido, real y obvio; comienza a sentir que está experimentando la realidad así como su existencia y llega a tener una sensación tonificante de cabeza y hombros.

No obstante, como hay tanta miseria, caos y degradación en el mundo, nos empieza a entrar cierta tristeza. Esa tristeza podría denominarse sentir el corazón, experimentar realmente el corazón completa y cabalmente. La tristeza viene acompañada de una sensación de soledad. Nos encantaría abalanzarnos sobre alguien y soltarle todo, vaciar el corazón y compartirlo enteramente, para así no tener que sentirnos tristes. Esa tentación está ahí, pero es imposible satisfacerla. Es como el amor no correspondido: cuando intentamos decirle a la persona amada lo mucho que la queremos, no puede entender por qué estamos haciendo una escena tan dramática. Esto es lo mismo. La sensación de soledad es algo que evoluciona orgánicamente, es una situación natural. No tenemos realmente que *cultivar* la soledad, sino que más bien se trata de percatarnos de ella, de hacerla real. Cuando esto ocurre, la comunicación con los demás se hace muy simple.

La tristeza también se relaciona con la ausencia de cobardía. Cuando uno se siente valiente, libre de temor, también se siente triste. Ésta no es la tristeza que sentimos cuando tenemos un bajón o estamos deprimidos, sino la tristeza que nos hace saltar las lágrimas y que siempre está con nosotros. Una vez que se experimenta la valentía que surge de la bondad fundamental, también se sentirá tristeza y soledad. A pesar de asistir a las celebraciones familiares, a pesar de celebrar las vacaciones, las fiestas de Navidad o de Año Nuevo –o cualquier otra cosa que hagamos para olvidar esa tristeza–, la tristeza seguirá siempre ahí. Cuanto más intente uno pasarlo bien y cuanto más lo pase *de hecho* bien, seguirá no obstante sintiendo esa tristeza constante de estar solo.

Esa tristeza también produce ternura hacia uno mismo, lo que la distingue de la depresión o de la sensación de querer suicidarse. Cuando la gente está deprimida y desolada –en vez de sola–, quiere a veces suicidarse para librarse de su cuerpo y del ambiente de la depresión. Con el tipo shambhaliano de tristeza se quiere vivir y ayudar a los demás y, por mucho que esté también presente un humor tremendo, se siente la tristeza de ser uno mismo.

Es como si uno estuviera solo dando un paseo en el bosque al anochecer. Escucha los pájaros, ve un rayo de luz que viene del cielo, quizá sea la luna creciente o un enjambre de estrellas. El frescor de la vegetación con sus ocasionales flores silvestres intenta animarle. A lo lejos ladran los perros, llora un niño, los pastores llaman a sus ovejas. Es muy probable que, en los Estados Unidos, más bien escuche a lo lejos el estruendo de la autopista donde circulan los camiones y los automóviles; solo en este bosque, uno puede todavía oírlos y sentirlos. Siente un poquito de frescor en las mejillas cuando el viento comienza a soplar, huele el frescor del bosque. Quizás le asuste un conejo inesperado que salta de una mata o un pájaro que se asusta al pasar cerca de su nido; los faisanes se cruzan en su camino. Según va anocheciendo, uno siente ternura y tristeza al pensar en su marido, su esposa, sus hijos o sus abuelos. Se acuerda de la clase donde aprendía a deletrear cuando empezó a ir al colegio, recuerda cómo aprendió a deletrear su nombre y a escribir las letras, la *j* y la *o*, la *m* y la *a*.

La tristeza de ser uno mismo es como darse un paseo en el bosque, por los aledaños donde las cosas no están totalmente a trasmano, donde se tiene todavía la sensación de que el bosque está rodeado de otros seres vivos, seres humanos y otros seres. Uno escucha el sonido de sus pasos: derecha, izquierda, derecha, izquierda; de vez en cuando pisa una rama seca que cruje; quizás de vez en cuando escucha el zumbido de las abejas. Esa tristeza y soledad son dolorosas pero, a la vez, hermosas y reales. De ellas surge el anhelo de ayudar a los demás. Estar dispuesto a trabajar con los demás surge espontáneamente. Como uno se ocupa de sí mismo, se ocupa por tanto igualmente de los demás. Eso parece que lima un poco la tristeza aunque, al mismo tiempo, la tristeza sigue rondando.

Uno comienza a verse a sí mismo, se da cuenta de que es único y puede ver cómo a veces hace una caricatura de sí mismo. La tristeza continúa, siempre, pero aún así comienza uno a darse cuenta de que hay algo bueno y constructivo en ser como uno es. Esta experiencia produce devoción, fe en los guerreros que han hecho el mismo viaje. Podría ser devoción hacia los caballeros del rey Arturo o hacia cualquier otro gran guerrero cuya leyenda es inspiradora. Cuando uno está ocupándose de los demás, surgen devoción y dedicación a este mundo en el que ha crecido. Al mismo tiempo, ocuparse de los demás produce renuncia: uno está inspirado a renunciar a cualquier cosa que no tenga corazón, cualquier perversión, egoísmo, egotismo y arrogancia.

Entonces surge en nosotros una plenitud fundamental que llamamos El Sol del gran Este. Es *gran*de porque es vasta e inconcebible, no podemos medir la amplitud del universo palmo a palmo. A causa de esa amplitud tenemos el *gran Este:* amplias posibilidades, visión amplia, soledad amplia, tristeza amplia. Uno siempre está en el este, el despuntar del estado despierto. Uno nunca se duerme, nunca se cansa de la vida, de inspirar y espirar mientras viva; nunca se cansa de abrir los ojos ni de esta soledad que es la animación del bosque.

El Oriente, o el este, es de donde surge la visión. Esto no tiene nada que ver con un punto de referencia global, geográfico o racial que sitúa el este en la India, China, Japón o el resto de Asia. Mientras sigamos abriendo los ojos, mientras sigamos teniendo aliento, no importa la dirección en que miremos pues será el este. Donde quiera que uno esté, mira hacia fuera, hacia el este. Este es avanzar, proyectarse directamente hacia fuera, al mundo: gran este.

Después viene el *Sol* del gran Este, que es muy diferente de lo que se conoce tradicionalmente en la cultura japonesa como el sol naciente. El Sol del gran Este es el sol de las diez en punto, alto en el cielo, en lugar del sol que acaba de despuntar del horizonte a las siete u ocho de la mañana. Nos estamos refiriendo a un sol adolescente, el Sol del gran Este podría tener unos diecisiete años. El sol es lo que nos muestra el camino de la disciplina, qué hacer y qué no hacer. Mientras cocinamos, el Sol del gran Este nos ayuda a cortar las verduras para que no nos cortemos los dedos. Es un razonamiento muy simple: ¡el Sol del gran Este nos guía para que no nos amputemos los dedos! El Sol del gran Este nos permite leer el periódico y enterarnos de lo que pasa en el mundo; el Sol del gran Este nos permite saludarnos unos a otros, el marido a la esposa, la esposa al marido, el padre al hijo y a la hija, los hijos a los padres. Nos permite decir: «Buenos días. ¿Cómo te encuentras esta mañana?». Incluso los perros pueden ladrar como es debido.

El Sol del gran Este da directrices claras acerca de qué hacer y qué no hacer; nos muestra cómo levantar el ánimo. Cuando izamos la bandera del Sol del gran Este, tiene un fondo blanco que representa el gran este y un disco amarillo que representa el sol. El Sol del gran Este es un sentimiento animoso unido a la inescrutabilidad y apertura, y nos muestra cómo conducir nuestras vidas.

A partir de ahí surge lo que se conoce como el punto en el espacio. Tanto si se está confuso, en un estado mental neutro o con la mente llena de cháchara subconsciente, en cualquier caso, siempre hay espacio. El punto en el espacio es lo que llamamos "primer pensamiento, mejor pensamiento". En medio de las preocupaciones, en mitad de la ducha, cuando uno se está poniendo los pantalones, mientras se seca el pelo, mientras hace la comida, en medio de estados mentales neutrales de todo tipo, el punto es algo definido y repentino que le agita a uno, le sacude. Uno está tan contento haciendo sus cosas de la vida, muy cándidamente, y de repente recibe una sacudida que sale de la nada. Primer pensamiento, mejor pensamiento. Esa experiencia es la señal de que se está en los mundos superiores. Podríamos decir que los animales no llegan a ver el punto en el espacio, solo los seres humanos tienen la oportunidad de verlo.

El obstáculo que no nos deja ver el punto en el espacio es estar constantemente buscando maneras de entretenernos. Cuando miramos el cielo y vemos un cielo azul, no lo aceptamos del todo; no queremos mirar solamente el cielo azul, queremos ver *nubes.* Siempre estamos buscando otra cosa. Sin embargo, el mundo fenoménico está repleto de posibilidades fantásticas; no necesitamos encontrar nuevas formas de entretenimiento. Es una cuestión de aceptar y reconocer las cosas como son, de aprender a aceptar lo ordinario de lo extraordinario. Eso exige mucha disciplina, especialmente en Occidente. Ni siquiera comemos lo mismo dos veces a la semana. Estamos siempre intentando cambiar las cosas y por ello nos resistimos a una rutina diaria. Intentamos evitar lo que nos resulta familiar, nos aburre.

La táctica shambhaliana es ofrecer nuestra amistad a lo que está ahí, lo que ocurre cada día, lo que es real, obvio y constante. Entonces el primer pensamiento, mejor pensamiento se convierte en una experiencia sorprendente, nos muestra sorprendentemente la realidad. Puede que sea el mismo cielo azul y el mismo *Volkswagen** que conducimos todos los días para ir al trabajo, pero esa ordinariez es extraordinaria. Ésa es la dicotomía: es extraordinario vivir la vida de una manera totalmente ordinaria. Creo que tienen ustedes que intentarlo por su cuenta y entonces lo comprenderán; no puedo explicarlo al dedillo, ni si quiera trataría de hacerlo. Hay un dicho particular en el budismo que se aplica a lo que estamos diciendo: «Incluso la lengua de los budas se entumece». Hay ciertas cosas que ni el mismo Buda puede explicar. Se trata de hacerlo, examínense a sí mismos. Si tienen cierta sensación de apertura mental y a la vez se concentran en ello, entonces quizá se produz-

* Esta marca de automóviles significa literalmente "coche popular". *(N. del T.)*

ca cierta clase de sacudida. Eso es lo más parecido a una explicación que puedo ofrecer, tienen que hacerlo.

El siguiente tema trata acerca de las siete virtudes de los mundos superiores, que nos distinguen del mundo animal y que constituyen la ética del trabajo con el punto en el espacio. Estas siete virtudes o recordatorios serán la causa que nos permita ver el punto en el espacio. La primera es la *fe*, una sensación de autenticidad: no estamos falseando nada ni intentando impresionar a nadie; la fe también incluye el aprecio por la sabiduría de Shambhala. La segunda es la *disciplina:* manejamos la vida diaria como es debido, sin dejadez. La tercera es la *audacia:* siempre que haya un reto lo superamos; la audacia tiende un puente sobre la laguna del miedo: tememos la posible caída, pero con la audacia atropellamos nuestro miedo. La cuarta es el *aprendizaje* o estudio de los principios shambhalianos para poder entender la sabiduría. La quinta es el *decoro,* que consiste en cultivar una sensación de respeto disciplinado hacia uno mismo. La sexta es la *modestia:* no nos ponemos arrogantes, sino que seguimos siendo modestos y humildes. La séptima es la *conciencia discriminadora:* aprendemos a discriminar o distinguir entre qué hacer y qué no hacer.

Tenemos que hacer un esfuerzo para alcanzar estas siete virtudes de los mundos superiores. Forman un recorrido en el que cada virtud lleva a la siguiente, de modo que alcanzar las siete virtudes es un proceso lineal. Sin embargo, al mismo tiempo cada una de ellas está conectada con la disciplina fundamental. A causa de la *fe* uno se inspira para tener *disciplina, a* causa de la disciplina uno se hace *audaz, a* causa de la audacia uno quiere aprender más, según va adquiriendo conocimiento gracias al *aprendizaje* cultiva el *decoro*, a causa de su decoro y elegancia comienza a cultivar la *modestia* y la humildad –uno no está hinchado de orgullo–, por último, a causa de su humildad uno comienza a tener *conciencia discriminadora,* sabiendo así como distinguir una cosa de otra, qué aceptar y qué rechazar.

Al practicar las virtudes de los mundos superiores, desarrollamos la capacidad de ocasionar *el* primer pensamiento. A veces el así llamado primer pensamiento está lleno de agresión, resentimiento o alguna otra tendencia habitual. En ese momento, estamos experimentando un segundo pensamiento en vez del primer pensamiento verdadero porque no es algo nuevo; es como ponerse la camisa por segunda vez, como ya te la has puesto antes no puedes realmente decir que es una camisa limpia. Eso es como perderse el primer pensamiento; el primer pensamiento es un pensamiento nuevo. Al practicar las virtudes de los mundos superiores, podemos ocasionar el primer pensamiento nuevo; es posible. Entonces comenzamos a ver el punto en el espacio con mucha más claridad y precisión. Huelga decir que no ponemos en práctica estas siete disciplinas con una cara larga, sino con la alegría de darnos un paseo en el bosque con una sensación rejuvenecedora y refrescante muy personal.

En el Tíbet, cuando los niños cumplen siete u ocho años les dejamos usar cuchillos. A veces se cortan, pero la mayoría de las veces no es así porque son lo suficientemente mayores como para aprender a usar un cuchillo correctamente. Aprenden a ser cautelosos, así como a saber que son realmente capaces de usarlo. A la edad de ocho años, puede que a los niños de una aldea ganadera del Tíbet se les ponga a cargo de un rebaño de animales, incluyendo los corderitos y los terneros. Mandamos a los niños fuera a que cuiden de sus animales en la montaña. Tienen que prestar atención y traer las ovejas y las vacas de vuelta a la aldea a la hora del ordeño, tienen que asegurarse de que los pequeños están a salvo y se les explica cómo ahuyentar a los animales salvajes. Todo ese conocimiento se transmite a los niños.

De modo que, en el Tíbet, los niños no están siempre jugando. Juegan, pero a la vez trabajan; y así cultivan el sentido de saber manejarse en la vida y crecer. Creo que uno de los problemas de Occidente es que los niños tienen demasiados juguetes a su alcance, pero la realidad no está suficientemente a su alcance. No pueden salir y hacer algo constructivo por su cuenta, tienen que imaginarse que están trabajando. Es saludable introducir a la gente joven al mundo real, en vez de limitarse a decir: «Es solo un niño, no puede hacerlo. Nosotros somos los adultos, tenemos que cuidar de los niños». Las limitaciones que colocamos en los niños son bastante hipotéticas, tenemos muchas ideas preconcebidas acerca de la gente joven. Los niños pueden cuidar de los animales jóvenes, del mismo modo que aprenden a leer y escribir; lo hacen muy bien.

En mi país, las escuelas eran escasas y los que enseñaban a los niños eran sobre todo sus padres y abuelos. Los niños no tomaban el aprender a leer y escribir como una obligación. Los niños de hoy en día dicen muchas veces: «¿*Tenemos* que ir al colegio?». Pero en el Tíbet, consideraban que formaba parte natural de su crecimiento, tanto como pastorear el ganado vacuno o lanar. Había menos ideas preconcebidas y más realismo en la educación de los niños. Había un sentido mucho más pronunciado de la formación del individuo, de ser independiente de los demás. De esa manera, por tanto, aprender a estar solo en los primeros años puede ser el comienzo del aprendizaje del guerrero.

Hemos estado aquí en la Tierra durante millones de años. Se nos ha transmitido la confusión, y nos atareamos creando confusión para los demás cuando intentamos ganar el dinero de los demás o ingeniárnoslas con trucos fáciles para salir del paso. En la era de la mecanización, la comodidad es un punto de referencia demasiado importante. Para los padres de hoy en día, enviar los hijos al colegio se percibe como un alivio: aparcas tus hijos en el colegio durante parte del día y así tienes tiempo para ti mismo. Muchos problemas se derivan de ese tipo de pereza. No queremos realmente ocuparnos de los problemas, no queremos mojarnos el culo nunca más. La realidad nos ha sido transmitida sobre la base de las experiencias de otras personas y no queremos experimentar la realidad por nuestra cuenta. Nos han transmitido información errónea y pereza, y nos hemos convertido en el producto de esa mentalidad.

Entonces nadie quiere darse un paseo en el bosque, y mucho menos solo. Si uno va de excursión, se lleva tres o cuatro personas para que le acompañen y todo el equipo de acampada. Lleva la botella de butano para no tener que recoger leña y preparar la lumbre en el bosque, cocina en el fogón de butano y, por supuesto, no duerme en el suelo, sino encima de una cómoda alfombrilla dentro de la tienda. Todo nos protege de la realidad. No estoy sugiriendo en particular que nos convirtamos en naturalistas y nos olvidemos de la tecnología moderna. Sin embargo, hay que estar solo, hay que aprender de verdad a enfrentarse a la soledad. Cuando uno se pincha con una astilla al frotar una rama en el bosque, no tiene que ponerse inmediatamente una tirita, puede dejarse sangrar un poquito; es posible que ni siquiera necesite una tirita y que la herida se cure sola.

Las cosas se han hecho muy organizadas e institucionalizadas. La tecnología es excelente, es el producto de siglos y siglos de trabajo, cientos de miles de personas trabajaron para conseguir la tecnología que disfrutamos. Es fantástico, es digno de alabanza. Sin embargo, la manera en que usamos la tecnología es problemática. *Ça va?*

Uno necesita una disciplina que pueda disfrutar. En la tradición de Shambhala, la práctica sentada de meditación es la disciplina fundamental. Al comienzo hay resistencia a sentarse en un cojín de meditación y quedarse derecho. Una vez que se supera esa resistencia, esa Gran Muralla China, entonces uno se encuentra dentro de la Gran Muralla y puede apreciar la rectitud, pureza y naturalidad.

Si surge la tentación de dejar de prestar atención, uno se hace volver a ella. Es como conducir un grupo de vacas que quieren cruzar la valla y meterse en el campo del vecino. Aunque hay que hacer que vuelvan, se hace con cierta sensación placentera. La disciplina es una experiencia muy personal, extremadamente personal. Es como darle un abrazo a alguien. Cuando se abraza a alguien, uno se pregunta: «¿Quién va a soltarse antes del abrazo? ¿Lo hago yo o lo hará la otra persona?».

Ustedes tienen tal entusiasmo y bondad fundamental que, aunque no se lo crean, es deslumbrante. Podemos comunicar la visión del Sol del gran Este a los demás por la sencilla razón de que tanto nosotros como ellos la llevamos dentro. Supongamos que todo el mundo creyera que tiene solo un ojo. Tendríamos que hacer que todo el mundo supiera que tiene dos ojos. Al principio habría mucha gente en contra nuestra diciendo que eso no es verdad, nos acusarían de decir falsedades porque a ellos les enseñaron y les dijeron que tenían un solo ojo. Tarde o temprano, sin embargo, alguien se daría cuenta de que en verdad tiene dos ojos y ese conocimiento comenzaría a extenderse. La sabiduría de Shambhala es realmente tan estúpida o literal como eso. Es muy obvia, pero a causa de nuestras tendencias habituales y otros obstáculos, nunca nos hemos permitido en absoluto creer en ella o examinarla. Una vez que comencemos a hacerlo, nos daremos cuenta de que es algo posible y verdadero.

# EL MANSO

## Poderosamente indiferente
## y peligrosamente complacido

En medio de la espesa jungla
los monos sc balancean,
las serpientes se envuelven,
pasan los días y las noches.
De repente tu presencia,
rayada como sol y sombra reunidos.
Lentamente ojeas y olfateas, orejas en alto,
escuchando sonidos de deslizamientos y frufrús:
tienes unas antenas sensibilísimas.
Caminado suavemente, rondando concienzudamente,
presionando las garras,
moviéndote con el camuflaje solar,
nunca nadie ha tocado ni molestado tu fino abrigo tan acicalado.
Cada pelo se eriza con vida propia.
A pesar de tu elasticidad felina y tu maestría en deslizamientos resbaladizos,
queriendo pasar por manso,
babeas al relamerte la boca.
Tienes hambre de presa:
te abalanzas como joven pareja teniendo un orgasmo,
enseñas a las cebras por qué son blancas y negras,
sorprendes a los altivos ciervos, enseñándoles a que el sentido del humor acompañe su miedo.
Cuando estás complacido rondando en la jungla,
te abalanzas como enviado del sol:
atrapando saltando desgarrando mordiendo oliendo;
tal manso tigre logra su propósito.
¡Gloria al tigre manso!
Rondando, rondando incesablemente,
Saltando, saltando a la artística manera mansa,
chupándose los bigotes con eructo de satisfacción.
¡Oh! ¡Qué bueno es ser tigre!

# 14. EL REY DE LAS CUATRO ESTACIONES

*Un reino no es siempre un país. El reino es nuestra casa y la casa el reino. En una familia, quizá haya un padre, una madre, hermanas y hermanos. Ese conjunto es en sí mismo un pequeño reino para la práctica en el que uno trabaja como rey o reina. Quienes no tengan una familia pueden trabajar aprendiendo a organizar y llevar a cabo su propia disciplina personal correcta y cabalmente.*

Es necesario comprender el concepto de Sol del gran Este, contrapuesto al de sol poniente. El sol poniente no es algo abstracto, sino algo real que podemos superar. El mundo del sol poniente no coincide con todo lo que sea estadounidense, pero tampoco estamos diciendo que el mundo medieval es el mundo del Sol del gran Este. Más bien nos estamos refiriendo a superar la frivolidad y convertirnos en personas decentes.

El punto en el espacio –el primer pensamiento, mejor pensamiento– conquista automáticamente el sol poniente. El pensamiento mismo de sol poniente es segundo pensamiento; aunque se disfrace a veces de primer pensamiento, no es el mejor pensamiento, en absoluto. Hay que abandonar todos esos segundos pensamientos, terceros pensamientos y otros pensamientos hasta incluso el octavo o noveno grado. Cuando comenzamos a abandonarlos, regresamos al primer pensamiento. Cuando estamos al borde de la desesperación y del descorazonamiento, sentimos el espacio abierto donde las cosas comienzan de nuevo.

La desolación del mundo del sol poniente es tan intensa que a menudo provoca que la gente se suicide. Aquellos que sobreviven el sol poniente sin suicidarse deben mantener sus "rollos", fingiendo que todo les va maravillosamente bien. Hace algún tiempo visité Esalen Institute. Todo el mundo allí lo estaba pasando *guay,* como dirían en ese lugar, intentando evadirse de la realidad. Todo aquel tinglado se basaba en evadir la realidad para pasarlo *guay.* Es un sitio tan *guay,* tan fabuloso, que ni siquiera hay que trabajar ni lo más mínimo, nadie nos pedirá allí que cojamos una pala para hacer un hoyo en el jardín y plantar flores. Las flores ya están a nuestra disposición para cortarlas y ponérnoslas en el pelo. Es un sitio tan *guay* con todo tipo de escuelas de pensamiento, escuelas de masaje y variados entrenamientos físicos que nos ayudan a rejuvenecer y olvidarnos de la temporalidad.

Es un lugar para ser adolescente, aunque se tengan ya noventa años. Algunas personas mayores que lo visitan se comportan de hecho como adolescentes, realmente hablan y piensan como tales. La filosofía del sol poniente es muy atractiva para algunas personas porque concuerda con su propio engaño. Esta gente llama al autoengaño *promesa*; cuando dice que Fulanito es una gran promesa, a menudo quiere decir que Fulanito se engaña a sí mismo, que su ofuscación es densa. El punto en el espacio deja al descubierto ese tipo de hipocresía y hace surgir el decoro basado en la verdad y la dignidad naturales. Cuando estornudamos, no tenemos que pedirle disculpas a nadie por el mero hecho de tener un cuerpo que estornuda. El decoro tiene una dignidad y elegancia naturales que no hace falta cultivar por medio del engaño. No hace falta ir a Esalen Institute para encontrarlo.

*Serenidad* es otra manera de decir decoro, ese decoro tan maravilloso que sentimos cuando todo encaja naturalmente en una situación dada: no hace falta llevar al sastre nuestro atuendo porque encaja naturalmente con dignidad y belleza. Ese decoro, o autenticidad, resulta de ver el punto en el espacio. A partir de ahí comenzamos a cultivar la intrepidez. Primero vemos el miedo, después lo superamos gracias al sentido del decoro y, finalmente, ver el punto en el espacio nos permite alcanzar la intrepidez.

La intrepidez es como un tigre que ronda la jungla. Un tigre que anda despacio, imperceptible, reservadamente, pero que, al mismo tiempo, está preparado para saltar –no por paranoia sino por reflejo natural, por una sonrisa y por sentido del humor–. La gente de Shambhala no se considera a sí misma gente seria, son personas que ven el humor en todas partes y en todas direcciones, y saben encontrar la belleza en todas partes también. El humor en este caso no consiste en burlarse de los demás sino en apreciar la jocosidad natural.

Cuando se alcanza dicha intrepidez, entonces puede uno abandonar su mochila gigante donde lleva todo tipo de cosas para protegerse de la naturaleza y comenzar a darse cuenta de que la naturaleza tiene su propia manera de ser, empezando así a convivir con ella. En medio de la intrepidez surge una sensación de calma. La calma y la naturalidad de la intrepidez hacen que uno no se sienta atacado, de modo que no tiene que defenderse; no hay paranoia. Con esa calma y relajación, la cabeza y los hombros comienzan a tonificarse. Ordinariamente, nuestra imagen del porte de cabeza y hombros es la de una postura tensa pero, cuando esta calma tremenda aparece, uno siente que está ahí sin más, como el sol, tan brillante y natural. De modo que la postura de la cabeza y hombros es bastante natural; consiste en ver el universo sin follones.

De ahí surge la jerarquía natural. Jerarquía, según el diccionario, es una estructura piramidal de poder que uno escala hasta llegar a lo más alto. Pero aquí estamos hablando de jerarquía natural, la cual ocurre cuando alguien experimenta por primera vez el Sol del gran Este y percibe su humor.

Es como las cuatro estaciones. El frío invierno se convierte en la seductora primavera que trae el voluptuoso verano, el cual nos da el productivo otoño que después vuelve a ser invierno. La disciplina del invierno da paso otra vez al hermoso proceso revelador de la primavera en el que se derrite la nieve dejando al descubierto la tierra expuesta del verano. Después, de nuevo las posibilidades estivales no pueden durar todo el año y así la disciplina otoñal tiene lugar; cuando el otoño se acerca a su fin, en el invierno cultivamos la unicidad puntual, la exactitud puntual de la atención. Y así sucesivamente, una y otra vez.

La puntualidad invernal comienza a soltar las riendas y se convierte en primavera. Los capullos comienzan a brotar y los árboles se suavizan con la promesa de las flores. La primavera está dispuesta a convertirse en extravagante verano y después esa extravagancia estival ocurre. No obstante, hay un controlador o administrador que dice: «Basta y sobra».

Entonces el verano se vuelve otoño, el cual nos devuelve la practicidad invernal. Disfrutamos del fuego que arde en nuestros hogares. La realidad verdadera ocurre en el invierno. Los seres humanos son diferentes a los animales, tienen que ponerse capa tras capa de ropa para enfrentarse al invierno: camiseta, camisa, chaleco, jersey, chaqueta y abrigo. Todas esas capas recrean casi la abundancia otoñal, pero cuando por fin estamos suficientemente fortificados para enfrentarnos al invierno, es demasiado tarde y llega la primavera. La alegría primaveral brinda la posibilidad de que la realidad pueda ser verdadera, aunque al ver los vulnerables brotes de los árboles no podamos estar seguros de ello: podría venir una nevada o una helada inesperada. La primavera es como una persona a punto de sonreír que no ha mostrado sus dientes y tiene sólo una mueca. Después, en el verano, mostramos los dientes y sonreímos como es debido. Eso nos trae el otoño de vuelta, cuando la realidad es realidad, con el "¡basta y sobra!". En el invierno horneamos el buen pan, comemos nuestras gachas y disfrutamos del grano de la cosecha que conseguimos en el otoño. Y así sucesivamente…

Por cierto, señoras y señores, eso es jerarquía natural. Existe un rey o reina. Ese rey aprecia ser rey, que es como la primavera. El rey primaveral es coronado o entronizado por los súbditos, con lo que el rey no se vuelve arrogante o se enorgullece solo de sí mismo porque agradece que los súbditos le hayan hecho su rey. El rey valora todo el proceso, que es el rei-*nado,* el reino. «¡Florezca el reino, tengamos libertad y disfrute cada súbdito del reino! ¡Tengan nuestros hijos buenas escuelas, tengan los trabajadores buen ambiente laboral y produzcan las fábricas la mayor cantidad posible de ropa y comida! ¡Sean los súbditos elegantes y hermosos!»: eso es el verano.

Tenemos después el aspecto otoñal del reino: «No nos consintamos demasiado, sino tengamos alguna forma de gobierno, sintamos realmente que estamos trabajando entre nosotros como es debido». Eso nos lleva al invierno. Cuando en el reino hace frío y surgen molestias, no lo tomamos como un ataque o una depresión en el reino, sino como una oportunidad para mostrar lo valientes y arrogantes que podemos ser los súbditos de este reino. De ese modo, la jerarquía natural se basa en las cuatro estaciones.

Un reino no es siempre un país. El reino es nuestra casa y la casa el reino. En una familia, quizá haya un padre, una madre, hermanas y hermanos. Ese conjunto es en sí mismo un pequeño reino para la práctica en el que uno trabaja como rey o reina. Quienes no tengan una familia pueden trabajar aprendiendo a organizar y llevar a cabo su propia disciplina personal correcta y cabalmente. Uno toma el desayuno, la comida, la cena; sale con sus amigos, hace su trabajo, estudia. Eso lleva aparejado automáticamente un modelo, que debería ser festivo y alegre en vez de una mera obligación.

Veo y escucho a muchas personas para las que la regularidad de la vida es dolorosa, les gustaría tener un menú diferente cada minuto. Hay que asentarse en algún lugar, hay que trabajar para tener una vida regular, una vida disciplinada. Tradicionalmente, los shambhalianos y shambhalianas se quedan en el mismo trabajo durante al menos cinco años.* En mi caso han sido cuarenta años y no he tenido la más mínima tentación de cambiar de ocupación. Cuanta más disciplina haya, más disfrute. Ése es un punto muy importante en el aprendizaje de Shambhala.

Ustedes pueden ayudar a que los demás superen la frivolidad. Valiéndose de su propia inspiración, pueden ayudar a que la gente salga de las situaciones en las que se encuentra atrapada. Normalmente, la frivolidad ocurre cuando la gente está atrapada, literalmente, en un sitio. Van al mismo lugar y escuchan la misma música, hacen lo mismo, comen lo mismo. Ustedes pueden ayudarles a crear un cambio de actitud, un cambio de ambiente. Con su propia inspiración shambhaliana, pueden llevar a los demás a un ambiente diferente. Al principio quizá ellos lo encuentren ligeramente incómodo, aunque probablemente lo disfrutarán más.

Desempeñar el papel de líder de otras personas ha de estar basado en nuestro propio desarrollo, en la confianza que tenemos en nosotros mismos y en cuánta formación hemos recibido. Podemos comenzar a trabajar con los demás cuando nos sentimos capaces y suficientemente preparados en la vida diaria, es una cuestión de desarrollo personal. Desde el punto de vista budista, los amigos que crean disciplina y aligeran nuestro ego se llaman *sangha*. En la cultura de Shambhala, llamamos a dichos amigos *guerreros*. Los guerreros pueden animarse unos a otros y crear juntos una sociedad guerrera. Al decir *guerreros*, por cierto, nos referimos tanto a hombres como a mujeres.

* El autor se refiere a los puestos administrativos dentro de la organización Shambhala. *(N. del T.)*

Hay un lazo poderoso entre ustedes y yo. Compartimos el Sol del gran Este, lo que es muy poderoso e importante, tanto en las épocas problemáticas como en las que no lo son. Compartimos juntos el ocuparnos de este mundo, lo que significa que compartimos el reino de Shambhala; compartimos la tradición de Shambhala, somos hermanos y hermanas, o padre e hijo, en el Sol del gran Este.

Bienvenidos al mundo de Shambhala. Estoy muy contento de que estén aquí para liberarse a sí mismos de su carga personal y tomar la carga de otras personas con compasión. No sean perezosos. El mundo les necesita muchísimo, así que intenten aplicar estas enseñanzas en su vida diaria. Les ruego que no se olviden de que tenemos mucho trabajo por hacer, cientos de miles de personas necesitan una ayuda tremenda.

Creo que prácticamente ya se ha dicho todo. No queda nada por decir, excepto una última cosa, que es la despedida de los amigos. Me gustaría dedicar un brindis a los mejores estudiantes, a los mejores oyentes y a los grandes guerreros en potencia del futuro. No hay duda acerca de ello. A los guerreros del pasado, presente y futuro me gustaría dedicar un brindis: ¡a la intrepidez!

# SAZONAR LA VIDA*

Los niños corren descalzos
Hombres mayores con bastones olfatean el aire fresco
La primavera es buena: todos florecemos

Periodo de actividad para los paraguas
Camino embarrado para los caballos
Los crisantemos y las peonías están magníficos
El festival imperial del verano

Una gota del cielo sobre mi cabeza
Descubro que es meramente una manzana
Periodo de prosperidad
Nos atacan las granizadas de grano

El hogar está precioso
Hace frío en el mundo blanco
Sin embargo, las canciones de los carámbanos son
melodiosas
El emperador vuelve a palacio

* En inglés, las palabras "sazonar" y "estación" coinciden: *season*. *(N. del T.)*

# Parte IV:

# PODEROSO

*Los capítulos restantes se han escrito como si el lector, o la lectora, estuviera presente y se le invitara a participar: le ruego que nos acompañe y se una al público. El conferenciante ha llegado, así que ocupe su asiento porque la conferencia está a punto de comenzar…*

# EL GRITO DEL GUERRERO

## 15. LA BOCANADA BÁSICA DE BONDAD

Buenos días. Estoy muy contento de estar aquí. Me sorprende la dulzura y la amabilidad de todos ustedes, pero espero que haya algún cinismo subyacente también. Empezamos dando los buenos días porque el Sol del gran Este nunca se pone. No tenemos mucho tiempo para ahondar como se merece en las grandes profundidades que nos brinda la visión de Shambhala, pero haremos lo que podamos.

Volvamos a la bondad fundamental. ¿Por qué razón poseemos la bondad fundamental? ¿Por qué es fundamental? ¿Por qué es buena, por amor de Dios? La bondad fundamental se basa en la primera mente, el primer pensamiento. Antes del pensamiento se tiene una bocanada, una inspiración marcada: *¡ah-ah!** Cualquier cosa que uno piense, incluso antes de pensar, antes de la bocanada, hay espacio, hay pureza, hay *¡ah-ah!* A veces uno se siente tan bobo que no puede pensar en nada.

* Si se aspira fuerte por la boca, de modo que se puede oír la inspiración, se producirá un sonido muy parecido al que hizo aquí el autor.

A veces uno piensa que es tan inteligente... y no puede pensar en nada. Hay sólo *¡ah-ah!*

Eso es bondad fundamental. No es bondad en oposición a maldad, es vaciedad fundamental, simplemente vacía, pura. Esa bocanada fundamental, ese despertar fundamental, ese *¡ah-ah!* fundamental –justo antes de hipar– es del todo mente shambhaliana fundamental. Desde ahí, lo crean o no, surge la intrepidez. El miedo es otra clase de *¡ah-ah!*, la intrepidez también es *¡ah-ah!* Cuando nos percatamos de esa bocanada fundamental somos intrépidos.

Desde ahí comienza uno a percatarse de la dignidad individual y se asienta como lo que es, como ser fundamental, como Fulano de Tal, María García, José Pérez. ¿No es maravilloso ser José Pérez? ¿No es fantástico ser María García? Les ruego que sonrían, tienen un gesto *autocomplaciente* dentro de ustedes, con él no sólo ríe la boca sino que también ríe el corazón. Esa sensación de alegría y grandeza está siempre presente.

Por cierto, esto no es solo teoría. Yo, lord Mukpo, lo he experimentado. Pueden referirse o dirigirse a mí como señor Mukpo. "Señor Mukpo" es tanto mi título como mi nombre. "Señor" es como el firmamento, "Mukpo" es como el sol en medio del firmamento. Crecí como un señor del Tíbet, Mukpo es mi apellido, mi nombre de familia, mi nombre de verdad; literalmente significa "oscuridad". Mukpo es como la oscuridad tras la puesta de sol, pero con un giro peculiar: cuando el sol físico se pone, brilla Mukpo; Mukpo brilla como el sol. Mukpo, ése es mi nombre, mi clan.

Señoras y señores, quería presentarme como es debido, como el señor Mukpo, porque todos ustedes forman parte de mi clan. Aún en lo más oscuro de la edad de las tinieblas siempre hay luz. Esa luz viene acompañada de una sonrisa, la sonrisa de Shambhala, la sonrisa de la valentía, la sonrisa de alcanzar lo más sublime del potencial humano.

Tenemos mucho más de que hablar pero, de momento, me gustaría que no especularan sino que se limitaran a ser. Miren su mente, sean, no más. Mantengan su postura, pónganse derechos, mantengan el porte de cabeza y hombros. Siéntense con las piernas cruzadas en una buena postura de guerrero. No estamos ahora en una situación deprimente, sino en la cúspide del mundo mejor y más alegre que se haya conocido nunca, llamado sociedad despierta.

Sonriamos, enderecemos la postura. Cuando cuente tres, conéctense: uno, dos, listos... Somos la gente más feliz de todo el mundo, somos la sociedad más despierta de todo el mundo. Es conmovedor, es muy real, no nos estamos engañando.

Me gustaría explicarles la inclinación del guerrero. Hacemos esta inclinación estando de pie o sentados, tanto si estamos sentados en una silla, arrodillados o sentados con las piernas cruzadas en la postura de meditación. Nos inclinamos como señal de bienvenida, nos inclinamos como señal de respeto. Podemos comenzar una reunión inclinándonos, y acabarla así también.

Cuando vamos a hacer una inclinación enderezamos la postura, tanto el torso como los hombros y el cuello están erguidos; nos sentamos como si fuéramos una buena flecha. Después los brazos forman el arco al colocar las manos sobre los muslos con los brazos un poco salidos del torso, redondeándolos para formar un suave arco. Después nos inclinamos, lo que es como disparar directamente a la diana. El arco y la flecha se inclinan juntos.

¿Por qué no lo probamos? ¿Pueden hacerlo? Siéntense derechos como una flecha y después formen el arco con las manos, los brazos y los hombros. Ahora están listos para inclinarse. Cuando uno se inclina no busca el peligro o los obstáculos, se limita a inclinarse por completo.

Practiquémoslo de nuevo. Pónganse derechos, erguidos; los hombros también. La cabeza y los hombros están erguidos y entonces, manteniendo la cabeza recta, dóblense hacia delante, dejen que los hombros acompañen el movimiento e inclínense, inclínense más. Después dejen que su cuello sobrepase un poquito los hombros y, finalmente, dóblense desde el cuello.

Intercambiar una inclinación es como besar a la persona amada. Primero uno vuelve la cabeza hacia la persona amada, después dobla su cuello hacia ella y ella dobla su cuello hacia uno también, después se abrazan juntos. Ése es el ejemplo que muestra cómo entregarse con una inclinación.

Agradezco su presencia aquí, les amo a todos. Muchísimas gracias.

# 16. AYUDAR A LOS DEMÁS

El propósito del aprendizaje Shambhala es ayudar a los demás, salvar a los demás y curar su dolor. Ése es el quid de la cuestión. Hay tanta gente confundida y psicótica en el mundo que es su obligación, *nuestra* obligación, ayudarles. Cómo hacerlo depende de la profesión que tengamos. Es posible que nuestra ocupación sea cuidar niños, que nos dediquemos a las bellas artes o a hacer películas, o seamos un jardinero que cultive plantas en un vivero. Se trata de ayudar a los demás usando los medios a nuestra disposición, por medio de la profesión que tengamos, la que sea.

Cuando queremos ayudar a alguien, en primer lugar elevamos la cabeza y los hombros. Después, no intentamos convertir dogmáticamente a la gente a nuestras creencias, sino que simplemente la alentamos. Tengan la profesión que tengan –sean lecheros, abogados o taxistas–, en primer lugar eleven *su* conciencia y después háblenles en sus propios términos. No intenten que se unan al club Shambhala o al escenario budista ni nada por el estilo. Dejen simplemente que *sean* como son. Tomen una copa, cenen juntos, salgan con ellos; simplifiquen.

Claramente, lo que más importa no es lograr que se unan a su organización, eso es lo que *menos* importa. Lo más importante es ayudar a que los demás sean buenos seres humanos *a su modo.* No nos dedicamos a convertir a la gente. Puede que se conviertan ellos solos, pero nosotros sólo nos mantenemos en contacto con ellos. Normalmente, en cualquier organización, la gente no puede evitar atraer a los demás hacia su escenario o su rollo, por decirlo así. Ése no es nuestro plan, nuestro plan es asegurarnos de que los individuos, quienquiera que conozcamos, tengan una vida buena. Debemos a la par mantener el contacto con la gente, de cualquier modo posible. Eso es muy importante, no porque nos dediquemos a convertir a los demás, sino porque nos dedicamos a la comunicación.

Cuando uno está intentando ayudar a los demás, se encontrará probablemente solo al sentir que no tiene un compañero con quien trabajar. Uno puede también empezar a sentir que el mundo está bastante trastornado. Personalmente siento tristeza, siempre. Uno se siente triste, aunque no quiere realmente romper a llorar, siente una tristeza embrionaria. Hay cientos de miles de personas que necesitan ayuda, y eso le hace sentirse a uno triste, muy triste. No es que necesite a alguien para que le haga compañía, sino que está triste porque siente una soledad que los demás no sienten. Hay mucha gente que tiene esta experiencia. Por ejemplo, tengo un amigo y estudiante llamado Baird Bryant, con quien he trabajado durante muchos años; es un cineasta y hemos trabajado juntos en varias películas. Percibo que él tiene ese tipo de tristeza, que le gustaría que fuera posible hacer algo por los demás, algo que pudiera salir bien. Tiene esa tristeza, soledad y melancolía que tanto valoro. De hecho, he aprendido mucho observando la experiencia de mi amigo.

Hay dos clases de tristeza. La primera surge cuando miras a una flor hermosa y te gustaría poder *ser* esa flor; es tan bonita. La segunda es que nadie excepto uno comprende esa flor. Es tan hermosa, hermosísima, tan magnífica, y nadie lo entiende. A pesar de esa belleza, las personas se matan unas a otras, se destruyen mutuamente. Se van al bar a emborracharse en vez de pensar en esa flor hermosa.

La tristeza es algo esencial, señoras y señores. Como estamos muy tristes, escuchamos una bonita flauta sonando en el fondo de la mente. Al mismo tiempo, la melodía nos levanta el ánimo y no sentimos que hemos agotado todos los recursos del mundo ni que estamos en el agujero negro de Calcuta.* A pesar de sentirnos tristes y desconsolados, está pasando algo hermoso, cierta sonrisa, cierta belleza. En el mundo de Shambhala llamamos a eso *audacia,* en términos budistas lo llamamos compasión. La audacia es comprensiva con uno mismo, no implica *en absoluto* una tristeza suicida. Se da más bien una sensación de apertura o grandeza mental al tratar con los demás, lo que es hermoso, maravilloso.

Advertimos que estamos llorando y sonriendo a la vez, tenemos a la par risa y llanto. Ése es el estado mental shambhaliano ideal: llorar y reír a la vez. ¿No es maravilloso? Una flor necesita una combinación de luz solar y gotas de lluvia para florecer en toda su belleza. Para el caso, un arco iris se compone de lágrimas que caen de los ojos mezcladas con un rayo de sol, así es como un arco iris se hace arco iris: sol mezclado con lágrimas. Desde ese punto de vista, la filosofía de Shambhala es la filosofía del arco iris.

Audacia significa también que uno no tiene miedo de soltarse cuando ayuda a los demás. No vacilaría a la hora de decirle a alguien: «¿No piensa usted que debería ser más audaz, don Fulano de Tal? Veo que está contra las cuerdas. No le va muy bien. ¿No cree que debería salir de ahí y sonreír conmigo?». Una persona shambhaliana puede ayudar a los demás de esa manera, de muchas maneras. Una persona shambhaliana puede también *mostrar* en qué consiste ser un guerrero o guerrera a los demás. Si me encorvo así, ¿qué comunica esa postura? ¿Podría alguien responder? Por favor usen el micrófono para grabar esto porque la gente de las generaciones venideras

* Pequeña prisión en Calcuta donde se dice que en 1756 se cometió una masacre de más de cien europeos por parte de los indios. *(N. del T.)*

tiene que escuchar lo que se está diciendo. Estamos haciendo historia, dense cuenta.

ESTUDIANTE: Esa postura revela somnolencia y dejadez, no comunica nada en especial.

DORJE DRÁDUL DE MUKPO: Sí, de acuerdo. Y bien, ¿qué pasa cuando me siento así de derecho?

SEGUNDO ESTUDIANTE: Parece que se derramara la alegría.

DORJE DRÁDUL DE MUKPO: Bueno..., hay que tener cuidado cuando decimos "alegría". No estamos cultivando alegría. Esta postura está también cultivando fortaleza y habilidad para trabajar con los demás. Uno no se siente bien sin más, ¿correcto? Muchas gracias. ¿Podría otra persona decir algo más? ¿La señorita joven de allá?

TERCER ESTUDIANTE: La segunda postura, la erecta, es ciertamente más acorde con el estilo guerrero que la otra, la encorvada. Confianza y fuerza son cualidades que también se me ocurren.

DORJE DRÁDUL DE MUKPO: ¿Cómo le explicarías a alguien que acaba de salir de un McDonald's lo que es un guerrero de Shambhala?

ESTUDIANTE: Intentaría transmitirle que el guerrero de Shambhala no sale a combatir como los guerreros de los que me hablaron en la clase de historia. Intentaría transmitir que el guerrero de Shambhala es intrépido, que está listo para encontrarse con el mundo cara a cara, no en plan ofensivo sino abierto hacia cualquier cosa que venga. El guerrero de Shambhala es intrépido y valiente.

DORJE DRÁDUL DE MUKPO: Estupendo; eso es maravilloso. Muchas gracias cielo, has hecho que me derrita. Joven guerrera, tu bondad me derrite. Muchísimas gracias.

En nuestra comunicación con los demás, podemos con toda seguridad decir algo que cale hondo. Podemos comunicarnos con los demás y hablar de cómo se encuentran, de su propio dolor y su propio placer. No nos parece que este mundo es malo, sino que tiene bondad fundamental, y eso lo podemos transmitir.

No tenemos que salir corriendo de este mundo. No tenemos que sentirnos endurecidos y *desheredados.* Tenemos mucho que ofrecer al mundo y podemos *elevarnos* en este mundo. Deberíamos sentirnos *muy bien.* Este mundo es el mejor mundo. Al elevar el mundo deberíamos sentirnos bien, a la par, ¿correcto? Hay muchas maneras de hacerlo. Si conducen con un amigo por las montañas, quizá vean ciervos. Están muy bien acicalados, aunque no vivan en una granja. Tienen un porte de cabeza y hombros tremendo, y unas cornamentas hermosísimas. Los pájaros que se posan en el porche están también muy acicalados porque no les condiciona la condicionalidad ordinaria. Son ellos mismos, están muy bien.

Miren el sol, está brillando y nadie le saca brillo, el sol brilla simplemente. Miren la luna, el firmamento, el mundo en su mejor momento. Desgraciadamente, nosotros los seres humanos intentamos encajarlo todo en la condicionalidad; intentamos hacer algo a partir de nada. Hemos liado todo, ése es *nuestro* problema. Tenemos que regresar al sol y a luna, a los dragones, los tigres, los leones y *los garuda.** Podemos ser como el cielo azul, queridos míos, y como las nubes, tan limpias, tan bellas.

No tenemos que poner *demasiado* empeño en intentar encontrarnos a nosotros mismos. Realmente no hemos perdido nada, tenemos simplemente que entregarnos. La majestuosidad del mundo está siempre ahí, presente, incluso desde el punto de vista más elemental. Para ayudar a los demás, no vamos a conquistar a nadie y hacerle nuestro siervo, aunque en

* Véase en el glosario una descripción del *garuda*. El tigre, león, *garuda* y dragón son símbolos de las cuatro dignidades del guerrero: lo manso, vivaz, desmesurado e insondable. Véase también el capítulo 19 y *Shambhala: la senda sagrada del guerrero*, capítulo 20. *(N. del T.)*

ocasiones es posible que tengamos que conquistar su confusión. Los seres humanos necesitan educación desesperadamente para poder subir por sí mismos a un plano existencial más elevado.

Así que llegamos a un último punto, que se dice con mucha ironía. ¿Estoy yo loco o lo están ustedes? Hasta donde alcanzan mis entendederas, no estoy loco. Pero aprecio tanto este hermoso mundo que alguien podría interpretarlo como una locura, podrían ustedes meterme en el manicomio; *o bien* podríamos todos ir al manicomio. Es broma…

Para ayudar a los demás quédense con la tristeza, experiméntenla por completo. La tristeza es nuestra primera percepción de alguien. Después es posible que sintamos ira, que forma parte de la metodología para ayudar a esa persona; quizá tengamos que decirle a alguien, más bien airadamente: «Ya vale, ahora tranquilízate, ¿de acuerdo?». No podemos percibir el mundo como si nada malo hubiera ocurrido nunca, eso no solucionaría nada. Tenemos que meternos a fondo en el mundo, tenemos que intervenir en el sol poniente. Cuando vemos a una persona por primera vez, percibimos en ella posibilidades

tipo Sol del gran Este. Cuando trabajamos de hecho con ella, tenemos que ayudarla a superar el sol poniente, asegurándonos de que esa persona ha dejado de estar envuelta en las posibilidades tipo sol poniente.

Para hacerlo hay que tener humor, un humor autoexistente. También tenemos que mantener la polilla en la mano y no dejar que se dirija hacia la llama; en eso consiste ayudar a los demás. Señoras y señores, tenemos una gran responsabilidad. Hace mucho tiempo, las personas se ayudaban unas a otras de este modo; hoy en día la gente se limita a hablar, hablar y hablar. Leen libros, escuchan música, pero nunca ayudan realmente a nadie. Nunca usan sus manos desnudas para evitar que alguien enloquezca. Nosotros tenemos esa responsabilidad, alguien tiene que hacerlo y resulta que nos ha tocado. *Tenemos* que hacerlo, y podemos hacerlo con una sonrisa en vez de con una cara larga.

ESTUDIANTE: ¿Por qué piensa que *tenemos* que hacerlo?

DORJE DRÁDUL DE MUKPO: ¿Que por qué tenemos que hacerlo *nosotros*? Alguien tiene que hacerlo. Imagínate que aca-

bas de tener un accidente de automóvil y estás malherido, ¿por qué tiene alguien que ayudarte? Alguien tiene que hacerlo. En este caso, nosotros tenemos esa responsabilidad, esa responsabilidad absoluta. En lo que a mí me concierne, estoy dispuesto a tomar esa responsabilidad y agradezco mucho que se me brinde esa oportunidad. He sido príncipe, he sido monje, he sido cabeza de familia, tengo experiencia en muchas formas de vida humana y aprecio la vida, no estoy *en absoluto* resentido por haber nacido en la Tierra, estoy agradecido por ello, me encanta. Por eso me llamo *señor* Mukpo, porque amo mucho este mundo.

•

El mundo no me harta *en absoluto.* A causa de mi educación y mis estudios con mi maestro, amo el mundo. Me encanta ir a Nueva York, por ejemplo, porque el caos me chifla. A veces me pregunto si no seré un maniático porque mi obsesión es *salvar a todo el mundo.* Quizás lo sea, pero entonces los *dralas* me dicen: «No, no eres un maniático». La muerte de su santidad Kármapa me ha dejado con mucha responsabilidad, pero estoy muy feliz de tomarla.

SEGUNDO ESTUDIANTE: Estoy muy contenta de haberle conocido finalmente, pero me desconcierta un poco el haber venido aquí por interés personal y encontrar que estoy a punto de salir y ayudar a todos los demás.

DORJE DRÁDUL DE MUKPO: Primero tienes que ayudarte a ti misma, así estarás lista para ayudar a los demás. Mañana habrá una transmisión para ver cómo hacerlo, cómo *ser* un guerrero realmente. Con relación a esto, me gustaría que todo el mundo pensara cómo ayudar a los demás. Anoche no pude reprimirme, tuve que presentar la toma de conciencia, la comprensión que nos permite saber cómo puede uno *ser,* como punto de partida. Esta noche he dicho algo más pragmático que tiene que ver con la situación relativa al trabajo. Mañana podemos seguir avanzando.

Estoy *muy orgulloso* de todos ustedes, orgullosísimo. Todos ustedes han tenido muchas experiencias *samsáricas** en el pa-

* Relativas al *samsara*, en el glosario. *(N. del T.)*

sado, pero llegado este punto estoy muy orgulloso de ustedes. Me gustaría muchísimo darles las gracias. Considerándolo todo, me gustaría realmente *muchísimo* decir, señoras y señores, que todos ustedes son dignos súbditos del reino de Shambhala. Somos uno. Para crear la sociedad despierta hacen mucha falta hombres y mujeres como ustedes. Muchas gracias.

Me gustaría finalizar la velada introduciendo el grito del guerrero de Shambhala. Entonar este grito es una manera de elevar la cabeza y los hombros, de provocar una sensación de dignidad e inspiración. También es una manera de invocar el poder del caballo de viento y la energía de la bondad fundamental. Podríamos llamarlo grito de guerra, siempre y cuando se entienda que este tipo de batalla es la lucha contra la agresión, la conquista de la agresión, y que no tiene nada que ver con promover el odio o hacer la guerra. Podríamos decir que el grito del guerrero celebra la victoria sobre la guerra, la victoria sobre la agresión. También se celebra con él la superación de los obstáculos.* El grito del guerrero se dice así: *ki ki so so*. *Ki* es la energía primordial, es parecido a la idea de *chi* en las artes marciales chinas, como en *t'ai-chi ch'üan*. *So* es aumentar o extender esa energía de *ki* y extender el poder de *ki ki so so* en conjunto. Vamos a acabar nuestra reunión gritando *ki ki so so* tres veces. Sentados en una buena postura de guerrero,

* *Ki ki so so* es un cántico tradicional de victoria en el Tíbet. A menudo se canta durante una ceremonia ritual de purificación llamada *lhasang,* que incluye quemar ramas de enebro o sabina y pasar objetos sagrados a través del humo. También se canta cuando uno alcanza la cima de un puerto de montaña. El viajero coloca un banderín en un montón de piedras encima del puerto y entona el grito del guerrero. Chögyam Trungpa describe en *Nacido en Tíbet* cómo hizo este ritual durante su escapada del Tíbet: «Por delante nuestro quedaba el elevado puerto de montaña de Sharkong La. Como era increíblemente empinado y el tiempo estaba muy tormentoso, cuando hubimos subido un poco nos detuvimos para acampar y pasar la noche. [...] Al día siguiente proseguimos la escalada [...] Cuando alcanzamos la cima del paso, yo, Kino Tulku y Akong Tulku desmontamos para dar el tradicional grito de victoria de los viajeros, después de lo cual añadimos cumplidamente una bandera en el montón de piedras».

con las manos en las caderas, mantengan el porte de cabeza y hombros y griten:

*Ki ki so so*
*Ki ki so so*
*Ki ki so so*

Buenos días.

# LA CORDURA ES ALEGRE

Cabalgo un corcel blanco,
porto la espada de hoja ancha,
mantengo el punto de vista de la victoria –y sin llevar gafas–.
Mientras escucho el aleteo del estandarte de la victoria,
mientras huelo el estiércol de los caballos,
mientras escucho las tropas castañeteando al avanzar con sus
armaduras,
me siento tan romántico
y tan valiente.
Mientras llevo el arco y la flecha en mi mano
me siento mejor que haciendo el amor a una doncella.
Mientras derroto al enemigo, me siento tan bien,
tan compasivo:
amor y bondad para con mis enemigos.
Por eso diré:
*¡ki ki so so!*
Quizás el Dorje Drádul esté loco
aunque, en cambio,
la persona más cuerda sobre la Tierra sea el Dorje Drádul.
*¡Ki ki so so!*

D. D. M.

# 17. TRANSMISIÓN

Buenos días a todos. Esta noche tendrá lugar su confirmación como guerreros de Shambhala. Irónicamente, los guerreros de Shambhala no hacen la guerra. La palabra *guerrero*, tal cual, puede referirse a alguien que incita a la guerra, un belicista, pero los guerreros de Shambhala son lo opuesto, por supuesto. El guerrero o la guerrera de Shambhala no hace la guerra, *en absoluto*, sino que es alguien que hace la paz. Los guerreros de Shambhala son aquellos a quienes les interesa subyugar sus propios deseos de guerra y agresión. Anoche hablamos de la tristeza, esa cualidad es precisamente lo que reside en el corazón del guerrero. El guerrero armoniza completamente con las personas y con los diferentes estados emocionales de la gente. Somos lo opuesto a belicistas.

¡Qué hermoso es el rojo! ¡Qué hermoso es el amarillo! ¡Qué hermoso es el verde! ¡Qué hermoso es el gris! Cuando miramos a nuestro alrededor, ¡qué hermosura! ¡Qué hermoso es ver una persona sentada derecha disfrutando su comida! ¡Qué bueno ver a una persona duchándose, echándose champú en el pelo! ¡Qué bien está que una persona se afeite! ¡Qué bien está que las mujeres se peinen!; se peinan como si su pelo fuera la melena de un tigre o un león de Shambhala, tanto si usan secadores como si no.

Siempre somos buenos guerreros de Shambhala: buenos tigres, buenos leones, buenos *garuda*, buenos dragones; con una dentadura formidable, hermosas caras brillantes y manos bonitas. ¡Qué hermoso es el comportamiento en la existencia humana! El mundo de Shambhala es un mundo individual y, a la vez, un mundo compartido. Cuando nos relacionamos con el resto del mundo, debemos estar bien acicalados. Ése es uno de los primerísimos principios del decoro shambhaliano.

Me gustaría tratar el concepto de lord shambhaliano un poco más a fondo. *Lord* es una palabra del inglés antiguo, lord en francés es *seigneur* y en español es *señor.* La palabra *señor* no significa aquí "señor feudal". Un señor feudal usa a los demás, les considera sus siervos y piensa que no tienen dignidad. Un señor feudal usa a los demás como lavaplatos, mozos de restaurante o para tirar del *jinrikisha.** En este caso, cuando decimos "señor", cuando decimos "señor Mukpo", estamos hablando de identificarnos con el sol y la luna.

El señor Mukpo no va a matar a nadie ni poner a la gente a trabajar en el alcantarillado o en el peor lugar dentro de lo más bajo de lo peor imaginable. Señor Mukpo es brillo. Como señoras y señores de Shambhala, podemos juntarnos con el sol y la luna, la luna de los medios hábiles y el sol del brillo, que son los principios masculino y femenino.** Los señores y señoras de Shambhala no se aprovechan de su propia debilidad ni de la debilidad de los demás.

*Señor* o *señora* también significa aquí poder, una percepción de la realidad en la que cada uno de nosotros puede ejercer una fuerza real. Poder no significa poder sobre otros, en el sentido del señor feudal. En este caso, poder es el poder de ser uno mismo. El señor original inspira ese poder dentro de uno. Uno tiene poder para abrir sus cruentos*** ojos, su cruenta

* Cochecillo de dos ruedas tirado por un hombre para el transporte humano. *(N. del T.)*

** En este caso, la luna es el principio masculino y el sol el femenino. "Medios hábiles" se refiere al "método" (traducción del término sánscrito *upaya)* y "brillo" se refiere a *prajñá* (en el glosario). *(N. del T.)*

*** La palabra *cruento, sanguinario* [en el original inglés *bloody*] se usa aquí para in-

nariz, su cruenta boca. Tiene poder cruento, poder maravilloso, extraordinario.

En general, los guerreros de Shambhala no le tienen miedo a nadie. Nos mantenemos con buen porte de cabeza y hombros. Con buena cabeza y hombros, no nos sometemos o avasallamos a ninguna persona –a ninguna cruenta persona–. Podemos ser *nosotros mismos,* mis señoras y señores.

Mantengamos el porte de cabeza y hombros, ¿de acuerdo? Vamos a hacer la transmisión del poder de la condición de guerrero. Mantengan derecha su columna, abran los ojos, cabeza y hombros óptimos. Quiero que digan el grito de los guerreros de Shambhala después de mí. Cuando lo hagan, recibirán la transmisión y tendrán todo el poder.

Muy bien. Primero manténganse derechos. ¿De acuerdo? ¿Listos? Repitan después de mí: *ki ki so so.*

*Ki ki so so*

Inclinémonos. Seamos humildes e inclinémonos mucho más. Hagan una buena inclinación, cordial. El poder y la fuerza ya han ocurrido, no hace falta recrearlos. Ahora pueden entregarse, pueden inclinarse de verdad.

*Por favor,* sonrían, ¡diviértanse! Es como si les hubieran entregado la envergadura del águila; es como si les hubieran entregado la altivez y el porte de cabeza y hombros del ciervo; es como si les hubieran entregado la rapidez del pez. Estoy lleno de júbilo al compartir esto con ustedes. Me he estado reprimiendo durante tanto tiempo…

Hay una comprensión mutua entre todos ustedes y yo, mi

---

tensificar o fortalecer la palabra que precede. Este uso, según el Oxford English Dictionary, se remonta al final del siglo XVII, cuando los camorristas aristócratas se llamaban "gente de sangre" [*bloods*]. La frase "cruento borracho", por ejemplo, significa borracho como la gente de sangre, o borracho como un señor.

patrimonio, mi linaje. Con su interés por la humanidad, estoy seguro de que ayudaremos a los demás. Éste parece ser el caso y ésta parece ser la cuestión, éste parece ser el motivo por el que estamos aquí juntos: para ayudar a los demás.

# GRITO DE BATALLA

Cabalgo en el caballo entrenado impecablemente,
militarmente,
porto las seis armas con cabeza y hombros elevados para
la batalla.
Contemplo si se está peleando en nombre de la pasión o de
la agresión
(¿se debería aplastar de un puñetazo una jarra de miel o
segarla con la espada?).
Me pregunto si soy lo que soy.
Mis actos y pensamientos se sincronizarán en nombre de
los grandes *dralas*.
Me pregunto si debo besar la espada
o chupar su hoja.
El sobresalto no debería sorprender al guerrero;
la belleza y cordialidad son no obstante su tesoro.
Cuando el hombre pelea con el hombre,
¿debería haber derramamiento de sangre?
Sumirse en la depresión no parece ser la manera de lograr
la verdadera condición de guerrero.
Disfruto de los campos llenos de pletóricos guerreros que
cantan el grito de guerra.
También disfruto de los guerreros montando caballos que
nunca corcovean sino que marchan majestuosamente
a través de las tropas enemigas.

# Parte V:

# OMNIVICTORIOSO

## LA SONRISA DEL GUERRERO

# 18. CUESTIÓN DE CORAZÓN

La cuestión que nos ocupa esta noche es muy sencilla, es la cuestión del corazón. Como guerreros, debemos tener un corazón suave; eso es lo que el mundo necesita. El corazón del guerrero es también intrépido. El *mismo hecho* de tener un corazón se basa en ser intrépido y manifestar un sentido de espíritu guerrero. Cuando hablamos de convertirnos en guerreros, no nos estamos refiriendo a hacer la *guerra,* sino a manifestar esa intrepidez y cordialidad que pueden salvar al mundo.

Tenemos que ser auténticos, lo que significa no tener agresión y ser sinceros con nosotros mismos. De ese modo podemos construir una sociedad despierta. La sociedad despierta no puede construirse ni desarrollarse en el plano de los sueños o de los conceptos, sino que debe ser real, buena, honesta y auténtica.

Muchos de nosotros nos sentimos víctimas de nuestra propia agresión y de nuestra propia desgracia y dolor, pero nada de eso obstaculiza la creación de una sociedad despierta. Lo que necesitamos, para empezar, es cultivar bondad hacia nosotros mismos y, después, hacia los demás. Suena muy sencillo, y lo es. Al mismo tiempo, es *muy* difícil llevarlo a la práctica.

Me gustaría mantener nuestra conversación muy simple y sincera. El dolor causa un montón de caos y de resentimiento, lo que tenemos que superar. Es una lógica extremadamente simple: una vez que podemos superar el dolor, descubrimos la alegría intrínseca y tenemos menos rencor hacia el mundo y hacia nosotros mismos.

Al estar aquí, presentes de una manera natural, tenemos menos rencor. El rencor consiste en no estar presentes, en estar en otro lado porque es otra cosa lo que nos preocupa. Cuando estamos aquí, estamos simplemente aquí, sin resentimiento y sin preocupaciones. Además, al estar aquí nos ponemos alegres. Déjenme ver como sonríen… ¡Eso es! Buena suerte.

ESTUDIANTE: ¿Qué deberíamos hacer si la gente se aprovecha de nuestro buen corazón y lo usa en nuestra contra? La mayoría de las personas creen que pueden dar solo hasta cierto punto y que también necesitan recibir. Tenemos la impresión de que no podemos dar más y más y más a gente que no para de tomar más y más y más.

DORJE DRÁDUL DE MUKPO: Devuélveles tu bondad, deja que resplandezcan. Tienes suficiente poder para hacerlo. No necesitas depender de la bondad de ninguna otra persona, tienes tus propios recursos, es decir, tu propia bondad. Ya eres buena y puedes transmitir esa bondad a los demás. En el budismo lo llamamos *tathágata-garbha,* o naturaleza de buda.

Supongamos que has escuchado una charla acerca del corazón. Puede que te preguntes: «¿Dónde está *mi* corazón? ¿Tengo *yo* uno?». Examínate a ti misma, examina tu estado de ser y verás que tienes el corazón de la bondad *dentro de ti;* lo tienes, y sería mejor usarlo. Uno de nuestros problemas es que nos sentimos incapaces y necesitados. Para superarlo, tenemos que ser sinceros y confiar en nosotros mismos: nosotros *no* somos incapaces ni estamos necesitados. Si somos capaces de sonreír, tenemos bondad interior, sin excepción. Tanto si se es joven, viejo, muy viejo o muy joven, siempre hay posibilidades de sonreír. De hecho, la gente sonríe, por lo menos tres veces al día. Eso es bondad. Así que sigan sonriendo, disfruten de su ser.

SEGUNDO ESTUDIANTE: Cuando usted da una prescripción general del tipo: «Sean buenos, sonrían y sean honestos con ustedes mismos», no puedo evitar pensar en las mujeres que sufren abusos o son violadas, en una clase social explotando y oprimiendo a otras clases o en la gente que muere de hambre. A escala mundial, veo una alienación, explotación y opresión clasista increíbles. ¿Cómo puede cambiar el mundo lo que usted está diciendo?

DORJE DRÁDUL DE MUKPO: Podemos cambiar el mundo, no hay duda. El problema es que no sonreímos cuando el caos se nos viene encima. Cuando ocurra el caos, incluso en medio del caos, podemos sonreír, lo que cura la confusión y el rencor. ¿Lo entiendes?

ESTUDIANTE: Cuando habla de sonreír, ¿está diciendo que deberíamos rechazar el odio?

DORJE DRÁDUL DE MUKPO: Absolutamente. Sí, lo has entendido.

TERCER ESTUDIANTE: ¿Podría hablarnos de las leyendas tibetanas acerca del reino de Shambhala?

DORJE DRÁDUL DE MUKPO: Shambhala fue una sociedad despierta que manifestó la no agresión. Su localización geográfica fue en el Asia central, en el centro o corazón de Oriente. La sociedad shambhaliana fue capaz de transmutar la agresión en amor. En consecuencia, toda la gente de Shambhala alcanzó el despertar y no tuvieron entonces que pelear ninguna otra guerra. Finalmente, toda la sociedad, todo el país –incluyendo todos los edificios– cesaron de existir en un plano terrenal. Ésa es la historia de Shambhala.

ESTUDIANTE: ¿Piensa usted que el reino de Shambhala se manifestará de nuevo a escala mundial en forma de una edad dorada o despierta?

DORJE DRÁDUL DE MUKPO: ¿Qué te apuestas?

ESTUDIANTE: ¿Tiene alguna idea de cuándo podría ocurrir? ¿Dentro de, digamos, cien o doscientos años?

DORJE DRÁDUL DE MUKPO: Ahora mismo; es posible.

ESTUDIANTE: Muchos *lamas* han dicho que puede ocurrir antes de cien o doscientos años.

DORJE DRÁDUL DE MUKPO: Eso es especular. Está ocurriendo ahora mismo.

# 19. EL CLAN DE LOS MUKPO

Buenos días señoras y señores. Doy los buenos días, aunque ya haya anochecido, porque, en lo que nos concierne, el sol siempre se está elevando y es el origen del esplendor. Para los guerreros y guerreras de Shambhala, el sol nunca es un sol poniente. Esto no tiene que ver con ninguna filosofía cultural de ningún tipo. El sol resplandece siempre porque *uno* siempre resplandece. Ahora mismo, ustedes están resplandecientes. El sol simboliza este *brillo constante*.

Esta noche vamos a profundizar en nuestra comprensión y penetración de los principios shambhalianos. Como punto de partida, sentimos repulsión hacia el mundo del sol poniente. Sol poniente es la depresión personal de cada uno. Cualquier cosa que crean desagradable sin paliativos, *asquerosa*, tiene que ver con el principio del sol poniente. Estamos intentando salir de ese mundo tipo sol poniente confiando en nosotros mismos y convirtiéndonos en guerreros y guerreras.

Tenemos la cabeza sobre el cuerpo, cuando la cabeza y el cuerpo se sincronizan nos percatamos de que somos seres humanos reales y decentes. En la tradición de Shambhala, llamamos a esto tener buen porte de cabeza y hombros. Con esa experiencia tan ordinaria de tener la cabeza sobre los hombros comenzamos a sonreír. Cuando nos damos cuenta de que no tenemos que disociar la mente y el cuerpo, entonces podemos comer bien, dormir bien, hacer que nos corten el pelo bien, hacer bien cualquier cosa. Podemos experimentar una sacralidad tremenda en las actividades ordinarias. Lo que ordinariamente se considera una actividad sin importancia, nosotros, en Shambhala, lo consideramos algo sagrado.

En las sociedades tradicionales, tales como la sociedad tibetana de la que procedo, uno monta su caballo, arma la tienda, hace un fuego y cualquier otra cosa con simplicidad y sin vacilación. Si uno tiene que matar a su enemigo, lo hace con el mismo espíritu de simplicidad y franqueza. El enemigo debe morir en su regazo en vez de ser masacrado a distancia y, habiéndolo matado, se supone que hay que besarlo. (No sé si pueden entender esto, en América el hombre blanco se limitó a aniquilar a los indios, no hubo sentido de guerra sagrada; estoy hablando de la actitud contraria.)

Anoche hablamos sobre la importancia de la sonrisa del guerrero, sobre la audacia: en cualquier cosa que hagamos, no nos sentimos confundidos ni intimidados. Igual que un águila posada en una roca, encrespamos nuestro plumaje con un porte de dignidad sin miedo. No tenemos miedo de nada de lo que hagamos mientras comemos, caminamos o dormimos. Les ruego que sean decentes, no tienen que ser cobardes nunca más. ¿Comprenden? Para el guerrero, la intrepidez y el amor son la misma cosa. Cuando está enamorado, está aterrorizado a la vez. No obstante, se puede cultivar el amor sin terror y sin horror.

La bandera de Shambhala simboliza los principios de los que estamos hablando esta noche. El disco amarillo es el sol, que simboliza la compasión; el espacio blanco que lo rodea representa los medios hábiles. El blanco también simboliza el estado despierto y el amarillo la sabiduría. Hay cuatro franjas en la bandera que simbolizan los cuatro estadios en el aprendizaje del guerrero y lo que va consiguiendo. La franja azul simboliza inescrutabilidad, la roja simboliza el sentido de la desmesura. La franja blanca simboliza vivacidad, que en este caso

es el sentido de estar despierto todo el tiempo. Por último, la franja naranja simboliza mansedumbre, que es la modestia humilde que engloba todas las demás cualidades shambhalianas que hemos cultivado.

Tengo una bandera o estandarte personal que incorpora los mismos principios. En esta bandera, el tigre simboliza mansedumbre, el león vivacidad, el *garuda* desmesura y el dragón inescrutabilidad. A un lado de la bandera hay seis puntos descendentes que simbolizan los seis clanes tradicionales del Tíbet. Todos los clanes tibetanos practicaron las disciplinas de lo manso, vivaz, desmesurado e insondable. Los seis clanes del Tíbet son algo así como los clanes escoceses, en el sentido de que representan la fuerza y dignidad familiar, el poder que surge al compartir una identidad grupal.

Soy del clan de los Mukpo, sus santidades Dilgo Khyentse Rínpoche y Gyalwa Kármapa XVI pertenecen asimismo a este clan. El gran guerrero tibetano Gésar de Ling también perteneció al clan Mukpo. El clan es una forma global de entender la realidad, también es un sentido de gobernabilidad del mundo y de percepción del mismo. El patrimonio y la benevolencia del clan de los Mukpo son mi regalo para ustedes. Este patrimonio es la decencia. En el pasado, el clan Mukpo intentó ser decente y llegamos a la decencia total, ¿por qué no transmitirles a ustedes y a las generaciones venideras esa decencia?

Les ruego que sonrían y que formen parte de nuestro clan. Nuestro trabajo consiste en ser mansos, vivaces, desmesurados e insondables; así ha sido y lo sigue siendo. He estado trabajando con esos principios desde que llegué a Occidente y ahora le estoy ofreciendo este tesoro a cada uno de ustedes. No hay mucho más que decir. Con el ofrecimiento de este regalo, se cierra una puerta a la par que se abre otra. Me siento muy aliviado, muy reconfortado por el hecho de que puedan compartir la experiencia de los Mukpo de ayudar a los demás. Mi clan es suyo y estoy contentísimo de que formen parte de él. Mi clan no ha engañado nunca a nadie, mi clan ha derramado *mucha sangre* para proteger y mantener lo manso, vivaz, desmesurado e insondable. Hemos hecho un gran esfuerzo, señoras y señores.

No vine a América a sentarme en un cómodo cojín, vine aquí, dense cuenta, a promocionar y presentar todo aquello por lo que ha pasado el clan Mukpo. Es auténtico, queridos míos. Se requiere un esfuerzo tremendo para ser auténtico y real, y esta noche ese esfuerzo se comparte con ustedes. Se les transmite el espíritu del guerrero, esta noche les estoy entregando el corazón de la tradición guerrera. Los Mukpo no están por la labor de tener guerreros falsos, o dobles de guerrero, como en *Kagemusha.** Somos auténticos, quizá demasiado. Depende

* En *Kagemusha*, la película de Kurosawa, un señor japonés muere y sus portavoces encuentran a un campesino que tiene un espeluznante parecido con él. Le adiestran y fuerzan a ocupar el lugar de su señor. Hace su papel con éxito y engaña a todo el mundo durante la mayor parte de la película. El tema es muy parecido al de la novela *El príncipe y el mendigo,* de Mark Twain.

de ustedes, por supuesto, pero *nosotros* nunca engañamos. Si hay que hacerlo, matamos en el acto; si fuera necesario, cortaríamos una cabeza sin vacilar, sin confusión alguna. Requiera lo que requiera una situación, somos siempre consecuentes. Al mismo tiempo, hay una alegría y celebración tremendas; esto no tiene nada que ver con un velatorio. Cuando muere alguien, la gente en el velatorio puede beber un montón para ahogar las penas antes del funeral. Eso no va con los Mukpo.

Shambhala significa ser auténtico y honesto a la vez. Pueden estar seguros de una cosa: en el mundo de Shambhala nadie va a ser engañado, nunca. Si uno se empeña en mantener una cara larga y aferrarse a su agresión, esta misma agresión suya le castigará. Por lo demás, los principios shambhalianos son bastante alegres. Muchas gracias.

# I

# COINCIDENCIA AUSPICIOSA

## Riqueza y visión

Al tigre le han salido más rayas,
al león le ha crecido la melena,
¡pueda el *garuda* volar más lejos!,
¿será posible que el dragón pueda resonar más profundo?
¡Puedan mis diez años aquí ser más!
A veces tengo la sensación de que he estado en Norteamérica
diez mil años,
otras veces, tan sólo diez segundos:
rejuvenecemos y envejecemos simultáneamente.

Ciertamente valoramos lo que hemos hecho,
lo que hemos alcanzado en diez *kalpas** o diez segundos.
Es maravilloso,
sorprendente,
que vosotros como noble sangha**
y yo como maestro *vajra****
hayamos envejecido juntos.
Tal maravilloso mundo *dhármico***** hubiera sido
imposible
si nunca nos hubiéramos conocido.

Podríamos afirmar que el sabio y el resabido no tienen
tiempo para descansar.

* Un *kalpa* es un eón muy largo, según algunos cálculos correspondería a 4.320.000.000 años.

** La comunidad de los practicantes budistas

*** Maestro del *vajrayana* (en el glosario). *(N. del T.)*

**** Relativo al *dharma* (en el glosario). *(N. del T.)*

No nos complazcamos unos a otros
con el punto de partida, recorrido y destino de nuestro viaje.
Despertémonos y unámonos en la celebración,
y avancemos sin descansar.
En nombre del linaje y de nuestros antepasados,
ajustémonos sin temor nuestras *chubas;*
hagamos surgir el amanecer del *tantra*
junto con el Sol del gran Este.

# II

# HAIKU
**(extracto)**

Todo va bien.
¡*Ki ki* –todo va mereciendo la pena– *so so*!
Me enorgullezco de nuestra expedición.
Desde que mi madre me privó de su *chuba* de piel
decidí ser de ahí en adelante un sin *chuba*,
un guerrero sin vestimenta, andando a la fría intemperie.
Mi madre y mi *guru** coincidieron en esta regla,
así que estoy sin piel, sin ropa.
En cambio seguí siendo rey,
sentado en un trono con una sonrisa autocomplaciente.
Si no hubiera tenido mi patrimonio,
esto no hubiera ocurrido nunca:
gracias a Gésar
y a cualquier pariente de la familia Mukpo
que ha comido el sabroso plato de los carnívoros mongoles.
Buena comida,
consistente brocado dorado,

* En el budismo, *guru* equivale a maestro *vajra*. La grafía con tilde –gurú– es equívoca. Véase también la entrada *lama* en el glosario. *(N. del T.)*

auténtica armadura,
montar en un corcel blanco hacia la batalla:
de todo ello nos enorgullecemos.
*¡Ki ki so so!*
¡*Ki ki so so* para lady Jane!*
¡*Ki ki so so* para mi corcel blanco!
¡*Ki ki so so*: somos los guerreros sin ego!
*Om svabhava-shuddah sarva-dharmah svabhava-shuddho ham***
*¡Ki ki so so!*

* Se refiere a una estudiante del autor, que mencionaba frecuentemente nombres de sus estudiantes, familiares o amigos en sus poesías. *(N. del T.)*

** Un *mantra* (fórmula recitada) tradicional budista que invoca los principios no teístas de la vacuidad y ausencia de ego. Significa "todos los *dharmas*, o fenómenos, son puros por naturaleza, yo soy puro por naturaleza".

# 20. SUPERAR LA DEPRESIÓN

Es posible que, de vez en cuando, tengamos dificultades para expresarnos o para comprender las realidades de la naturaleza humana. Quizá nos sintamos inadecuados pensando que hay algo que desconocemos, quizá creamos que existe cierta información que debemos conseguir. En esta situación, la insistencia en el aprendizaje es un obstáculo. ¿Por qué no nos despertamos sin un aprendizaje? ¿Por qué no levantamos el ánimo sin un aprendizaje?

El problema de fondo es que no podemos trabajar con nuestra depresión. Podríamos decir que la depresión es buena: cuando estamos deprimidos, comenzamos a ver la otra orilla,* podemos sentir empatía por los demás y podemos ver la necesidad de una alternativa. No obstante, cuando estamos deprimidos somos incapaces de superar la neurosis. Renunciemos a la depresión, renunciemos literalmente a ella.

Después podremos sonreír hermosa, total y extraordinariamente. Señoras y señores: ¿por qué tenemos que revolcarnos

* El autor está usando una expresión que viene del budismo. "Alcanzar la otra orilla" significa alcanzar la liberación tras cruzar el río del *samsara.* En castellano tenemos también el modismo "la otra orilla" que significa "el otro mundo". En el caso que nos ocupa, no hay que morir para alcanzar la otra orilla, sino despertar. *(N. del T.)*

en el fango? No lo merecemos, no nos merecemos estar revolcándonos en un montón de excrementos. ¿Por qué no nos despertamos? ¡Hagámoslo con una sonrisa!

Somos capaces de sonreír. No nos convirtamos en bueyes sumisos, no nos convirtamos en gusanos obedientes, no nos convirtamos en lo más bajo. Soy consciente de que a veces el resplandor que acontece al superar la depresión causa *muchísimo* pavor pero, aún así, hay que superarla. La cobardía producirá, a la par, valentía. Cuando uno se siente tan cobarde y temeroso es igual que cuando ve una oscuridad terrible: percibe el resplandor a la par. Les ruego que se aproximen y que se unan a nosotros con una sonrisa. Pueden hacerlo, se ha hecho anteriormente y ustedes son capaces de hacer lo mismo. Muchas gracias. Les ruego que hagan sus preguntas.

ESTUDIANTE: ¿Podría explicar un poco más qué quiere decir con levantar el ánimo o despertarse sin tener que aprender?

DORJE DRÁDUL DE MUKPO: Tú me lo cuentas, ¿qué crees?

ESTUDIANTE: ¿Se trata de que nos obsesionamos con llegar a algún sitio en vez de simplemente levantar el ánimo en el acto?

DORJE DRÁDUL DE MUKPO: Efectivamente, así es, tú lo has dicho. Pero hay algunos problemas, ¿qué problemas hay? Te ruego que nos lo digas.

ESTUDIANTE: Supongo que si una siempre aborda el asunto pensando que debe saber algo más para levantar el ánimo o despertar, todo lo que está haciendo es crear más tendencias habituales para sí misma.

DORJE DRÁDUL DE MUKPO: Efectivamente. Muchas gracias. Llegado este punto eres una hija de Shambhala y estoy orgulloso de ti.

SEGUNDO ESTUDIANTE: Señor: ¿ha dicho que la depresión es buena y después que tenemos que deshacernos de ella?

DORJE DRÁDUL DE MUKPO: No tanto deshacernos de ella *per se*, podemos realmente ponernos de pie sobre la plataforma de la depresión. Es como esta silla en la que estoy sentado, hace mucho tiempo fue manufacturada por gente que estaba deprimida. Pero ahora le hemos dado la vuelta a la tortilla y ahora esta silla en concreto es una silla shambhaliana, un trono de Shambhala. Así que no estamos atrapados en la depresión. *Ça va?*

ESTUDIANTE: ¿Es que hay cierta clase de sabiduría detrás de la depresión y nosotros nos deprimimos porque…

DORJE DRÁDUL DE MUKPO: No hay sabiduría *detrás*, sino sabiduría enfrente. La sabiduría está *presente*, ¡ahora *mismo*!

ESTUDIANTE: Entonces, ¿por qué nos deprimimos?

DORJE DRÁDUL DE MUKPO: Uno no se deprime. La gente habla de milagros. Los milagros no existen pero, a la vez, sí existen. Los milagros se hacen en el acto, en el *mismo* acto. Nos hacen sonreír y comenzamos a darnos cuenta de que la realidad no da pie a la confusión ni a la solemnidad.

TERCER ESTUDIANTE: Señor: ¿acaso no es posible tener buen ánimo y aun así sentir un abanico variado de emociones como tristeza, ira quizás, todos esos sentimientos? Cuando usted dice: «Levanten el ánimo», eso no descarta las emociones, ¿o sí?

DORJE DRÁDUL DE MUKPO: Cuando comenzamos a ver el Sol del gran Este, no nos olvidamos del sol poniente. Cuando aprendemos la *a*, no nos olvidamos de la *z*. Existe la posibilidad de llegar a la *a* desde la *z*. ¿Lo entiendes?

ESTUDIANTE: Espero que sí. Es en ese sentido que…

DORJE DRÁDUL DE MUKPO: No hay *espero que* que valga, se hace y ya está.

ESTUDIANTE: Pero sentir emociones diferentes…

DORJE DRÁDUL DE MUKPO: No hay ningún *sentir* que valga.

ESTUDIANTE: ¿No sentimos?

DORJE DRÁDUL DE MUKPO: Se hace y ya está.

ESTUDIANTE: ¡Uh!, pero… ¿No puede uno sentir y…

DORJE DRÁDUL DE MUKPO: No, no, no y requete*NO*. Uno no se interesa superficialmente en nada, no tiene pasatiempos.

ESTUDIANTE: Bueno, un ejemplo es quizá cuando vemos algo muy entristecedor, digamos, por ejemplo, la muerte de un niño. Eso puede ser triste. ¿No es razonable sentirse, no puede uno...

DORJE DRÁDUL DE MUKPO: No.

ESTUDIANTE: ... sentirlo?

DORJE DRÁDUL DE MUKPO: No. Estamos hablando de la *autenticidad.* Auténtico en el acto, *verdaderamente* auténtico en el acto.

ESTUDIANTE: ¿Y si uno está llorando?

DORJE DRÁDUL DE MUKPO: No se llora. Uno puede llorar *porque* no pudo llorar. Es *en el acto.* Vamos..., di algo más.

ESTUDIANTE: ¿Qué pasa con la repulsión?

DORJE DRÁDUL DE MUKPO: A causa de ella uno anda revuelto.

ESTUDIANTE: ¿A causa de qué? ¿A causa de la sensación o del suceso?

DORJE DRÁDUL DE MUKPO: Uno nunca se revuelve.

ESTUDIANTE: ¿Nunca?

DORJE DRÁDUL DE MUKPO: ¡Nunca!

ESTUDIANTE: Muchas gracias, señor.

DORJE DRÁDUL DE MUKPO: ¡Gracias a ti! Muy bien, llegado este punto deberíamos probablemente retirarnos. Cuando nos reunimos los guerreros de Shambhala, a veces levantamos la sesión cantando una canción muy animosa, llamada *El himno de Shambhala.* Espero que la canten con nosotros. Muchas gracias, a todos.

# HIMNO

En el cielo truena el dragón turquesa,
los rayos del tigre resplandecen.
La melena del león extiende nubes turquesas,
el garuda vuela por los tres mundos.

Valientes los guerreros de Shambhala,
majestuosos los *Rigden** en tronos *vajra.*
El rey Sákyong** une cielo y tierra,
la Sákyong-wangmo cosecha paz.

Resuena la trompeta de la valentía,
ondea la bandera omnivictoriosa.
Se expande gloria espiritual y temporal,
¡disfruta: se eleva el Sol del gran Este!***

* Los reyes de Shambhala.

** *Sákyong* y *Sákyong-wangmo* son títulos que se dan a los que gobiernan Shambhala. El término *Sákyong* significa "protector de la tierra" y *Sákyong-wangmo* significa "señora protectora de la tierra".

*** Para quienes conozcan la música, la siguiente versión es menos literal pero aceptablemente cantable en castellano: Hay truenos en el cielo del dragón turquesa / los rayos del tigre inundan de luz. / La melena del león expande nubes turquesa, / el garuda vuela todo alrededor. // Valientes los guerreros de Shambhala, / en su trono los Rigden con majestad. / El Sákyong rey une cielo y tierra, / la Sákyong-wangmo cosecha paz. // Resuena valiente la trompeta, / ondea la bandera victoriosa. / Se expande la gloria espiritual y temporal, / disfruta sube el Sol del gran Este. / Disfruta el Sol del gran Este. / Disfruta del gran este el Sol. *(N. del T.)*

# 21. EL SOL DEL GRAN ESTE: EL PUNTO EN EL ESPACIO

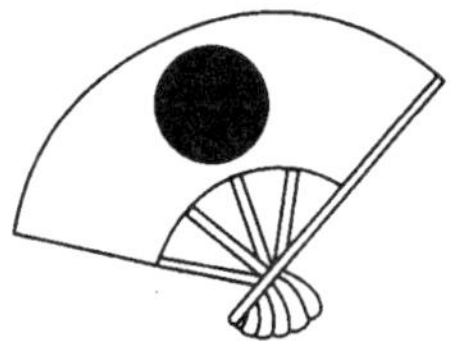

Por última vez, me gustaría darles los buenos días, señoras y señores. Quisiera concluir con una explicación sobre la audacia y el guerrero. La audacia se basa en la sinceridad con nosotros mismos. El principio del no engaño es muy importante, quizá el más importante.

Primero uno se engaña a sí mismo y después ese engaño se extiende a los demás. La falsedad es uno de los obstáculos principales para llegar a entender los principios shambhalianos. Tanto si estamos comiendo, andando, durmiendo o haciendo cualquier otra cosa existe la posibilidad del engaño. A causa del engaño somos incapaces de ver el punto en el espacio. El punto en el espacio es puro y cristalino, inamovible por completo. Gracias a ese punto en el espacio nos podemos mantener derechos; es el Sol del gran Este. El Sol del gran Este es el punto en el espacio.

Todas las variaciones de sociedad despierta de Shambhala de las que hemos estado hablando son el punto en el espacio, se basan en no engañar a nadie y en el aprecio personal al mismo tiempo. Ser bueno con uno mismo y por tanto capaz de extender la bondad a los demás surgen, ambos aspectos, del punto en el espacio. El punto en el espacio manifiesta nuestra cordura. Es casi como un pitido en los oídos. A veces estamos haciendo nuestras cosas y algo hace *¡piii!* en el oído, ése es el punto en el espacio; es un recordatorio y lo que nos hace sonreír. Es lo que nos hace echar un vistazo o mirar alrededor. Ese es el punto en el espacio.

Cuando se pregunta: «¿Quiénes son? ¿Dónde están?», tenemos el punto en el espacio. La indagación es el punto en el espacio, la curiosidad es el punto en el espacio, cualquier pregunta que surja en el estado en que nos encontramos es el punto en el espacio, siempre. Uno no debería considerar su mundo como un mundo aburrido. Siempre hay un *¡ah-ah!,* siempre hay una chispa, siempre hay una sonrisa, siempre hay, también, un llanto. Eso es el punto en el espacio. Por eso están aquí todos ustedes, sin excepción.

Yo mismo he experimentado esto, es una experiencia personal. No estoy exponiendo algo ficticio ni filosofando. Eso que nos hace aspirar el *¡ah-ah!* es el punto en el espacio, lo que nos hace *sonreír* es el punto en el espacio.

ESTUDIANTE: Señor, cuando me encuentro perdido en mis pensamientos y algo me trae de vuelta a un sentido de conciencia de mí mismo, en ese momento en que despierto de mis pensamientos o mi depresión o de cualquier cosa que esté sintiendo, no parece haber ninguna otra cualidad excepto la conciencia despierta misma. A veces es algo muy aburrido, pero usted lo hace parecer muy interesante.

DORJE DRÁDUL DE MUKPO: Esa conciencia despierta es el punto en el espacio. Estés inspirado o no, ambas situaciones son el punto en el espacio. Siempre y cuando regreses, está bien. Tienes una cara larga: ¡ohhh!, estás radiante con una sonrisa: ¡ahh! Las dos cosas son el punto en el espacio. Siempre y cuando veas el resplandor del Sol del gran Este, todo va bien.

Mantener cierto sentido del humor alejará el engaño; pero no tenemos aquí ninguna póliza de seguros. Hay que seguir avanzando. Por ejemplo, los *lohan* fueron grandes santos indios y muy grandes meditadores; una genta muy seria, en cierto modo. Dentro de esa seriedad, sin embargo, podemos ver que estaban constantemente riéndose mientras se sentaban en meditación. Nos estamos refiriendo precisamente a eso.

Me gustaría dejarles a todos con un último recordatorio: cuando se pongan serios, sonrían, con la visión de Shambhala. Es *muy* importante para ustedes seguir la práctica sentada de meditación: *siéntense sin más*, como se les ha dicho que lo hagan. Estoy muy satisfecho de su comportamiento. Además, lo más importante es cuidar el mundo y también tener sentido del humor. Muchas gracias.

# EPÍLOGO

Han pasado más de diez años desde que mi padre entró en el *parinirvana.* Durante este periodo, muchas personas han intentado desentrañar qué pretendía y qué quiso decir como figura histórica, persona, maestro budista y guerrero de Shambhala. Según va pasando el tiempo, el corazón y el cuerpo de su enseñanza se han ido haciendo más y más poderosos mientras un número creciente de personas valora su comportamiento compasivo y su compromiso sobrecogedor de ayudar a los demás.

A mi padre se le reconoce como pionero en la transmisión del budismo a Occidente. Como tal, una de sus aportaciones es la traducción e introducción del budismo en un contexto que los occidentales pueden comprender. Sin embargo, si examinamos su vida con más detalle, se hace evidente la posibilidad de que su mayor aportación al mundo sea su singular presentación de la tradición del guerrero de Shambhala.

Al crecer al lado de Chögyam Trungpa Rínpoche –es mi padre– viví en una casa shambhaliana; practicábamos el budismo, pero el ambiente era, básicamente, shambhaliano. Como se dice claramente en este libro, comprender la sabiduría de Shambhala equivale a comprender la dignidad humana fundamental. Hay ciertos principios y prácticas establecidas en Shambhala, pero la raíz de la enseñanza consiste simplemente en saber ser una mujer o un hombre decente, en saber vivir de un modo armonioso.

La sabiduría de Shambhala se ha venido acumulando durante muchos siglos. Esta sabiduría nos muestra una senda, un modo de vida, y nos señala el funcionamiento del mundo. No necesitamos buscar indefinidamente o inventarnos nuestras propias recetas para descubrir el sentido de la vida. Muchos guerreros de Shambhala han descubierto el ritmo básico, la energía fundamental de sus vidas. Nuestro sentido del deber, nuestra alegría y nuestra fascinación con la vida se unifican cuando somos capaces de contactar esa energía y comprender que es la dignidad de toda la humanidad. No se trata de un poder celestial o alejado del mundo. Si conducimos nuestras vidas valorando tanto lo mundano como lo extraordinario, sin decantarse por uno u otro y manteniendo una mano cordial y la mirada compasiva, habremos descubierto en qué consiste ser un ser humano, un guerrero o guerrera de Shambhala.

Espero que los lectores puedan llegar a leer esta obra muchas veces para que les cale hasta los huesos y espero también que lo que dice pueda influir en la manera en que conducen sus vidas. La fuerza de Shambhala no reside en "saber de qué va" o en que pueda comprenderse todo de un vistazo, sino más bien en empezar a darnos cuenta de que lleva algún tiempo comprender estas sencillas enseñanzas y más tiempo aún que nuestro corazón las absorba.

En sí misma, la visión de Shambhala no es excesivamente compleja o difícil, a menudo la vemos y decimos: «¡Ah!, eso ya lo sé»; nos parece algo muy familiar. El reto verdadero es permitir que estos principios penetren nuestro ser y no dejar que la arrogancia y la depresión nos consuman. El guerrero de Shambhala sabe que la vida puede ser sencilla. No obstante, estas enseñanzas tan honestas tienen un profundo efecto. No son ejercicios espirituales teóricos, sino métodos pragmáticos para ayudar a la gente a educar a sus hijos, a hacer arte o a llevar su propia cafetería. A lo largo de los años, el aspecto práctico de estas enseñanzas se ha vuelto más y más relevante.

El Dorje Drádul decía a menudo que estas enseñanzas no eran de su cosecha personal sino que él era un representante de su cordura y dignidad. En un mundo acelerado que nos confunde, su sentido del deber le llevó a ofrecer dichas enseñanzas a personas que estaban dispuestas a escucharlas. Decía que la visión de Shambhala era mucho más grande que él y que no viviría para siempre, así que otras personas tendrían que asumir la responsabilidad de observar estas enseñanzas. Creo que estaría muy orgulloso, y encantado, de la manera en que la gente se ha tomado a pecho sus palabras e intentado comprenderlas y vivir de acuerdo con ellas.

Desde aquellos comienzos en los que el Dorje Drádul introdujo muchos aspectos del mundo de Shambhala, se ha expuesto y escrito mucho sobre ellos. Tras esas primeras charlas, el Dorje Drádul continuó presentando las enseñanzas de Shambhala a miles de personas interesadas. Muchos estudiantes y admiradores del Dorje Drádul intentan vivir de acuerdo con estos principios; llamamos a esto crear una sociedad despierta.

A comienzos de los años setenta, la gente quería enseñanzas budistas esotéricas y se quedaron bastante desconcertados cuando, en vez de eso, el Dorje Drádul presentó unas enseñanzas aparentemente inocentes acerca de cómo vivir decentemente. Hoy en día, cientos de miles de personas se dan cuenta de la extraordinaria utilidad de esas instrucciones sencillas y prácticas.

En los veinticinco años pasados, las enseñanzas de Shambhala han enraizado. Desde el fallecimiento del Dorje Drádul, mucha gente ha participado en el programa Aprendizaje Shambhala, que continúa creciendo y expandiéndose. Es una fuente de inspiración ver un grupo tan diverso de personas practicando y viviendo de acuerdo con estas enseñanzas; personas de muchas creencias y de muchas partes diferentes del mundo.

Como reciente heredero de la obra de mi padre, en especial

tengo la responsabilidad de propagar la visión de Shambhala, por lo que le estoy muy agradecido a Carolyn Rose Gimian por haber reunido este material con diligencia, habilidad e inteligencia.

Les ruego que disfruten de este libro del mismo modo que disfrutarían sentándose al aire libre temprano por la mañana, absorbiendo los cálidos rayos del Sol del gran Este.

El SÁKYONG, JAMGÖN MÍPHAM RÍNPOCHE

# ULTÍLOGO

*Shambhala: la senda sagrada del guerrero* fue publicado por vez primera en 1984.* Por mucho que su autor, Chögyam Trungpa, fuera uno de los más conocidos maestros del budismo tibetano en Occidente, *Shambhala* no es un libro sobre budismo. Aunque inspirado en la práctica de meditación budista, presenta una senda singular para despertar basada en las enseñanzas del guerrero de Shambhala.

Chögyam Trungpa, Dorje Drádul de Mukpo, murió el 4 de abril de 1987 en Halifax, Nueva Escocia (Canadá). Desde su muerte hasta el momento de escribir esto, se han publicado más de una docena de libros suyos acerca de varios aspectos del camino budista, usando las cintas de sus conferencias como fuente. No obstante, éste es el primer libro nuevo suyo acerca de las enseñanzas de Shambhala. *Sol del gran Este: la sabiduría de Shambhala* fue el título provisional que el Dorje Drádul dio a su primer libro sobre las enseñanzas de Shambhala, pero se cambió posteriormente. Sin embargo, es el título perfecto para el presente volumen. Rick Fields, un amigo mío, dijo en una ocasión que Chögyam Trungpa era el maestro del chiste retardado; esta ocasión lo vuelve ciertamente a demostrar.

Aunque *El Sol del gran Este* no sea principalmente un libro

* Apareció sólo dos años más tarde en castellano. *(N. del T.)*

sobre budismo, su autor fue, como ya se ha mencionado, uno de los más grandes maestros del budismo tibetano del siglo XX. Para aquellos lectores que desconozcan su vida y obra, alguna información biográfica les puede resultar útil.

## *Los orígenes*

Chögyam Trungpa Rínpoche nació en 1939 en un establo situado en una de las altas mesetas del Tíbet oriental, en una región donde mucha gente no ha visto nunca un árbol. Cuando todavía era un bebé, fue reconocido como un *lama* encarnado, o *tülku.* Con el beneplácito de sus padres, se le llevó al complejo de monasterios de Súrmang, donde se le entronizó como abad y como Trungpa Tülku XI, es decir, la encarnación undécima del linaje Trungpa. La entronización de Trungpa Rínpoche fue oficiada por Gyalwa Kármapa XVI, cabeza del linaje *karma kagyü*, que es una figura preeminente en este libro.* Posteriormente recibió el nombre *Chögyam,* que significa "océano de *dharma*" u "océano de enseñanzas". *Rínpoche* es un título honorífico que significa "preciada joya".

El *guru raíz* o maestro principal de Chögyam Trungpa Rínpoche fue un gran erudito y maestro ecuménico del budismo, Jamgön Kongtrul de Sechen. Hay que destacar entre los mentores de Trungpa Rínpoche a otras dos figuras de una gran relevancia: Khenpo Gangshar y su santidad Dilgo Khyentse Rínpoche, también mencionado en este volumen.** Como tantos otros lamas significativos de su generación, Trungpa Rínpoche se vio obligado a escapar del Tíbet por la invasión de la China comunista en 1959. Narra la historia de su escapada en *Nacido en Tíbet,* su primer libro, publicado en 1966.*** Tras al-

* Véanse los capítulos 3, 8, 11, 12, 16 y 19.

** Véanse los capítulos 6 y 19.

*** Veinte años más tarde en castellano. *(N. del T.)*

canzar con éxito la India, su santidad el Dalai Lama le nombró consejero espiritual de la Escuela para lamas jóvenes en Dalhousie, permaneciendo en la India hasta 1963.

En aquel año, Trungpa Rínpoche viajó a Inglaterra, donde fue el primer tibetano que estudió en la Universidad de Oxford, concretamente en St. Anthony's College. También se enorgullecía bastante de ser el primer tibetano de la historia que llegó a ser súbdito británico. En Oxford estudió el idioma inglés, cursó estudios de filosofía, historia y religión, se dedicó a la composición floral, comenzó a escribir poesía en inglés y atrajo a sus primeros discípulos occidentales. En 1966 recibió la donación de un centro para la práctica y el estudio de la meditación en Escocia, al que le dio el nombre de Samye Ling, o lugar de Samye; Samye fue el primer monasterio que se estableció en el Tíbet. A pesar de que muchos occidentales estudiaron con él en Samye Ling y pudo hacer una exposición de las enseñanzas budistas, sintió una insatisfacción creciente con el ambiente espiritual que le rodeaba.

En 1968 visitó el reino budista de Bután, aceptando la invitación de la reina madre. Durante su estancia, hizo un retiro de diez días en Tagtsang, la santa cueva donde el fundador del budismo en el Tíbet, Guru Rínpoche –o Padmasámbhava–, meditó antes de entrar en el Tíbet. Tras varios días de retiro, Trungpa Rínpoche tuvo una visión de Guru Rínpoche y *recibió** un texto sagrado de práctica, *El sádhana de la mahamudra,* que tiene que ver con la superación del materialismo espiritual, psicológico y físico: los tres señores del materialismo que gobiernan la sociedad occidental en esta edad de las tinieblas.**

Poco después de volver a Inglaterra, mientras conducía, Trungpa Rínpoche perdió el conocimiento y chocó contra un

* Existe en el budismo tibetano una tradición según la cual ciertos maestros descubren o encuentran textos que Padmasámbhava *enterró* en la mente subconsciente o, algunos dirían, en el espacio. Estas enseñanzas se "reciben" más que componen.

** Véase el capítulo 3 y *Más allá del materialismo espiritual. (N. del T.)*

edificio. Sobrevivió pero quedó paralizado del lado izquierdo. Él señaló que este suceso fue un acontecimiento central en su vida porque le despertó a los peligros del autoengaño y le convenció de la necesidad de dejar sus hábitos de monje y convertirse en un practicante laico, eliminando así una barrera de separación entre él y sus discípulos occidentales.

Poco tiempo después le propuso matrimonio a Diana Judith Pybus, una joven mujer de dieciséis años que se convertiría en su esposa, ante la gran consternación tanto de su familia como de los colegas tibetanos de Trungpa Rínpoche. La vida fue muy difícil para Trungpa Rínpoche y Diana en Samye Ling, había enojo y confusión, no solamente por el matrimonio sino también por la dirección general que estaba tomando Trungpa Rínpoche. A algunos nos les hacía ninguna gracia la cercanía con que Trungpa Rínpoche trataba a los occidentales y sentían, me imagino, desconcierto y preocupación porque se adentraba en un territorio peligroso y desconocido. Los estudiantes de Samye Ling tomaron partido en el conflicto, que acabó de mala manera con Trungpa Rínpoche y Diana marchándose a Norteamérica, un poco por la insistencia de ella. Sin el apoyo que Diana le prestó en esta época, es difícil imaginar como Rínpoche hubiera sobrevivido tan dura prueba.

Tras una breve estancia en Montreal, el señor Mukpo y su señora fueron admitidos en los EE. UU., yéndose a vivir a un centro rural de meditación en Vermont, al que Rínpoche nombró *Cola del tigre.** A partir de ahí, su actividad búdica se abrió en abanico a lo largo del continente a un ritmo vertiginoso. Desde 1970, el año que llegó a Norteamérica, hasta el 4 de abril de 1987, cuando murió en Halifax (Nueva Escocia), Trungpa Rínpoche dio más de cinco mil conferencias grabadas –el público asistente total suma cientos de miles de personas–, fundó

* Más adelante, su santidad Gyalwa Kármapa XVI le dio el nombre de *Karme Chöling,* o "lugar de acción dhármica".

un sin fin de organizaciones que incluyen más de cien centros budistas para la práctica y el estudio de la meditación, y atrajo más de tres mil estudiantes occidentales comprometidos que se convirtieron en practicantes adelantados de las enseñanzas del *vajrayana*, o *tántricas*, del budismo tibetano. Enseñó a meditar a muchos miles de personas y se han vendido millones de copias de sus libros en más de una docena de idiomas.

Fue un pionero, uno de los primeros maestros de budismo tibetano en Norteamérica, con varios años de adelanto y, de hecho, facilitó las visitas posteriores de su santidad el Kármapa, su santidad Khyentse Rínpoche, su santidad el Dalai Lama y muchos otros. En los Estados Unidos, encontró una afinidad espiritual con muchos de los maestros de zen que ya se encontraban introduciendo la meditación budista. Justo al comienzo de estar en ese país entabló una relación especial con Suzuki Roshi, el fundador del Centro zen de San Francisco; posteriormente, entabló amistad con Kobun Chino Roshi y Bill Kwong Roshi en el norte de California y con Maezumi Roshi, el fundador del Centro zen de Los Ángeles.*

Trungpa Rínpoche fue también un líder ecumenista interreligioso. En 1974 fundó el Instituto Naropa en Boulder, Colorado, el cual atrajo maestros religiosos y espirituales de numerosas disciplinas. Por ejemplo, en el primer verano en Naropa, Rínpoche invitó a Ram Dass, uno de los exponentes más populares de la espiritualidad hinduista, a enseñar en Naropa. Su libro, *Be Here Now,* hizo furor a comienzo de los años setenta. Maestros budistas de muchas tradiciones y linajes dieron conferencias en Naropa; Trungpa Rínpoche inició asimismo una conferencia cristiano-budista en Naropa que reunió a practicantes contemplativos de estas dos grandes religiones del mundo.

El ecumenismo de Chögyam Trungpa fue tanto interreli-

* El título de *roshi* se da a ciertos maestros de zen y significa literalmente "anciano (o venerable) maestro". *(N. del T.)*

gioso como intercultural. Atrajo poetas, autores de teatro, bailarines, músicos, fotógrafos, pintores; en una palabra, artistas de todo tipo, algunos famosos, otros desconocidos, muchos de ellos de gran talento. Su legado es visible en las exposiciones sobre arte que se hacen en Naropa.

Las primeras videocintas en blanco y negro que recogen las conferencias de Trungpa Rínpoche en Naropa nos permiten echar una ojeada a ese pasado. De comienzos a mediados de los años setenta, muchos de los estudiantes budistas de Chögyam Trungpa (y probablemente la mayoría de aquellos a quienes les interesaba acercarse a la espiritualidad por vías alternativas) eran hippies jóvenes con el pelo largo y despeinado que habían rechazado las normas de la sociedad estadounidense. Muchos tenían ideas políticas radicales y se manifestaban en contra de la guerra del Vietnam o bien eran aspirantes a yoguis hindúes con pelo largo enmarañado y *malas* (rosarios) colgados al cuello mientras recitaban *"om"*. Si uno mira las cintas de esta época, Trungpa Rínpoche tiene una apariencia de lo más normal; aunque no lleve traje y corbata, viste camisas de seda y algodón, atractivas y coloridas, que incluso hoy en día serían elegantes. En cambio, las tomas panorámicas del público revelan una multitud de niños floridos de veintitantos años, lo que contrasta con los meditadores de hoy en día: formales a la par de modernos, pudientes y a menudo de mediana edad. Parte de la insistencia de las enseñanzas de Shambhala presentadas aquí sobre corrección en el vestir, la importancia de una actitud franca, el valor de la disciplina personal y la aceptación de la jerarquía fundamental, pueden deberse en parte al "crudo" material de trabajo que el autor tenía a mano y al ir a tenor de los tiempos que corrían.

## *Los comienzos del Aprendizaje Shambhala*

Considerando todo lo que ya había hecho en sólo seis años en Norteamérica, el hecho de que en 1977 emprendiera la creación de un programa totalmente nuevo, el Aprendizaje Shambhala, para presentar la práctica de meditación a un público más amplio con afiliaciones espirituales y religiosas diversas, mostró desde luego una gran iniciativa y sorprendió a más de uno. Las enseñanzas de Shambhala fueron su pasión profunda y duradera durante los diez últimos años de su vida.

Su interés en Shambhala no surgió de la noche a la mañana, sino que se remonta a su formación en el Tíbet, donde estudió varios textos que tenían que ver con esta tradición. De hecho, mientras escapaba de los chinos cruzando el Himalaya, estaba trabajando en un manuscrito sobre Shambhala que se perdió durante la huida. Sin embargo, no dijo demasiado acerca de Shambhala durante sus primeros años en Norteamérica. Fue después, en 1976, cuando Shambhala irrumpió en escena: comenzó a *recibir* textos* relacionados con las enseñanzas de Shambhala y a introducir a sus estudiantes más antiguos en esta senda. A partir de ahí se desarrolló la idea de un programa amplio de práctica y estudio para un público occidental más numeroso.

Con la ayuda de muchos de sus estudiantes budistas antiguos, Chögyam Trungpa presentó las enseñanzas de Shambhala por medio de una serie de programas de fin de semana: los cinco *niveles* del programa de Aprendizaje Shambhala. Los estudiantes de Trungpa Rínpoche enseñaban los primeros tres niveles y su estudiante principal y heredero occidental del dharma, el regente vajra Ösel Tendzin, presentaba el nivel cuatro. Los primeros niveles introducían la práctica de meditación y las enseñanzas fundamentales sobre el guerrero de Shambhala. Durante los seis primeros años, Trungpa Rínpoche enseñó personalmente el quinto y último nivel, las conferencias que dio en ellos forman el cuerpo de este libro.

La exposición de las enseñanzas de Shambhala también

* Véase la nota anterior sobre "textos recibidos", un poco más arriba.

llevó a Chögyam Trungpa a Nueva Escocia, una de las provincias marítimas del levante de Canadá. Fundó la sede de su trabajo budista en Boulder, Colorado, donde se establecieron el Instituto Naropa y Vajradhatu, casa madre de la red de centros budistas que fundó internacionalmente. Sin embargo, con la introducción de las enseñanzas de Shambhala, comenzó a buscar una nueva sede y, pienso, un lugar donde el mundo de Shambhala pudiera florecer. Encontró ese lugar contra todo pronóstico en esta esquina del continente. Uno de los últimos proyectos importantes de su vida fue la mudanza de su hogar y la sede de su trabajo a Halifax, la capital de Nueva Escocia. Hoy en día, en Nueva Escocia está el domicilio social de Shambhala Internacional, la organización que abarca tanto Vajradhatu como el Aprendizaje Shambhala, los recipientes de sus enseñanzas.

## *Polémica y autenticidad*

En esta breve exposición de lo que hizo en su vida, sería una negligencia no mencionar que la vida de Chögyam Trungpa fue también polémica. La vida de Chögyam Trungpa se caracterizó por una actividad tremenda y su enseñanza rebosaba también una energía tremenda. Asimismo, su propia vida fue un ejemplo de la combinación de la actividad religiosa y laica sobre la que versaban sus enseñanzas. Se le conocía por su gusto por el alcohol y por las mujeres, y el transcurso de su vida se caracterizó por una serie de potentes "voladuras". La invasión de su país por parte de la China comunista le hizo volar –a él y a muchos otros– del Tíbet, su accidente fue otra detonación que le voló sus vestiduras monacales, los problemas en Samye Ling le hicieron volar de Gran Bretaña a Norteamérica y, por último, la polémica persiguió la reputación de Trungpa Rínpoche incluso después de su muerte a causa de las trágicas circunstancias que rodearon la muerte del regente vajra Ösel Tendzin, producida por complicaciones de sida. Como resultado de todo ello, algunos budistas occidentales han atacado a Trungpa Rínpoche, sus enseñanzas, sus seguidores y su reputación.

Naturalmente, la polémica no molestó a Chögyam Trungpa durante su vida, de hecho le parecía muy bien. Su sentido de la integridad no dependía de los juicios ajenos y siempre fue partidario de dejar que las cosas salieran a la superficie, no estaba intentando ocultar nada.

A veces se defiende el comportamiento poco convencional de los maestros presuntamente despiertos diciendo que es su manera de comunicarse con el mundo *samsárico*, o confuso, de los estudiantes con los que trabajan. Podría decirse esto de Trungpa Rínpoche, pero no creo, sin embargo, que él mismo se hubiera valido de tal argumento para explicar su comportamiento. Recuerdo una conversación que tuvo con un reportero del *Boulder Daily Camera* quien, en una entrevista hacia 1983, le preguntó acerca de su presunta promiscuidad sexual. Le contestó que, independientemente de sus relaciones personales, tenía un romance con todos sus estudiantes. Tenía una pasión extraordinaria por los seres humanos y una capacidad muy poco convencional de calarnos de arriba abajo. Nunca fue un predicador distante, lo que constituyó uno de sus mayores dones.

En los años setenta y ochenta llegó a miles de personas que no podían encajar bien en las posturas religiosas tradicionales pero que tenían sed de un camino espiritual. Sus enseñanzas tienen todavía esa cualidad de autenticidad y franqueza. Durante la preparación de este volumen, experimenté un gran alivio al escuchar a un maestro espiritual hablando acerca de todos y cada uno de los temas sin pretensión religiosa alguna.

Hace unos cinco años, los Archivos de Shambhala (que yo dirigía entonces) estaban justamente comenzando a transferir algunas de las videocintas mencionadas anteriormente, hechas con grabadoras de bobina de media pulgada, que mostraban el Instituto Naropa en los años setenta. Me quedé viendo la cinta que recoge un debate sobre la muerte y su proceso, donde

Chögyam Trungpa formaba un panel junto a dos terapeutas occidentales para hablar sobre la muerte. Una de las terapeutas, hoy en día destacada autoridad budista sobre el tema, tenía un tono muy grave y solemne durante el debate; parecía estar adoptando la actitud de una persona sabia y preocupada hablando sobre un tema tan importante y serio como la muerte. Después, justo al final de la bobina, cuando había concluido el debate y los que participaban en él creían que se había acabado el rodaje, se veía a esta joven mujer pidiendo un cigarrillo a Trungpa Rínpoche. Inesperadamente, mientras fumaba el cigarrillo se convirtió en una mujer joven, despreocupada y sexy. Fue muy interesante ver que Rínpoche no cambió en lo más mínimo.

Trungpa Rínpoche tenía un don increíble para decir las cosas que la gente siempre está pensando pero temen sacar a la luz, no se mordía la lengua. Hay muchas muestras de ello en el presente volumen, algunas son graciosas, otras sorprendentes, otras conmovedoras. Espero que la adaptación de sus palabras haya sido justa con él en este sentido.

Su dominio del inglés hubiera impresionado a alguien cuya lengua materna fuera este idioma, es realmente extraordinario que un caballero tibetano lo hablara de esa manera. Su elección de términos ingleses para definir conceptos fundamentales en las enseñanzas budistas y el uso variado y metafórico de la lengua inglesa en sus libros han definido en gran medida el vocabulario budista en los Estados Unidos y contribuido a su tono poético.* Su comprensión de la mentalidad occidental es escalofriante. En la actualidad, más de diez años después de su muerte, esas cualidades le convierten en una figura única como maestro espiritual en Occidente. Ésta es una de las razo-

* Chögyam Trungpa Rínpoche constituyó un comité de traducción, *Nalanda Translation Committee*, con el que trabajó incansablemente en la preparación de multitud de liturgias, textos de práctica, libros y comentarios. Dicho comité sigue trabajando hoy en día. *(N. del T.)*

nes por las que, en privado, *todo el mundo* le lee, aunque no todos quieran admitirlo.

Chögyam Trungpa es un maestro para muchas generaciones, no sólo para la que le escuchó directamente. Como dice y repite en este libro, lo que realmente le preocupaba era beneficiar al prójimo. Espero que sus enseñanzas se reconozcan por la sabiduría que contienen.

## *El Sol del gran Este: la sabiduría de Shambhala*

*Fuentes y estructura*

Este libro se basa en seminarios de fin de semana dados por Trungpa Rínpoche en el nivel cinco del programa Aprendizaje Shambhala, excepto dos capítulos basados en conferencias abiertas al público. Los cursos que forman la base del libro se dieron en las ciudades de Nueva York, Boston (Massachusetts), Boulder (Colorado), Berkeley (California) y Vancouver (Colombia Británica). Los asistentes de cada curso solían ser entre 150 y 200 estudiantes que ya habían completado cuatro seminarios de fin de semana. El nivel cinco comenzaba con una conferencia el viernes por la noche. El sábado y domingo por la mañana y por la tarde, había periodos de meditación sentada y caminando que se intercalaban con instrucciones personales y debates dirigidos por directores asistentes, estudiantes avanzados del autor; por la noche el día concluía con una conferencia a cargo del autor. Tras la última conferencia del fin de semana, el domingo, los estudiantes recibían un diploma y una insignia para señalar que habían completado el programa, acto seguido normalmente por un ágape amenizado en la mayoría de las veces con lectura de poesías, canciones y brindis; en ciertas ocasiones había otros acontecimientos, como por ejemplo una muestra de caligrafías ejecutadas en el momento por el Dorje Drádul. Los capítulos del libro están generalmente agrupados en bloques de dos, tres o cuatro charlas (tres casi siempre) correspondientes a las conferencias dadas por el autor en cada curso. El título que he puesto a cada capítulo y bloque se basa en el contenido de la conferencia o grupo de conferencias que encabeza.

Cuando se dieron estas conferencias, el título del seminario llamado "nivel cinco" era *Cielo abierto: trazo primordial.* El contenido del curso se basaba en una lógica tripartita simple, cada parte lógica correspondiendo a una conferencia: confianza, renuncia y soltar. Por consiguiente, desde cierta perspectiva casi todas las conferencias de este libro tratan acerca de uno de estos tres temas, aunque cada conferencia es también única. No se hizo intento alguno de encubrir repeticiones en el contenido, pero espero que, no obstante, los lectores encuentren el material interesante. En el prefacio ofrezco algunas posibilidades para explorar la redundancia del material.

Parte del material de *El Sol del gran Este* también apareció en *Shambhala: la senda sagrada del guerrero.* En el primer volumen se usaba en un contexto muy diferente, así que no he dudado en que surgiera alguna reedición ocasional del material en *El Sol del gran Este.* En la preparación de las transcripciones que sirvieron de fuente para este libro, me di cuenta de que las casetes de las conferencias más poderosas y significativas eran a menudo las grabaciones de peor calidad. Desconozco la razón, sólo lo quiero señalar. No se había tenido acceso a la mayoría de las conferencias en las que se basa este libro, algunas de las cuales se dieron hace más de veinte años. Muchas de las casetes no fueron nunca transcritas y, al contrario que la mayoría de las demás presentaciones del autor sobre Shambhala, este material no se ha estudiado mucho. Es un placer devolvérselo al mundo. En una ocasión, no se encontraba la última conferencia de un seminario y envié una llamada a través de internet a los integrantes de la comunidad de Shambhala para localizarla. Aunque se dio en Boston, la única copia conocida de la grabación apareció en la oficina del Aprendizaje Shambhala en Boulder (Colorado). En otra ocasión, las casetes de todo un nivel cinco dado en Chicago no pudieron ser localizadas.

Puede que los lectores quieran escuchar algunas de las grabaciones, cosa que recomiendo, aunque la mala calidad de algunas de ellas impide que se pongan en venta. Se pueden adquirir casetes que recogen seminarios originales completos de Kalapa Recordings. (Véase la dirección en Recursos al final del libro).

A algunos les puede interesar el dato de que el material de estudio del mismo Dorje Drádul para estas conferencias era a menudo el texto tibetano *Moonbeams of Mahamudra,* de Tagpo Tashi Namgyal. *Shambhala Publications* publicó una traducción al inglés en 1986 que se encuentra agotada.

*Decisiones de estilo*

Tres principios me guiaron en la redacción del original: no cambiar u omitir nada simplemente porque a) no lo entendía, b) no lo compartía, c) me ponía incómoda. Hay muchas cosas en el libro que no entiendo, unas pocas que no comparto y desde luego ciertos pasajes del libro que me hicieron sentir incómoda. Reflexionando sobre ello, me di cuenta de que era una característica de Chögyam Trungpa, el Dorje Drádul, del hombre y de sus enseñanzas: a menudo nos hace sentir muy incómodos. Parece formar parte de la autenticidad.

Había algunas palabras malsonantes en el original que acabé por suprimir. El Dorje Drádul no las decía nunca de modo habitual, sino de manera deliberada y con fuerza. Sin embargo, si el autor viviera hoy en día, no creo que le gustaría ver palabrotas impresas en un libro que claramente pretende llegar a un público de lectores amplio y variado. Durante su vida, no hay duda de que favoreció la formalidad en la palabra escrita. Relativamente al comienzo de la redacción del libro, tuve ocasión de hablar con la señora Diana Mukpo, la esposa del Dorje Drádul, y mencionarle el tema de las palabras malsonantes, en particular el uso en varios capítulos de esa palabra que empieza por la letra *j*. Recuerdo que exclamó: «¡Oh querida!», en su estilo más regio, más inglés, para reírse después.

Algunas de las conferencias en que se basa este libro fueron exposiciones muy rigurosas de la sabiduría de Shambhala y he intentado respetar su rigor. Otras fueron más ambientales y he intentado transmitir el ambiente. He procurado mantener tanto humor en ellas como he podido. En la mayoría de los casos, las respuestas a preguntas de los estudiantes han sido incorporadas en el cuerpo del capítulo o bien han sido omitidas. En algunas ocasiones dejé alguna pregunta o un intercambio en forma de diálogo. Las grabaciones de varias conferencias incluyen las ceremonias de clausura, brindis y otros detalles que se mencionan más arriba que, ocasionalmente, se incorporaron en el capítulo. La intención al hacerlo no fue transmitir el ambiente *de entonces,* sino que más bien he intentado permitir que *la actualidad* de aquel momento se manifestara. El lector tendrá que juzgar si conseguí o no lo que pretendía.

Algunas veces, para redactar el lenguaje hablado hay principalmente que añadir los signos de puntuación y corregir la gramática, lo que funciona muy bien cuando el original es una canción o recitación de poesía. Sin embargo, en la mayor parte del material para este libro, seguí otro sistema para intentar resolver los matices del significado y de la expresión. No quise pasar por alto la entonación y el énfasis que se ponía en determinadas palabras, ni tampoco el ritmo y la melodía de la locución del autor, que hacen su lenguaje tan vivo y variado. Pulí un poco el texto porque las personas suelen añadir un montón de palabras superficiales a su discurso, la mayoría de las cuales pasan desapercibidas cuando hablan pero se agrandan y evidencian en el papel. De modo que, aunque intenté respetar tanto la forma como el fondo del original, hubo que prescindir de muchas palabras. Hice un gran esfuerzo para no poner demasiadas palabras en boca del autor, aunque en algunas ocasiones tuve la impresión de que no había más alternativa que añadir una palabra o una frase para no confundir innecesariamente al lector. Espero que el resultado final refleje el modo de hablar lítico del Dorje Drádul, quien usaba las palabras de una manera tan concreta y viva a la vez que uno siente casi como si pudiera sostenerlas en la mano.

He intentado respetar la voz del autor en el libro. Habrá a quienes les parecerá poco refinada, aunque espero que también la sientan cercana y viva. *El Sol del gran Este* sale a la luz más de doce años después de su muerte. Tengo la impresión de que algunas libertades que me tomé con el primer libro no serían apropiadas ahora. Es posible que haya lectores que encuentren un contraste entre la voz y el contenido de este libro y *Shambhala: la senda sagrada del guerrero.* En ese volumen le quité importancia a la personalidad del autor siguiendo sus instrucciones acerca del tipo de libro que deseaba. En el presente volumen, no prescindí de la desmesura, humor y desasosiego que hacen del autor ese maestro poderoso, atractivo y polémico que era. No he quitado nada simplemente porque pudiera ser chocante, extravagante o polémico. Espero que así sea más difícil poder desposeerle de estas enseñanzas y nutrir con ellas el dogmatismo de la *nueva era.*

Preparar un texto es, en el mejor de los casos, como ser comadrona o partera: una ayuda a dar luz a la expresión de una idea o una emoción para que llegue al mundo sin verlo como su propio logro. En este caso, la partera sintió que estaba fijando la mirada en la matriz del espacio atestiguando el nacimiento del punto primordial.

Este libro se redactó en Nueva Escocia, el último lugar que el Dorje Drádul llamó su hogar. La mayoría del trabajo hecho en el libro se hizo en retiro en una pequeña casa grandilocuentemente llamada Casa de la montaña tridente, situada en la montaña de Tatamagouche, durante el otoño de 1997 y la primavera de 1998. En una de sus primeras visitas a Nueva Escocia, el Dorje Drádul pasó por la ciudad de Tatamagouche y se detuvo a comer en la posada Balmoral. Después de la comida, todos los allí presentes fuimos a dar un paseo por el campo detrás del restaurante que desciende entre alisos al puerto. Estábamos a menos de quince kilómetros de donde se sitúa hoy el centro rural de práctica Dorje Denma Ling, que la comunidad de Shambhala fundó en 1990. Fue muy cerca de este lugar donde trabajé en el libro, una mera coincidencia que me agrada.

No creo que este libro hubiera tomado la forma que tiene si hubiera sido escrito en cualquier otro lugar; Nueva Escocia proveyó el aire y el ambiente de simplicidad y espacio abierto en que este libro se creó y ahora, unos doce años tras su muerte, este lugar todavía resuena con la mente del Dorje Drádul, proyectando su cordura incómoda, absoluta y amplia. Si dicha cordura no trasluce en la obra, entonces el error es mío, porque desde luego que sus enseñanzas están impregnadas de ella.

*Reconocimientos y dedicatoria*

Hay que dar las gracias a muchas personas. Hace quince años, Robert Walker y Rachel Anderson prepararon algunas de las transcripciones originales de las charlas usadas en este libro, gracias a ambos. Tingdzin Ötro transcribió muchas otras charlas en el invierno de 1997 y repasó las primeras transcripciones, muchas gracias, Ting. La plantilla de los Archivos de Shambhala proporcionó las copias de casetes y transcripciones que formaron la base del libro, me prestaron indefinidamente el equipo de audio y me ayudaron de otras muchas maneras. Gracias a James Hoagland, Donna Holm, Gordon Kidd, Judith Smith y Alexis Shotwell por ello. El director de *Shambhala Publications*, Samuel Bercholz, y mi redactora allí, Emily Hilburn Sell, me ofrecieron motivación y consejos. También les quiero agradecer a ambos su compromiso continuo de publicar las enseñanzas de Chögyam Trungpa. Gracias también a Hazel Bercholz, de *Shambhala Publications,* por el diseño del libro y a Jonathan Green, Amy Allin, Jenn Martin y Jennifer Pursley por su ayuda en otros campos. Agradezco especialmente a John Rockwell, Scott Wellenbach y Larry Mermelstein, de *Nalanda Translation Committee*, la traducción de los apuntes

del autor y el haberme proporcionado los poemas en tibetano que abren y cierran el libro. Asimismo, gracias a los fotógrafos que aportaron material ilustrativo para el libro, a Peter Volz, Eric Schneider, Eve Rosenthal y Robin Kornman por su ayuda con varias entradas del glosario, a Susan Cohan por su excelente corrección del original, a Helen Berliner por su inspirado índice y a los muchos componentes de *sangha-announce* que ayudaron a buscar las casetes y caligrafías en internet.

Cuando trabajaba en *Shambhala: la senda sagrada del guerrero,* el autor sugirió que diéramos a leer el original a cierto número de personas. En especial, quería que personas sin instrucción en budismo o meditación leyeran el libro. Con eso en mente, aparte de los lectores "expertos", encontré también cierto número de personas "candorosas" para que leyeran el original de *El Sol del gran Este.* Todos los lectores me resultaron muy útiles y agradezco sus sinceros comentarios, gracias pues a David Swick, Mitchell Levy, Poly Wellenbach, Laura Kurtzman,

Johanna Smith, Sue Ozon, Charlotte Keen, Lori Hughes, John Rockwell, Jerry Granelli y David Burkholder.

A la señora Diana J. Mukpo y a Sákyong Mípham Rínpoche les corresponde un agradecimiento especial por sus aportaciones a este libro. También quiero agradecerle especialmente a Diana Mukpo el aliento que me ha dado personalmente y su continuo apoyo en la preparación y publicación del trabajo de su esposo. Gracias de todo corazón a mi marido, James Gimian, y a mi hija Jenny por ser tan generosos y alentadores, darme tiempo y espacio, amistad y muchas sonrisas. A Jim le agradezco su lectura y comentarios en los primeros borradores del libro.

Por último, me gustaría ofrecerle una canción al Dorje Drádul de Mukpo. Como no sé escribir canciones, me gustaría elevar y ofrecer la letra de la desgarradora balada de Laura Smith *Duine Air Call*, frase gaélica con muchas interpretaciones que D. J. MacDonald de Skir Du, Cape Breton (Nueva Escocia), tradujo para Laura dándole el sentido de un alma perdida y vagabunda:

*Duine Air Call*
Dime a dónde ahora
He oído ese susurro y sé que estás cerca
Has estado yendo y viniendo desde hace años
Sabes como guiar y como seguir
*Duine Air Call*
¡Oh! la marea está alta
Hay una luna nueva esperando que le llegue la hora de resplandecer
Han tenido sus buenos momentos y yo los míos
De guiar o quizá seguir
Todas las distancias entre tú y yo
Entre lo que es y lo que será
Pensar en todos los cambios que el vacío quizá no llene
Hace que me pregunte si la fe será suficiente

Para creer en cosas que no puedo ver
Sombras que caen ligeras como plumas en el puerto
Escapándose del barco blanco y del acorazado gris
¿Veo la última luz de un sol que baja
O es la primera luz de un día por estrenar?
Sombras que caen ligeras como plumas en el puerto
Alguien en algún lugar
Juro que escucho una canción
Canta alto estoy intentando encontrarte
*Duine Air Call*
Dime que acabas de salir
Y que no estarás fuera mucho tiempo
Dime que acabas de salir
Y que no estarás fuera
Dime que no estarás fuera mucho tiempo*

No hay modo alguno en esta vida, o en ninguna otra, en que pueda corresponder a la deuda de agradecimiento que he contraído con Chögyam Trungpa Rínpoche, Dorje Drádul de Mukpo. Espero que la publicación del presente volumen pueda ser un pequeño servicio que le presto y que el libro pueda superar los muchos defectos de su redactora y proclamar por encima de ellos su sabiduría. ¡Qué beneficie a los seres! ¡Qué el Sol del gran Este sea victorioso!

DORJE YUTRI, CAROLYN ROSE GIMIAN
5 de Mayo de 1998
Casa de la montaña tridente
Tatamagouche, Nueva Escocia, Canadá

* Laura Smith, de su álbum *B'tween the Earth and My Soul*, ©1994 *Cornermuse Productions, Inc*. Reservados todos los derechos. Usado con el amable permiso de la artista

# GLOSARIO

Las definiciones que aparecen en este glosario se ciñen al uso de los términos en el texto. A menos que se diga lo contrario, los términos extranjeros son sánscritos.

ARTE DHÁRMICO. Término acuñado por el autor que se refiere al arte basado en la no agresión y que expresa el dharma fundamental, o verdad, de las cosas tal como son.

ASHOKA. Último gran emperador de la dinastía maurya de la India que vivió en el siglo III antes de Cristo. Se convirtió al budismo y renunció a los conflictos armados en el octavo año de su reinado, cuando vio los sufrimientos que una guerra causada por él habían infligido en los conquistados. El budismo en aquel entonces tenía pocos seguidores en la India y se reconoce que bajo su patrocinio la religión budista se extendió por toda la India.

Tras su conversión, Ashoka tomó la resolución de vivir de acuerdo con el dharma sirviendo a sus súbditos y a toda la humanidad. Su táctica para extender el dharma se basó en el respeto de otras creencias, ya que no intentó convertir a los demás a la fe budista sino que promovió el comportamiento ético y la práctica de virtudes tales como la honestidad, la compasión, la piedad, la no violencia y la exclusión del materialismo. Fundó hospitales para humanos y animales y fue conocido por sus obras públicas, tales como plantar árboles al lado de las carreteras, la construcción de casas de reposo y la excavación de pozos.

Estableció un cuerpo especial de funcionarios de alto rango que se designaron "ministros del dharma". Su obligación consistía en aliviar el sufrimiento dondequiera que lo encontraran y, en concreto, mirar por las necesidades especiales de las mujeres, de la gente de los estados vecinos y de otras comunidades religiosas. Construyó varios *stupa*s (monumentos conmemorativos religiosos) y monasterios e hizo esculpir su conocimiento del dharma en diversas rocas y columnas; creando los llamados "edictos en roca" y "edictos en columna". El capitel en forma de león de la columna que Ashoka erigió en Sarnath es hoy el emblema nacional de la India.

BIJA. Palabra puntual, energía, simiente o fuerza radical. En un *bija-mantra*, o sílaba germinal, la naturaleza de un aspecto concreto de la realidad se concentra en forma de un sonido simbólico u onomatopéyico. En las enseñanzas de Shambhala, el autor describe el punto primordial como un *bija*. Véase MANTRA y OM, AH, HUM.

BIJA-MANTRA. Sílaba germinal. Véase BIJA y MANTRA.

BODHISATTVA. Literalmente, "ser despierto". *Bodhisattva* es una persona que se ha comprometido a ayudar a los demás y renuncia a su satisfacción personal con el objeto de aliviar el sufrimiento de los demás. En las enseñanzas budistas, se llama *bodhisattva* a quien se ha comprometido a practicar los seis *páramitas*, o virtudes trascendentes: generosidad, disciplina, paciencia, vigor, meditación y conocimiento.

BUDDHADHARMA. La enseñanza del Buda o la verdad enseñada por él. Véase DHARMA.

CHI. Término chino que tiene muchos significados, entre los que se encuentran aire, respiración, éter y energía. El concepto de *chi* es similar a la idea de caballo de viento en las enseñanzas de Shambhala (véase el capítulo 9) y también prevalece en algunas escuelas japonesas de filosofía. *Chi* se refiere a la energía primordial o fuerza vital, que puede ser tanto interna como externa, es decir, individual o cósmica. El *chi* como energía vital es una idea central en los ejercicios de respiración taoístas que pretenden fortalecer e incrementar esta energía. Véase T'AI-CHI CH'ÜAN.

CHUBA. Especie de toga con la que se visten tradicionalmente en el Tíbet tanto hombres como mujeres. Hay muchos tipos de *chubas*, algunas están hechas de brocado, otras de lana o de tela de algodón simple, y las hay forradas de piel para protegerse del frío.

DHARMA. Verdad, fenómeno, norma o ley. A menudo se refiere a las enseñanzas de Buda, también llamadas *buddhadharma*. *Dharma* puede referirse también a la manifestación fundamental de la realidad o a los elementos de la existencia fenoménica.

DRALA. En las enseñanzas de Shambhala, manifestación, fortaleza o valentía que trasciende o conquista la agresión. Aunque se traduzca a veces de modo convencional como "dios de la guerra", el autor usa *drala* para designar la fuerza o energía que está por encima o más allá de la guerra.

GARUDA. Ave mitológica, mitad humana, mitad bestia. El *garuda* se relaciona con una velocidad y poder tremendos. Como el ave fénix, se dice que surge de las cenizas de la destrucción y es, por tanto, indestructible.

GÉSAR DE LING. Gran rey guerrero del Tíbet nororiental, de la misma zona de la que procedía Chögyam Trungpa. Gésar era una persona del clan de los Mukpo, al que también pertenecía Trungpa Rínpoche. El autor tenía tal afinidad con su antepasado que le puso su nombre, Gésar, a su tercer hijo.

La vida y proezas de Gésar de Ling sirvieron de inspiración para la mayor joya de la epopeya tibetana, que se ha transmitido oralmente hasta nuestros días. Al igual que con muchos otros héroes épicos, los orígenes históricos de Gésar de Ling se han visto en cierto modo oscurecidos por su dimensión mitológica. Según Alexandra David-Neel, una de las occidentales que recogieron una versión de la epopeya de Gésar, habría vivido en el siglo VI o VII de nuestra era, aunque hay quien lo sitúa incluso en el siglo XII.

En el prólogo de la edición de *Shambhala Publications* del libro *La vida sobrehumana de Gésar de Ling,* de Alexandra David-Neel y Lama Yongden,* Chögyam Trungpa escribe: «Podemos considerar que su historia, en todos sus detalles, revela el funcionamiento de la mente del guerrero. Gésar representa el guerrero ideal, el principio de la confianza omnivictoriosa. Como fuerza central de cordura, Gésar vence a todos sus enemigos, las fuerzas del mal de las cuatro direcciones que apartan a los seres de las enseñanzas auténticas del budismo según las cuales es posible lograr la realización personal más alta».

KAGYÜ. Término tibetano que designa al "linaje del susurro" o "linaje del mandato oral". *Ka* se refiere a las instrucciones orales del maestro. El linaje *kagyü* es uno de los cuatro principales del budismo tibetano. Marpa el traductor llevó desde la India al Tíbet las enseñanzas de este linaje, en el siglo XI.

KARMA-KAGYÜ. *Karma* significa en sánscrito "acción" u "obra" y *kagyü* designa en tibetano el linaje de la transmisión oral. El *karma-kagyü* es una sublinaje dentro del linaje *kagyü*, una de las escuelas budistas, que fue fundado por Tüsum Khyenpa, el primer Kármapa o cabeza del linaje *karma-kagyü*. Chögyam Trungpa ha sido uno de los principales maestros de la escuela *karma-kagyü* de budismo tibetano. Véase también KAGYÜ.

KÁRMAPA XVI, SU SANTIDAD GYALWA. El Kármapa es la cabeza de la escuela *karma-kagyü* del budismo tibetano, a la

* Publicado en 2000 en castellano por Ediciones La Llave, Vitoria. *(N. del T.)*

que el autor también perteneció. *Kármapa* significa literalmente "el hombre que actúa", Gyalwa significa "el victorioso". Se llama a veces al Kármapa el Gyalwang Kármapa, donde Gyalwang significa "señor de los victoriosos". El Kármapa XVI, Rangjung Rigpe Dorje, entronizó al autor como Trungpa XI cuando éste era un niño pequeño. El Kármapa, al igual que Chögyam Trungpa, escapó del Tíbet en 1959. Estableció su nueva sede, el monasterio de Rumtek, en Sikkim. Viajó a Norteamérica en tres ocasiones con el patrocinio de Vajradhatu (la organización budista del autor) y Karma Triyana Dharmachakra (un monasterio *kagyü* en el interior del estado de Nueva York) en 1974, 1976-77 y 1980. Su Santidad falleció a causa de complicaciones de un cáncer en noviembre de 1981.

KHYENTSE RÍNPOCHE, SU SANTIDAD DILGO. Gran maestro del linaje ñingma, una de las cuatro escuelas principales del budismo tibetano. Khyentse Rínpoche fue una de las influencias espirituales importantes del autor, quien estudió primeramente con él en el Tíbet. Más tarde, Chögyam Trungpa organizó las visitas de Khyentse Rínpoche a Norteamérica en 1976 y 1982. En este año, Khyentse Rínpoche ofició una investidura muy importante dentro de Shambhala, el *abhisheka* de Sákyong,* habilitando como tal al autor. Su Santidad también ofició las ceremonias funerarias de Chögyam Trungpa en 1987, quedando como consejero de los estudiantes y la comunidad de Trungpa Rínpoche hasta que él mismo falleció en 1991.

KYUDO. El arte tradicional japonés del tiro con arco. El gran maestro japonés de tiro con arco Kanjuro Shibata Sensei conoció a Trungpa Rínpoche en los años ochenta y enseguida se

* *Abhisheka* significa literalmente "unción, consagración" y designa normalmente una ceremonia de transmisión de poder espiritual. Sákyong es un término tibetano que significa "protector de la tierra" y un título dentro de Shambhala que viene a equivaler al de rey. *(N. del T.)*

convirtieron en estrechos colaboradores. Shibata Sensei ha vivido desde entonces parte del año en Boulder, Colorado, y ha enseñado *kyudo* a muchos cientos de estudiantes budistas y shambhalianos del autor.

LAMA. Término tibetano que corresponde al sánscrito *guru* y se refiere a un maestro espiritual que ha alcanzado el despertar o realización.*

LOHAN. Término chino correspondiente al sánscrito *árhat,* el ideal de santo o persona despierta en las primeras escuelas budistas. *Lohan* se refiere también a discípulo del Buda. En algunos templos y cuevas budistas en China se encuentran las impresionantes estatuas de los quinientos *lohans* ocupados en diferentes actividades o manifestando diferentes estados mentales. También hay un conjunto de dieciséis o dieciocho *lohans* que se consideran en algunas clases de budismo chino los principales discípulos del Buda. En las enseñanzas de Shambhala, el autor usa la imagen del *lohan* para representar el meditador ideal.

MAHAYANA. El "gran vehículo" o senda abierta es una de las tres tradiciones principales del budismo. La mayoría de las escuelas de budismo *mahayana* recalcan el vacío de todos los fenómenos, el cultivo de la compasión y el reconocimiento de la universalidad de la naturaleza de buda. Véase también YANA.

MANTRA. Se refiere generalmente a un sonido o canto sagrado y, más específicamente, a un sonido o serie de sonidos que tienen que ver con una deidad o energía en la tradición *vajrayana* o *tántrica* del budismo. Se considera al mantra como una forma de protección mental, y el autor lo describe como sonido onomatopéyico, arquetípico o primordial.

* En lenguaje coloquial, el término *lama* se usa también como tratamiento de cortesía para todo monje del budismo tibetano o para aquellas personas que han hecho el retiro tradicional de tres años, cualquiera que sea su grado de desarrollo espiritual. *(N. del T.)*

MARA. Significa literalmente "muerte" o "destrucción", tanto en sánscrito como en pali. En la historia del despertar del Buda, Mara, encarnación de la muerte, ataca al Buda e intenta impedir que alcance la realización cuando está sentado bajo el árbol de la *bodhi** meditando justo antes de su despertar último. En general, *maras* se refiere a los obstáculos al despertar y a las fuerzas negativas del mundo.

MILAREPA. El más famoso de todos los poetas tibetanos y uno de los más grandes santos del Tíbet. Fue el discípulo principal de Marpa el traductor, la persona que llevó la enseñanza del linaje *kagyü* de la India al Tíbet en el siglo XI. Tras estudiar con Marpa, Milarepa se convirtió en un *yogin* errante que pasó muchos años en retiro solitario practicando el ascetismo y sufriendo muchas privaciones. Sus bellas canciones sobre los logros en la meditación se han traducido a muchos lenguajes occidentales, incluyendo una traducción al inglés de *Shambhala Publications.*** Véase también YOGIN.

NATURALEZA DE BUDA. La naturaleza fundamentalmente despierta de todos los seres. En las enseñanzas de Shambhala, el concepto de bondad fundamental es similar al de naturaleza de buda. Véase también TATHÁGATA-GARBHA.

OM, AH, HUM. Tres de los más conocidos y famosos *bija-mantras*, usados en prácticas de visualización y *mantra* de la tradición *vajrayana* del budismo tibetano. Las deidades tibetanas, que son representaciones no teístas de los principios energéticos de la realidad, se visualizan a veces con las sílabas *om, ah, hum* en su cabeza, garganta y corazón. Esto se hace para conectarse con las energías que las deidades representan y actualizarlas. Véanse también BIJA y MANTRA.

* *Bodhi* significa "despertar", *buddha* o buda significa "despierto". El árbol de la *bodhi* bajo el que se sentó el Buda fue una higuera. *(N. del T.)*

** Hay una traducción reciente al español de la editorial Kier titulada *Los cien mil cantos de Milarepa. (N. del T.)*

PARINIRVANA. Más o menos sinónimo de nirvana, se refiere a un estado de liberación total, despertar, o libertad. *Parinirvana* a menudo se identifica con "liberación tras la muerte", pero puede referirse también a liberación en vida. A veces se usa para referirse a la muerte de una monja o un monje.

PAWO. En tibetano, guerrero. Literalmente significa "persona valiente" y se usa en las enseñanzas de Shambhala en el sentido de alguien que conquista la agresión más que alguien que hace la guerra.

PRAJÑÁ. Conocimiento, así como la agudeza natural de la conciencia panorámica que ve, discrimina y traspasa los velos de la ignorancia.

RIGDENS. Los reyes de Shambhala, de quienes se dice que velan por los asuntos mundanos desde su reino celestial. Simbólicamente, los Rigdens representan en las enseñanzas de Shambhala la consecución cabal de la valentía y la compasión.

SAMSARA. El círculo vicioso de la existencia, que surge de la ignorancia y se caracteriza por el sufrimiento.

SANGHA. Comunidad de practicantes budistas. En *El Sol del gran Este,* el autor define *sangha* como sigue: «Desde el punto de vista budista, los amigos que crean disciplina y aligeran nuestro ego se llaman *sangha.* En la cultura de Shambhala, llamamos a dichos amigos *guerreros.* Los guerreros pueden animarse unos a otros y crear juntos una sociedad guerrera».

SONGTSEN GAMPO. El primer gran rey budista del Tíbet. Bajo su reinado, Tíbet consolidó mucho poder político y, de hecho, durante su gobierno comenzó un periodo de grandeza tanto política como religiosa que duró unos doscientos años, desde mediados del siglo VII hasta cerca de 836, fecha en la que Ralpachen, el último rey sucesor de Songtsen Gampo, fue asesinado. Uno de los mayores logros de Songtsen Gampo fue la introducción de un alfabeto escrito para el tibetano, necesario para la traducción de textos budistas indios en sánscrito. También estableció la capital del Tíbet en Lhasa. Construyó el más antiguo y venerado templo de esa ciudad, el Jokhang, para cobijar una estatua tibetana sagrada de Jobo Rínpoche, traída de China por su esposa, una princesa de la corte china.

En *Nacido en Tíbet,* la narración autobiográfica de Chögyam Trungpa hasta que sale del Tíbet, nos cuenta cómo encontraron los *sutras** que los ministros de Songtsen Gampo esculpieron en la roca mientras esperaban para recibir con honores a la princesa china que venía de su país. Escribe Trungpa Rínpoche: «Regresé a Súrmang [su monasterio] a través del valle de Bi, donde en el siglo VII el rey Songtsen Gampo envió a sus ministros para recibir y dar la bienvenida a la princesa china que iba a desposar. Ahí pudimos ver los *sutras* budistas que los ministros habían esculpido en la roca mientras esperaban su llegada; algunos de ellos estaban escritos en tibetano antiguo y otros en sánscrito. [...] Mientras la princesa estaba descansando en el valle, vio estos textos a los que añadió una inmensa imagen de buda Vairóchana de casi seis metros de altura».

T'AI-CHI CH'ÜAN. Término chino que significa literalmente "el puño supremo y definitivo". Se refiere en el aspecto externo a una forma de meditación basada en movimientos físicos y es también un método de defensa personal. El *t'ai-chi ch'üan* se practica haciendo una serie de movimientos fluidos y lentos que coordinan la mente, el cuerpo, la respiración y el espíritu y que incrementan el flujo de energía, o *chi.* De un modo más profundo, el *t'ai-chi ch'üan* es una manera de experimentar y aprovechar las energías del universo, se puede describir como una disciplina guerrera y como un medio para unir el cielo y la tierra. Los orígenes del *t'ai-chi ch'üan* se remontan al siglo XIV. Véase CHI.

* Textos que contienen las palabras del Buda. *(N. del T.)*

TANTRA. Sinónimo de *vajrayana,* uno de los tres grandes vehículos, o conjuntos de enseñanzas, del budismo. *Tantra* significa literalmente "continuidad" y puede referirse tanto a los textos del *vajrayana* como a los sistemas de meditación que dichos textos describen. El autor lo usa, de un modo más general, para referirse a manejar y apreciar la energía de una manera despierta. Véanse también YANA y VAJRAYANA.

TATHÁGATA-GARBHA. *Tathágata* es un epíteto del Buda que significa "el que ha ido más lejos" y *garbha* significa "matriz" o "esencia". *Tathágata-garbha*, en sánscrito, es "naturaleza de buda", la naturaleza fundamentalmente despierta de todos los seres, tema central en muchas escuelas del budismo *mahayana*. Véase también NATURALEZA DE BUDA.

VAJRA (tibetano: *dorje*). "Adamantino" (que tiene las características del diamante). *Vajra* se refiere a la naturaleza fundamentalmente indestructible de sabiduría y realización.

VAJRAYANA. El vehículo adamantino o indestructible del budismo. El *vajrayana* es el tercero de los tres *yanas*, o conjuntos de enseñanzas, dentro del budismo tibetano. Es sinónimo de *tantra*. El linaje de budismo *karma-kagyü,* al que perteneció el autor, fue uno de los principales linajes *vajrayanistas*, o *tántricos*, en el Tíbet. Véase también TANTRA.

YANA. "Vehículo" en el que, simbólicamente, el practicante viaja por el camino hacia el despertar. Los diferentes vehículos, o *yanas,* se corresponden con diferentes puntos de vista sobre el recorrido y cada uno de ellos contiene un cuerpo de conocimiento y práctica. Los tres *yanas* del budismo tibetano son *hinayana,** *mahayana* y *vajrayana.* Véanse también MAHAYANA Y VAJRAYANA.

YOGA. Significa literalmente "yugo" o "unión". Aunque se asocia hoy en día con diferentes sistemas de posturas y ejer-

* El "pequeño vehículo" o "vehículo de lo inmediato" en el que el practicante busca la liberación personal. *(N. del T.)*

cicios físicos, el yoga tiene un aspecto mucho más espiritual. En el hinduismo, yoga tiene el sentido de atarse o unirse a Dios y buscar la fusión con lo divino. En la tradición *tántrica* del budismo, el yoga es un método para sincronizar mente y cuerpo y descubrir así la realidad o verdad. Se considera que grandes practicantes *tántricos* como Milarepa forman parte de la tradición yóguica del Tíbet.

YOGIN. Practicante de yoga o persona dedicada a la tradición yóguica. Es una palabra de género común.* Un practicante de yoga es un *yogi* y una practicante de yoga es una *yógini.*

ZABUTÓN. Estera rectangular gruesa, de unos 70 cm de ancho y 90 cm de largo, sobre la que se coloca un *zafú* o un *gomden* para la práctica de meditación. Véase también ZAFÚ.

ZAFÚ. Cojín de meditación mullido y redondo, normalmente con un relleno de miraguano, que surgió en la práctica budista de meditación zen. El autor recomendó en un principio a sus estudiantes budistas y shambhalianos el uso del *zafú*, pero luego lo reemplazó por un cojín rectangular relleno de gomaespuma de alta densidad que él mismo diseñó, el *gomden.*

* El término castellano *yogui* es también de género común y equivale por tanto al sánscrito yogin. *(N. del T.)*

# FUENTES

Lo que sigue a continuación es un listado del material original de donde se obtuvo la prosa y poesía de este libro, incluyendo las fechas y lugares donde se dieron las conferencias en las que se basan los capítulos.

*A Gésar de Ling*

Compuesta el 4 de julio de 1975. Traducida del tibetano por el autor y David Rome.

Extraído de *First Thought Best Thought: 108 Poems,* de Chögyam Trungpa.

*Prólogo: El reino, el capullo y el Sol del gran Este*

Fuente: Charla abierta al público, Boston (Massachusetts), 27 de marzo de 1980.

PRIMERA PARTE: PROFUNDO

*EL TRAZO PRIMORDIAL*

1. Un punto en el cielo abierto

Fuente: Nivel cinco, 1.ª conferencia, Boulder (Colorado), 16 de noviembre de 1979.

Calle Pearl, 1111: Fuera de lo común

Compuesta en junio de 1976. Publicada originalmente en *First Thought Best Thought: 108 Poems,* de Chögyam Trungpa. Extraído de *Timely Rain: Selected Poetry of Chögyam Trungpa,* de Chögyam Trungpa.

2. Qué hacer con la depresión de primera hora de la mañana
   Fuente: Nivel cinco, 2.ª conferencia, Boulder (Colorado), 17 de noviembre de 1979.
3. Superar el materialismo físico
   Fuente: Nivel cinco, 3.ª conferencia, Boulder (Colorado), 18 de noviembre de 1979.

*EL PUNTO PRIMORDIAL*

4. El estornudo cósmico
   Fuente: Nivel cinco, 1.ª conferencia, Boston (Massachusetts), 28 de marzo de 1980.
5. Disciplina en las cuatro estaciones
   Fuente: Nivel cinco, 2.ª conferencia, Boston (Massachusetts), 29 de marzo de 1980.
6. La sabiduría especular
   Fuente: Nivel cinco, 3.ª conferencia, Boston (Massachusetts), 30 de marzo de 1980.

Buenos días dentro de los buenos días
   Compuesta el 30 de marzo de 1980. Extraído con autorización de *Warrior Songs,* de Chögyam Trungpa (Halifax, Nueva Escocia: Trident Publications, 1991).

## SEGUNDA PARTE: BRILLANTE

*LA EXISTENCIA SAGRADA: UNIR EL CIELO Y LA TIERRA*

7. Sacralidad: la ley y el orden naturales
   Fuente: Nivel cinco, 1.ª conferencia, Boulder (Colorado), 30 de octubre de 1980.
8. El rey de la bondad fundamental
   Fuente: Nivel cinco, 2.ª conferencia, Boulder (Colorado), 31 de octubre de 1980.
9. Cómo cultivar el Sol del gran Este
   Fuente: Nivel cinco, 3.ª conferencia, Boulder (Colorado), 1 de noviembre de 1980.

TERCERA PARTE: JUSTO

*PASIÓN POR SER*

10. La inocencia: saber quererse

Fuente: Nivel cinco, 1.ª conferencia, Boulder (Colorado), 8 de enero de 1982.

Cuatro poemas sin título

Extraídos de un manuscrito en tibetano no publicado fechado el 8 de enero de 1982. Traducido al inglés por Nalanda Translation Committee.

11. Alcanzar los mundos superiores

Fuente: Nivel cinco, 2.ª conferencia, Boulder (Colorado), 9 de enero de 1982.

12. El gran NO

Fuente: Nivel cinco, 3.ª conferencia, Boulder (Colorado), 10 de enero de 1982.

Saber conocer el NO

Compuesta el 1 de enero de 1980.

Extraído de *First Thought Best Thought: 108 Poems,* de Chögyam Trungpa.

*RELAJARSE SIN TEMOR*

13. La soledad y las siete virtudes de los reinos superiores

Fuente: Nivel cinco, 2.ª conferencia, ciudad de Nueva York, 23 de enero de 1982.

El manso: Poderosamente indiferente y peligrosamente complacido

Compuesta el 13 de mayo de 1983. Publicada originalmente en *First Thought Best Thought: 108 Poems,* de Chögyam Trungpa. Extraído de *Timely Rain: Selected Poetry of Chögyam Trungpa,* de Chögyam Trungpa.

14. El rey de las cuatro estaciones

Fuente: Nivel cinco, 3.ª conferencia, ciudad de Nueva York, 24 de enero de 1982.

Sazonar la vida

Poema no publicado fechado el 9 de mayo de 1983.

CUARTA PARTE: PODEROSO

*EL ALARIDO DEL GUERRERO*

15. La bocanada básica de bondad
    Fuente: Nivel cinco, 1.ª conferencia, Berkeley (California), 23 de abril de 1982.
16. Ayudar a los demás
    Fuente: Nivel cinco, 2.ª conferencia, Berkeley (California), 24 de abril de 1982.

La cordura es alegre
    Compuesta el 27 de octubre de 1982. Extraído con autorización de *Warrior Songs,* de Chögyam Trungpa (Halifax, Nueva Escocia: Trident Publications, 1991).

17. Transmisión
    Fuente: Nivel cinco, 3.ª conferencia, Berkeley (California), 25 de abril de 1982.

Grito de batalla
    Compuesta el 5 de septiembre de 1982. Extraído con autorización de *Warrior Songs,* de Chögyam Trungpa (Halifax, Nueva Escocia: Trident Publications, 1991).

QUINTA PARTE: OMNIVICTORIOSO

*LA SONRISA DEL GUERRERO*

18. Cuestión de corazón
    Fuente: Charla abierta al público, Vancouver (Colombia Británica), 29 de julio de 1982.
19. El clan de los Mukpo
    Fuente: Nivel cinco, 1.ª conferencia, Vancouver (Colombia Británica), 30 de julio de 1982.

Coincidencia auspiciosa: Riqueza y visión
    Compuesta el 24 de febrero de 1980. Extraído con autorización de *Warrior Songs,* de Chögyam Trungpa (Halifax, Nueva Escocia: Trident Publications, 1991).

Extracto de un poema mayor titulado "Haiku"
    Compuesta el 25 de abril de 1980. Extraído con autoriza-

ción de *Warrior Songs,* de Chögyam Trungpa (Halifax, Nueva Escocia: Trident Publications, 1991).

20. Superar la depresión
Fuente: Nivel cinco, 2.ª conferencia, Vancouver (Colombia Británica), 31 de julio de 1982.

Himno
Compuesto en 1977. Traducido del tibetano al inglés por el autor y otras personas. Usado con autorización del Nalanda Translation Committee.

21. El Sol del gran Este: el punto en el espacio
Fuente: Nivel cinco, 3.ª conferencia, Vancouver (Colombia Británica), 1 de agosto de 1982.

Dedicación final
Extracto de *Lightning of Blessings: Supplication to the Imperial Warriors,* de Chögyam Trungpa. Compuesta en 1981. Traducido del tibetano al inglés por Nalanda Translation Committee.

# APUNTES DEL AUTOR

Esta sección incluye una traducción de los apuntes usados por el autor en las conferencias en que se basa este libro. Su formato original eran fichas en tibetano, que fueron traducidas al inglés por Nalanda Translation Committee; gracias en especial a John Rockwell. No se pudieron localizar los apuntes de las conferencias que faltan.

## El trazo primordial

1. Un punto en el cielo abierto

| | |
|---|---|
| confianza | bondad fundamental |
| renuncia | sol poniente (jerarquía) |
| soltar/audacia | amor a los demás (independiente) |

2. Qué hacer con la depresión de primera hora de la mañana
   Renunciar a tendencias habituales: alegría de bondad fundamental/tristeza del sol poniente.
   Entonces surge el ashé y sabes con certeza qué necesita ser aceptado y qué ser rechazado.
   Por tanto, tienes amor hacia tu maestro y respeto por los mayores: jerarquía.

3. Superar el materialismo físico

Soltar: como uno no le tiene miedo a la ignorancia, es amistoso con uno mismo. Por consiguiente, siempre es amistoso con los demás (independiente).

Sabiduría: uno alcanza sabiduría y convicción en la jerarquía.

A causa de: disciplina corporal, sinceridad en el habla, mente sin engaños, surge un rey que une cielo y tierra.

LA EXISTENCIA SAGRADA: UNIR EL CIELO Y LA TIERRA

7. Sacralidad: la ley y el orden naturales

Bondad fundamental

Confianza La paciencia produce salud
Estar libre de pereza produce vigor
La fe produce intrepidez

8. El rey de la bondad fundamental

El hastío surge de la meditación

1. Cuidar a los demás (libre de duda) produce audacia.
2. Saber qué aceptar y qué rechazar produce cordialidad.
3. Al haber un rey que une el cielo y la tierra, cuerpo y mente se sincronizan.

9. Cómo cultivar el Sol del gran Este

Soltar: atención plena, conciencia panorámica, decencia
caballo de viento, ver la bondad fundamental,

corazón auténtico
tristeza y alegría, Sol del gran Este
Irradiar confianza, apacible
Iluminar la disciplina
Soberano de los tres mundos

PASIÓN POR SER

10. La inocencia: saber quererse

| | |
|---|---|
| beneficiar a los demás | repulsión |
| confianza | guerrero |

lozanía, cabeza y hombros, alegría
no echarle la culpa a nadie

11. Alcanzar los mundos superiores

Audacia: Al ser libre, uno es cordial con uno mismo y cariñoso con los demás.
Por consiguiente, uno se deleita constantemente en la compasión, disfrutando del mundo y sus habitantes.
Por medio de un punto en el espacio, uno aprende a comer, caminar, dormir y sentarse.
Esto da a luz a los mundos superiores.

12. El gran NO

Decencia: No considerarse uno superior ni criticar a los demás. (Alegría)
Capaz de confiar.
Al estar uno libre de artimañas, está libre de esperanza y temor.

## RELAJARSE SIN TEMOR

13. La soledad y las siete virtudes de los reinos superiores
    tristeza soledad ternura hacia uno mismo (devoción)
    amor hacia los demás
    Desde esto, un punto en el espacio, comprender los cuatro comportamientos.*
    Esto origina las siete virtudes de los mundos superiores: 1) fe, 2) disciplina, 3) audacia, 4) aprendizaje, 5) decoro, 6) modestia, 7) conciencia discriminadora.

14. El rey de las cuatro estaciones
    Desde un punto que surge en el cielo
    no se ve el sol poniente. Decoro.
    Por consiguiente, uno logra la intrepidez (como un tigre).
    La intrepidez produce soltura.
    Esto origina la jerarquía natural,
    y en esa soltura libre de temor,
    surge el deleite desde el principio.

* Se refiere probablemente a comer, caminar, acostarse y sentarse.

# NOTA DEL TRADUCTOR

Quiero expresar mi gratitud a diversas personas sin las que su ayuda este libro en castellano no hubiera sido el mismo. En primer lugar siempre estaré muy agradecido a Ricardo Gravel por haberme dado la oportunidad de trabajar con él y haberme enseñado tanto; Ricardo iba a ser el traductor de esta obra pero lamentablemente nos dejó para siempre hace un año. Cecilia Amador me ha ayudado a corregir la traducción cotejándola con el original, por lo que le estoy muy agradecido. Las correcciones y sugerencias de Teresa Gottlieb en algunas partes del libro me han resultado muy valiosas y le doy las gracias por ello. En algunas partes, especialmente poesías y términos creados por el autor, consulté con Carolyn Gimian para poder profundizar en el significado de las palabras y le agradezco sus prontas y precisas contestaciones. Juana Piney me ayudó con la versión cantable del himno y le estoy muy agradecido a su sentido musical. Por último, quiero dar las gracias de todo corazón a mi esposa Ancilla, que ha llevado gustosa el cuidado de nuestros hijos pequeños para que pudiera dedicar más tiempo a la traducción.

ALFONSO TABOADA
15 de septiembre de 2001
San Lorenzo de El Escorial

# RECURSOS

Para obtener información sobre el programa de Aprendizaje Shambhala, se ruega contactar a alguna de las siguientes direcciones.

Internacional:
Shambhala Training International
1084 Tower Road
Halifax, Nova Scotia
Canadá B3H 2Y5
Tel.: (1-902) 425-4275, ext. 27
Correo electrónico: *kikisoso@shambhala.org*
Página web: *www.shambhala.org.* La página web contiene información sobre los más de 100 centros afiliados a Shambhala.

Shambhala Training Europe
Annostrasse, 27-33
D-50678 Köln. Alemania
Tel.: (49) 221-3102401
Correo electrónico: *ste@shambhala.org*

Chile:
Centro Shambhala de Santiago
Avenida Providencia 1443, departamento 63
Santiago, Chile

Teléfono: (56-2) 235-7302 ó (56-2) 279-2671
Correo electrónico del centro: vecavi@entelchile.net
Correo electrónico del Aprendizaje Shambhala: j.sepulveda@nuevaimagen.cl

España:
Centro Shambhala de Madrid
Calle San Roque, 21 - 3º
28004 Madrid. España
Teléfono: (34) 91 521 8617
Correo electrónico: *shambhala@jet.es*

Aprendizaje Shambhala en Madrid
Teléfono: (34) 91 654 4792
Correo electrónico: *eduardomoran@terra.es*

Aprendizaje Shambhala en Valencia
Teléfono: (34) 670 342 734
Correo electrónico: *fernandoayllon@hotmail.com*

Aprendizaje Shambhala en el resto de España excepto Madrid y Valencia
Teléfono: (34) 91 896 0961
Correo electrónico: *ataboa@hotmail.com*

México:
Grupo Shambhala de México
Calle Olvido 21. Barrio de San José
Tepoztlán, Mor. 62520. México
Tel.: (52-7) 395-0545 ó (52-7) 381-0246
Correo electrónico: *jcamador@prodigy.net.mx*

Para obtener grabaciones en casete o videocinta de las conferencias y seminarios del autor, se ruega contactar:
Kalapa Recordings

1084 Tower Road
Halifax, Nova Scotia
Canadá B3H 2Y5
Tel.: (1-902) 420-1118, ext. 19
Correo electrónico: *recordings@shambhala.org*
Página web: *www.shambhala.org/recordings*

Para obtener información acerca del archivo que guarda el trabajo del autor –que incluye más de 5.000 casetes, 1.000 videocintas, manuscritos originales en tibetano, correspondencia y más de 30,000 fotografías– se ruega contactar con:

The Shambhala Archives
1084 Tower Road
Halifax, Nova Scotia
Canadá B3H 2Y5
Tel.: (1-902) 425-4275, ext. 21
Página web: *www.shambhala.org/archives*

El Instituto Naropa es la única universidad de inspiración budista en Norteamérica y ofrece licenciaturas y programas para licenciados en una variedad de disciplinas. Para obtener más información, se ruega contacta conr:

Naropa University
2130 Arapahoe Avenue
Boulder,
Colorado 80302-6697 EE. UU.
Tel.: (1-303) 546-3572 o (1) 800-772-6951
Página web: *www.naropa.edu*

# LIBROS DE CHÖGYAM TRUNGPA

Se han traducido los títulos de los libros que han sido publicados en castellano y se menciona la editorial. Shambhala Publications ha publicado todos los libros en inglés.

* Señala aquellos títulos que ofrecen una buena introducción al tema. Otros títulos son más especializados.

** Señala aquellos títulos que son especialmente adecuados para lectores con un interés reciente en la meditación, el Aprendizaje Shambhala y el budismo.

*Abhidharma, psicología budista.* Ed. Kairós, 1989.

*El amanecer del tantra.* Herbert V. Guenther coautor. Ed. Kairós, 1976.

* *The Art of Calligraphy: Joining Heaven and Earth.*

** *El camino es la meta.* Ed. Oniro, 1998.

* *El corazón de buda.* mtm editor.es, 2001.

* *Dharma, arte y percepción visual.* mtm editor.es, 2001.

* *El entrenamiento mental y el cultivo de la bondad.* Ed. Estaciones, 1997.

** *The Essential Chögyam Trungpa.*

*First Thought Best Thought: 108 Poems.*

*Illusion's Game: The Life and Teaching of Naropa.*

*Journey Without Goal: The Tantric Wisdom of the Buddha.*

* *El libro tibetano de los muertos: La gran liberación por audición en el bardo.*

Traducción al inglés con comentario de Francesca Fremantle y Chögyam Trungpa. Ed. Estaciones, 1989.

*The Life of Marpa the Translator.*

Traducido al inglés por Nalanda Translation Committee bajo la dirección de Chögyam Trungpa.

*The Lion's Roar: An Introduction to Tantra.*

*Loca sabiduría.* Ed. Kairós, 1995.

* *Más allá del materialismo espiritual.* Edhasa, 1985.

** *Meditación en la acción.* Edaf, 1993.

** *El mito de la libertad y el camino de la meditación.* Ed. Kairós, 1998.

*Mudra.*

* *Nacido en Tíbet.* Luis Cárcamo Editor, 1986.

*Orderly Chaos: The Mandala Principle.*

* *Timely Rain: Selected Poetry of Chögyam Trungpa.*

*Transcending Madness: The Experience of the Six Bardos.*

*The Rain of Wisdom: The Essence of the Ocean of True Meaning.*

Traducido al inglés por Nalanda Translation Committee bajo la dirección de Chögyam Trungpa.

** *Shambhala: La senda sagrada del guerrero.* Ed. Kairós, 1986.

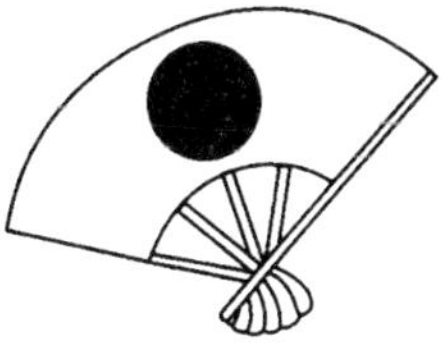

*Seamos siempre victoriosos sobre las maldades en pie de*
*guerra del sol poniente.*
*Sean liberadas la fijación egótica y la vacilación.*
*Emulando vuestras acciones, guerreros imperiales,*
*sigamos nosotros vuestros pasos.*
*Conceded vuestra gracia para que el sufrimiento de los seres*
*de los tres mundos sea disipado*
*y así la excelente paz y felicidad de la nueva edad dorada,*
*el Sol del gran Este, la gloria de Shambhala,*
*pueda hacerse realidad prestamente y sin impedimentos.*

# LISTA DE POEMAS E ILUSTRACIONES

## *Poemas*



## *Ilustraciones*